应用型高等教育财经类专业“十三五”规划教材

商务谈判

张　晖　胡晓阳　江　丽　主　编
倪雪琴　李淑珍　副主编

上海财经大学出版社

图书在版编目(CIP)数据

商务谈判/张晖,胡晓阳,江丽主编. 一上海:上海财经大学出版社,2019.10

(应用型高等教育财经类专业"十三五"规划教材)

ISBN 978-7-5642-3388-4/F·3388

Ⅰ.①商… Ⅱ.①张…②胡…③江… Ⅲ.①商务谈判-高等学校-教材 Ⅳ.①F715.4

中国版本图书馆 CIP 数据核字(2019)第 213825 号

□ 责任编辑 徐 超
□ 联系信箱 1050102606@qq.com
□ 封面设计 张克瑶

商 务 谈 判

张 晖 胡晓阳 江 丽 主 编
倪雪琴 李淑珍 副主编

上海财经大学出版社出版发行
(上海市中山北一路 369 号 邮编 200083)
网 址:http://www.sufep.com
电子邮箱:webmaster @ sufep.com
全国新华书店经销
上海新文印刷厂印刷装订
2019 年 10 月第 1 版 2019 年 10 月第 1 次印刷

787mm×1092mm 1/16 14 印张 358 千字
印数:0 001—3 000 定价:42.00 元

前　言

本书是武昌工学院教研资助项目——2019年立项的“商务谈判核心课程建设”课题的其中一项教研成果，是在理论教育、实训教育、就业教育以及现代应用型本科教育新体系、新教育理念等研究基础上编写的。

根据“应用型地方本科高等院校要积极与行业企业合作开发课程，根据技术领域和职业岗位(群)的任职要求，参照相关的职业资格标准，改革课程体系和教学内容，建立突出职业能力培养的课程标准”，以当前有关应用型高等本科教育新理念，如“基于工作过程的课程设计与开发”、“任务驱动”、“面向职业岗位(群)的课程体系设计”等为指导思想，以交易谈判为职业背景，以商务洽谈等为职业岗位典型人物，以实施业务洽谈活动为工作过程，以知识“必需、够用”为原则来构建本书的内容框架。本书内容分为3个项目，共计9个任务，主要包括认识商务谈判、组建商务谈判团队、制定商务谈判方案、熟悉商务谈判过程、处理商务谈判僵局、商务谈判中的攻心策略、商务谈判中的语言策略、商务谈判中的文化礼仪策略以及商务谈判中的其他策略等内容。

本书内容可按照48学时安排，推荐学时分配：任务一为4学时，任务二为4学时，任务三为6学时，任务四为8学时，任务五为4学时，任务六为6学时，任务七为4学时，任务八为6学时，任务九为6学时。教师可根据专业人才培养方案的相关课程灵活安排学时，课堂重点讲解每个任务的知识精讲，任务中的实训操作和练习等模块可安排学生课后阅读和练习。

本书突破了已有相关教材的知识框架，注重理论与实践相结合，采用全新体例编写。内容丰富，案例详实，并附有多种类型的习题供读者选用。

本书由张晖、胡晓阳和江丽担任主编，其中张晖负责全书的策划与审稿，并编写了项目三；胡晓阳和江丽共同编写了项目一；倪雪琴和李淑珍共同编写了项目二。本书的编者把在湖北移搜科技有限公司的实践锻炼的收获进行总结，并参考了湖北移搜科技有限公司张成祺经理提出的宝贵意见，希望能够借此书的编写，为应用型本科院校商务谈判课程的教学改革和研究作些微薄贡献。

本书在编写过程中，参考和引用了国内外大量文献资料，在此谨向所有曾经帮助过本书编写和出版的朋友们表示衷心感谢。由于编者水平有限，本书难免存在不足和疏漏之处，敬请各位读者批评指正。

编　者

2019年6月

目　录

项目二 商务谈判的实施

项目三　商务谈判过程中的相关策略

项目一　商务谈判的准备

谈判有着悠久的历史，自从人类有了社会交往活动，就有了谈判，如部落纷争、领土归属、贸易摩擦、商品交易、劳资纠纷等。人类为了获得协调发展，有越来越多的争议需要解决。无疑，谈判就成为解决争议，实现各自目标的重要手段。毫不夸张地讲，我们所面对的世界如同一个巨大的谈判桌，谈判每时每刻都在我们周围发生。不管喜欢与否，你都是局中人。

本项目包括认识商务谈判、组建商务谈判团队、制定商务谈判方案等三个任务，通过具体任务的学习，培养学生树立商务谈判的基本意识，养成商务谈判人员的基本素质，掌握制定商务谈判方案的基本技能。

任务一 认识商务谈判

【任务目标】

1. 了解商务谈判的不同类型及特征；
2. 理解商务谈判的基本原则；
3. 掌握商务谈判的形式与内容；
4. 掌握谈判与商务谈判的含义与特点。

【任务导入】

耿院长是武汉某高校经济管理学院主管实践教学的负责人，为了满足应用型本科层次人才培养的需要，学院决定建设一间跨专业综合实训室，需要购买一套能满足工商管理、市场营销、人力资源管理、物流管理、会计等专业人才培养目标需要的跨专业综合实训软件。学院责成其为主要负责人，来负责该软件的采购，该软件既要符合专业培养人才的需要和专业特色，对学生和指导教师来说，好用易用，也要符合学校规定的预算。学院通过讨论，明确需要购买软件的规格，将招标文件在网上进行发布，已经有几家软件厂家开始与耿院长接触，两方之间必须围绕着软件规格、实用性、价格等方面展开谈判。但谈什么，怎么谈，对于初次接触此项业务的耿院长，还是有些陌生，他需要对商务谈判进行认识，以便更好开展后面的工作。

【任务分析】

对于初次从事行政事务工作的耿院长来说，首先应该从商务谈判最基本的概念着手，弄清楚什么是谈判及商务谈判。按照中国人的为学惯例，做任何事情，首先要弄明白其本质。因此，要做好商务谈判的前期准备工作，耿院长可以从如下三个方面展开：一是了解谈判及商务谈判，重点是从众说纷纭的商务谈判概念中选出自己认同的概念及其本质，并分析其要点等；二是要在了解了商务谈判概念的基础上，明确商务谈判的不同类型及特征；三是理解商务谈判的基本原则与内容。

在这三项内容中，商务谈判概念及其本质是基础，是开启商务谈判之门的钥匙。商务谈判是对一般谈判活动认识的补充和延伸。掌握商务谈判的形式与内容，是为了更好地把握谈判活动，使各种商务谈判策略和手段得到和谐发展，形成整体合力与竞争力。

【知识精讲】

一、商务谈判的概念

(一)谈判的概念与特点

1. 谈判的含义

我们在日常生活中经常会接触到有关谈判的内容,只是我们没有清晰地意识到而已,比如上街购物时的讨价还价就是一种谈判;孩子想出去玩而父母想让孩子学习,目标不一致也会导致谈判等。在当今经济快速发展的世界中,谈判已成为不同主体之间交往的重要手段,直接影响着各种主体之间的利益关系。谈判的主体主要有个体和企业、政府等正式组织或非正式组织,因此,谈判也有正式场合的洽谈活动和非正式场合的洽谈活动之分。如今,谈判已发展成为一门学科,即谈判学,它不再是欺诈或其他敌对关系的同义词。相反地,它已被视为能够深刻影响各种人际关系和产生持久利益的过程。那么,什么是谈判呢?由于考虑问题所处的角度不同、人们所研究领域不同等原因,到目前为止,学术界关于谈判并没有形成统一的定义。总的来说,谈判有广义与狭义之分,广义的谈判是指除正式场合谈判之外,一切协商、交涉、洽谈、磋商等,都可以看作谈判,这样的谈判无处不在。狭义的谈判仅仅是指正式场合谈判。美国首任谈判学会主席尼尔伦伯格认为谈判是关于经验的学问,是经验的科学。只要人们为了改变相互关系而交换观点,或为某种目的企求取得一致并进行磋商,就是谈判。一场成功的谈判对每一方来说都是有限的胜利者。可见,谈判是一个合作的利己主义的过程。尼尔伦伯格还坚持认为,对人的行为的认识、分析、引导是一切谈判的基本要素,了解商业伙伴的需要并创造性地探索满足需要的方式是谈判的共同基础。英国谈判学家马什认为谈判是指有关各方为了自己的目的,在一项涉及各方利益的事务中磋商,并通过调整各自提出的条件,最终达成一个各方较为满意协议的一个不断协调的过程。马什特别强调在谈判过程中,调整各自提出的条件的重要性,其结果就是折中。美国谈判学家雷法不主张对谈判下精确的定义,他认为,在人们对谈判还缺乏深入系统的认识之前,过早地或过于清晰地界定谈判的概念,极易束缚谈判学的发展与完善。雷法认为谈判既是艺术,又是科学。说它是艺术,是因为它强调谈判者的社交技巧,信任他人,说服他人并为他人所信赖的能力,以及知道何时和如何运用这些能力的智慧。说它是科学,是因为它强调对谈判所要解决的问题进行系统的分析。

从实践角度看,可以把谈判看作是各利益相关方为了协调彼此之间的关系,满足各方需求,通过反复磋商以求达成妥协或一致协议的一种交往过程。同时,谈判是具有一定的竞争性的活动。谈判无非要做两件事情,一是表达观点的"谈",让对方明确己方看问题的角度,特别要注意获取实现谈判目标有价值的信息;二是在获取对方信息的基础上进行评估和推断的"判",进而选择或决定己方的行动及其方式。谈是判的基础,没有谈就没有判。谈是人与人之间的活动,主要依赖于情商。判是对信息进行科学的解读,主要依赖于智商。要成为一名成熟的谈判者,情商是智商的基础。

小案例 1-1

分橙子的故事

有一个妈妈把一个橙子给了邻居的两个孩子,这两个孩子便讨论起来如何分这个橙子。

两个人吵来吵去，最终达成了一致意见。由一个孩子负责切橙子，而另一个孩子选橙子。结果，这两个孩子按照商定的办法各自取得了一半橙子，高高兴兴地拿回家去了。第一个孩子把半个橙子拿到家，把皮剥掉扔进了垃圾桶，把果肉放到果汁机上打果汁喝。另一个孩子回到家把果肉挖掉扔进了垃圾桶，把橙子皮留下来磨碎了，混在面粉里烤蛋糕吃。从上面的情形，我们可以看出，虽然两个孩子各自拿到了看似公平的一半。然而，他们各自得到的东西却未物尽其用。这说明，他们在事先并未做好沟通，也就是两个孩子并没有申明各自利益所在。没有事先申明价值导致了双方盲目追求形式上和立场上的公平，结果，双方各自的利益并未在谈判中达到最大化。如果我们试想，两个孩子充分交流各自所需，或许会有多个方案和情况出现。可能的一种情况，就是遵循上述情形，两个孩子想办法将皮和果肉分开，一个拿到果肉去喝汁，另一个拿皮去做烤蛋糕。然而，也可能经过沟通后是另外的情况，恰恰有一个孩子既想要皮做蛋糕，又想喝橙子汁。这时，如何能创造价值就非常重要了。结果，想要整个橙子的孩子提议可以将其他的问题拿出来一块谈。他说，"如果把这个橙子全给我，你上次欠我的棒棒糖就不用还了"。其实，他的牙齿被蛀得一塌糊涂，父母上星期就不让他吃糖了。另一个孩子想了一想，很快就答应了。他刚刚从父母那儿要了五块钱，准备买糖还债。这次他可以用这五块钱去打游戏，才不在乎这酸溜溜的橙子汁呢。

案例解析

两个孩子的谈判思考过程实际上就是不断沟通、创造价值的过程。双方都在寻求满足自己最大利益的方案的同时，也满足对方的最大利益的需要。好的谈判者并不是一味固守立场，追求寸步不让，而是要与对方充分交流，从双方的最大利益出发，创造各种解决方案，用相对较小的让步来换得最大的利益，而对方也是遵循相同的原则来取得交换条件。在满足双方最大利益的基础上，如果还存在达成协议的障碍，那么就不妨站在对方的立场上，替对方着想，帮助扫清达成协议的一切障碍。这样，最终的协议是不难达成的。

为了更好地把握谈判的内涵，可以从多个角度来理解。

(1)谈判总是以某种利益的满足为目标。谈判的直接原因是谈判双方都有自己的需求，这也是谈判的内在动力。任何谈判都是基于一定的需求进行的。如中美建交前，有一次基辛格说我们的谈判是建立在独立基础之上的，因为我们都无求于对方。毛泽东反驳道，如果双方都无求于对方，你到北京来干什么，如果双方都无所求的话，我们为什么要接待你和你的总统。

在谈判中，如果有谈判者以一种高姿态的口气表达自己无求于对方，那只不过是一个把戏而已。人们都有追逐利益最大化的需求，但由于社会资源的有限性，利益冲突不可避免。为了保护和寻求某种利益，人们需要通过谈判加以解决。这些利益包含的内容非常广泛，有物质的，有精神的，有组织的，有个人的等。当某种需要无法通过自身而需要他人的合作才能满足时，就要借助于谈判的方式来实现。而且，需要越强烈，谈判的要求就越迫切。

(2)谈判各方必须有一定的联系与交流。不管是直接的还是间接的，谈判各方必须有一定的联系，否则就不会走到一起进行谈判，毫无关系的各方是不会进行什么谈判的。只有当他们之间存在一定的联系或关系，方有可能进行谈判。在谈判中一定要有信息的交流，谈判各方的需求是既统一又矛盾，各方必须通过信息交流，反复磋商来解决，以求得一致意见，满足各自的需求，谈判不可能是单方面的。即使是聋哑人之间的谈判，也要借助手语、文字、图画等来传递信息，交流看法，最终达成一致意见或协议。

(3)谈判是寻求建立或改善人们社会关系的行为。人们的一切活动都是以一定的社会关系为前提的。就商品交换而言,从形式上看是买卖双方的商品交换行为,但实质上是商品所有者和货币持有者之间的关系。谈判的目的是满足某种利益,要实现所追求的利益,就需要建立新的社会关系或巩固已有的社会关系,而这种关系的建立和巩固需要通过谈判来实现。但是,并非所有的谈判都能起到积极的效果,失败的谈判可能会破坏良好的社会关系,这可能激发起人们改善社会关系的愿望,产生新一轮的谈判。

(4)谈判需要一定的知识和手段。谈判是人们为了确立、变更、发展或消除他们相互关系而进行的一种积极的行为,这种活动涉及许多的领域。一个合格的谈判人员不仅要精通谈判内容的专业知识,还要很好地认识和了解有关人文方面的知识。谈判不是单方面所完成的行为,是需要通过谈判与他方发生联系,这种关系在各方谈判人员的努力下得到加强、变更或是消除。因此,人们可以借助谈判手段来有意识地、积极地改变各方的相互关系。

(5)谈判是一种协调行为的过程。谈判的开始意味着某种需求希望得到满足或某个问题需要得到解决。由于参加谈判各方的利益、思维及行为方式不尽相同,存在一定的冲突和差异,因而谈判的过程实际上就是寻找共同点的过程,是一种协调行为的过程,这个过程包括人们为谈判所做的调研与一切准备工作以及双方达成协议后的贯彻和实施过程。因此,谈判需要时间,要花费一定的成本,复杂的谈判更是如此。

2. 谈判存在的前提

谈判的直接原因是因为参与谈判的各方都有各自的需要,或者是自己所代表的组织有某些需要。而一方需要的满足又不能无视他方的供给与需要,因此,谈判双方参加谈判的主要目的就不能仅仅以追求自己的需要为出发点,而应该通过交换观点进行磋商,共同寻找使双方都能接受的方案。比如,发展中国家与工业发达国家谈判建立一家合资企业,由发展中国家提供生产场地,发达国家提供先进技术。发达国家的目的和需要可能是利用技术上的优势,通过成立合资公司的形式,绕过直接贸易的障碍,开拓发展中国家广阔的市场或扩大原有市场份额,以期获得长期丰厚的利润。而发展中国家的目的和需要可能是利用发达国家的先进技术,提高本国的生产水平,获得丰厚利润,进而积极争取出口,开拓国际市场。如果双方都要达到各自的目的,就必须通过建立合资公司来实现。但是,发达国家提供技术的目的是要开拓发展中国家的市场,获得高额利润。发展中国家的主要目的是吸收外国先进技术,提高国内技术水平,积极发展出口,而不是单纯让出国内市场。总之,没有市场,拥有先进技术的发达国家就不感兴趣。同样,没有先进技术,发展中国家就难以接受。对发展中国家来讲,是以市场换技术;对发达国家来讲,则是以技术换市场。这是谈判双方既统一又矛盾的利益关系。双方就是带着既统一又矛盾的需要和目的来参加谈判。由此可见,客观需要、可谈判性、谈判意愿和谈判环境是谈判活动存在的前提。

(1)客观需要。客观需要是不以人的意志为转移的谈判需要。当谈判需要产生时,它将促进当事人互相寻求了解对方,将各自具有差异性的需要用共同利益的纽带联系在一起。

(2)可谈判性。可谈判性是指己方的需要与对方的需要之间可交换、可妥协的可能性。只要还存在着被某一方或某几方意识到的比交换和妥协更好的解决办法,谈判都不可能在事实上存在。某些所谓的谈判可能只不过是谈判者为实现自己的意图而向对方实施的某种手段上的需要。

(3)谈判意愿。谈判意愿是指当事人愿意将自己的需要用于交换并在交换过程中期望对方做出让步的程度。当这种意愿不被对方认可时,它只能是单方谈判意愿。单方谈判意愿可能出现在某一阶段,它不是谈判的结束,更不是谈判的绝境。当这种意愿被参与谈判的各方认可时，它便构成了双方谈判意愿。

(4)谈判环境。谈判环境是指将各方的需要进行交换或各方达成妥协的外在客观条件。谈判环境可以自然形成，也可以人为制造出来。

3. 谈判的特点

(1)谈判是一个不断调整各自需求的过程。谈判是通过不断调整各自的需求，最终使谈判双方的需求相互得以调和，互相接近，从而达成一致意见的过程。比如，对于商品买卖的谈判，买方与卖方经过多次的讨价还价后，最终得到一个双方都认可的成交价格，这个最终价格就是买卖双方通过不断调整各自的报价而使价格相互接近，最后达成利益的平衡。需要指出的是，利益上的平衡不等于利益上的平均，而是双方各自在内心所能承受的平衡。

(2)谈判具有合作性与冲突性。谈判是确立共同利益，减少分歧，达成协议的过程。商务谈判的合作性表现在，通过谈判而达成的协议对双方都有利，各方利益的获得是互为前提。而谈判的冲突性则表现在，谈判各方希望自己在谈判中获得尽可能多的利益。为此，要进行积极的讨价还价。为了更好地解决谈判中的这些矛盾，首先必须对此有深刻的认识；其次，在制定谈判的战略方针、选择与运用谈判策略和战术时，必须注意既不能损害双方的合作关系，又尽可能为本方谋取最大的利益，即在这二者之间找到一个平衡点。在实际谈判中，这个平衡点不是所有参与谈判的人员都能找到。实践中，常常会看到有些谈判人员只注意到谈判存在合作性的一面，而忽视谈判的冲突性，十分害怕与对方发生冲突。在面临对方的进攻时，往往一味地退让和承诺，尽力避免冲突，不敢据理评价和反驳，不敢积极地争取自己的正当利益。与此相反，有的谈判人员只注意谈判冲突性的一面，而忽视合作性，视谈判为一场你死我活的战斗，只讲究一味地进攻。由于无视对方的利益而导致谈判破裂，最终也损害了自己的利益。这两种认识都是不正确的，任何一项谈判都必然包含着合作与冲突，要认识到两者的对立统一，这是一种互助过程，是双方而不是单方的给予。

(3)谈判有一定的利益界限。对于谈判的任何一方来说，谈判都是有一定的利益界限的。美国谈判学会会长尼尔伦伯格说过，谈判人员的目光不能只盯着再多要一些，当接近临界点的时候，必须清醒警觉，毅然决断，当止即止。参与谈判的每一方都是有某些需要应该得到满足。如果把其中任何一方置于死地，那么最终大家都将一无所得，就是说谈判双方必须注意把握彼此的利益关系，明确利益界限，如图 1—1 所示。

图 1—1　谈判利益界限图

YOU 代表对方，ME 代表我方，如果谈判要获得成功，就必须在双方找到彼此的利益共同点，即 US，US 重合区域越大，说明彼此的共同利益越大。因此，谈判的利益界限就是要寻找符合双方更大的共同利益。

(4)谈判具有多变性和随机性。谈判的多变性和随机性是谈判中最常见、最富有挑战性的现象。各个利益团体都是处在激烈竞争且瞬息万变的市场经济环境中。作为经济活动中最重要的商务谈判，它的进展和变化与谈判主体的思维和行为方式有密切的关系。它不仅比一般经济活动变化更快、更丰富，而且也难以预料。由于谈判中的议题、格局、环境和策略的多变性，谈判会表现出各种各样的变化形式。多变性促使偶发因素的出现，带来了随机性。谈判中的随机性越大，变量越多，可控性就越小，给谈判双方带来了更大的挑战，对谈判者提出了更高的要求。

(5)谈判是科学与艺术的有机整体。谈判作为人们协调彼此之间的利益关系，满足各自的需求并达成一致意见的一种行为和过程，谈判人员必须要以理性的思维对所涉及的问题进行系统的分析和研究，根据一定的规律、规则和习惯来制定方案和对策，这充分体现了谈判的科学性的一面。另外，谈判是人们的一种直接交流活动。谈判人员的素质、能力、经验、心理状态以及思维的运用都会直接影响谈判结果，具有难以预测性。同样的谈判内容、条件和环境，让不同的人去谈判，其最终结果往往会不同，这就是谈判的艺术性的体现。对一个谈判者来说，在谈判中既要讲究科学，又要讲究艺术。在涉及对谈判双方实力的认定、对谈判环境因素的分析、对谈判方案的制订以及对交易条件的确定等问题上，更多地体现出谈判的科学性。而在具体的谈判策略与战术的运用上，则要更多地体现出谈判的艺术性。

小案例 1－2

不光用嘴，更要用心和脑袋

在比利时某画廊曾发生过这样一件事：一位美国商人看中了印度画商带来的三幅画，标价均为 2 500 美元。美国商人不愿出此价钱，双方各执己见，谈判陷入僵局。终于，那位印度画商被惹火了，怒气冲冲地跑出去，当着美国人的面把其中的一幅画烧掉了。美国商人看到这么好的画被烧掉，十分心痛，赶忙问印度画商剩下的两幅愿意卖多少价，回答总价还是 7 500 美元，美国商人思来想去，拒绝了这个报价，这位印度画商心一横，又烧掉了其中一幅画。美国人只好乞求他千万别再烧掉最后那幅画。当再次询问这位印度商人愿以多少价钱出售时，卖主说："最后这幅画只能是三幅画的总价钱。"最终，这位印度商人手中的最后一幅画以 7 500 美元的价格拍板成交。

在这个故事里，印度画商之所以烧掉两幅画，目的是刺激那位美国商人的购买欲望，因为他知道那三幅画都出自名家之手，烧掉了两幅，那么，物以稀为贵，不怕他不买剩下的最后一幅。聪明的印度画商施展这一招果然灵验，一笔生意得以成功。而那位美国商人是真心喜欢收藏古董字画的，所以，宁肯出高价也要买下这幅珍宝。中国自古就有"财富来回滚，全凭舌上功"的说法。在现代商业活动中，谈判已是交易的前奏曲，谈判是销售的主旋律。可以毫不夸张地说，人生在世，你无法逃避谈判；从事商业经营活动，除了谈判你别无选择。尽管谈判天天都在发生，时时都在进行，但要使谈判的结果尽如人意，却不是一件容易的事。

（二）商务谈判的含义

商务谈判，主要是指有经济组织参加的谈判。换句话说，就是经济实体之间以经济利益为目的，因各种业务往来而进行的谈判，包括国内的商务谈判及国家间的涉外商务谈判。商务谈判的内涵包括三个重要方面：一是以经济利益为目的；二是以价格作为谈判的核心，商务谈判所涉及的内容不仅仅是价格，谈判者的需求或利益也不唯一表现为价格，但价格在商务谈判中扮演着核心角色；三是讲求谈判的经济效益，谈判时必须注意谈判的成本和效率，就是要考虑效益的问题。

二、商务谈判的构成要素及特征

（一）商务谈判的基本要素

1. 谈判主体

在谈判活动中，谈判主体就是谈判当事人。在商务谈判中，谈判主体起着至关重要的作用，商务谈判活动的成效在很大程度上取决于谈判主体的主观能动性和创造性。谈判主体往往具有双重性：一是谈判的代表者，即谈判的个体或团队；二是谈判组织，即谈判者所代表的经济组织，如企业、政府、国家等。

2. 谈判客体

商务谈判活动的客体指谈判的议程、议题及内容等。谈判的议程、议题及内容不能凭空拟定或只反映单方面的意思，必须是当事人共同关心的，与各自利益有某种程度联系，需要谈判各方相互协调才能实现的提案、方案、观点或事务，如价格、质量、支付方式、技术标准等。

3. 谈判目的

谈判目的是指参与商务谈判各方为实现各自的利益需要所确定，但必须通过与对方打交道并促使对方在特定时空条件下，采取某种行动或做出某种承诺才能实现的目标。如果只有谈判主体和客体而没有谈判目的，谈判是不完整的。

小思考1－1

谈判与闲谈

我们将无特定目的的交流称为闲谈。闲谈与谈判的区别在于闲谈不涉及各方利益冲突和经济关系，不会导致各方的尖锐对立或竞争，通常是轻松愉快的。谈判恰恰是在涉及各方利益，存在相互依存，尖锐对立或竞争的条件下进行的，有无目的性和达到这种目的的手段决定了闲谈与谈判在一定条件下相互转换的可能性。

4. 谈判结果

一个完整的谈判必须有相应的结果。无论成功或者失败，成交或者破裂，都标志着一次谈判的完成。对于无结果的谈判，我们称之为不完整谈判或陷入僵局的谈判或者出现怪圈的谈判。不完整谈判会极大降低工作效率，耗费谈判者的精力，对谈判者的自信心产生不利影响。

（二）商务谈判的特征

1. 以经济利益为谈判目的

不同的谈判者参加谈判的目的是不同的，外交谈判涉及的是国家利益，政治谈判关心的是政党、团体的根本利益，军事谈判主要是关心敌对双方的安全利益。虽然这些谈判都不可避免地涉及经济利益，但常常是围绕着某一种基本利益进行的，其重点不一定是经济利益。而商务谈判则十分明确，谈判者以获取经济利益为基本目的，在满足经济利益的前提下才涉及其他非经济利益。虽然在商务谈判过程中，谈判者可以调动和运用各种因素，而各种非经济利益的因素也会影响谈判的结果，但其最终目标仍是经济利益。与其他谈判相比，商务谈判更加重视谈判的经济效益，注重谈判所涉及的重大技术的成本、效率和效益。所以，人们通常以获取经济效益的好坏来评价一项商务谈判的成功与否。不讲求经济效益的商务谈判就失去价值和意义。

2. 以价值获取作为谈判的核心

商务谈判涉及的因素很多，谈判者的需求和利益表现在众多方面。但价值获取则几乎是所有商务谈判的核心内容，直接地反映了谈判双方的利益，谈判双方在其他利益上的得与失。需要指出的是，在商务谈判中，一方面要以价格为中心，坚持自己的利益；另一方面需要注意商务谈判所涉及的内容不仅仅是价格，谈判者的需求或利益也不唯一表现为价格，应该拓宽思路，设法从其他利益因素上争取应得的利益。因为，与其在价格上与对手争执不休，还不如在其他利益因素上使对方在不知不觉中让步。

小案例 1－3

麦克曾代表一家大公司到德国买一座煤矿，该煤矿的主人是一个强硬的谈判者，他的开价为 2 600 万美元，麦克还价为 1 500 万美元。但矿主始终坚持 2 600 万美元的原始报价不变。谈判在几个月的讨价还价中艰难地进行，麦克已经将价格抬高到了 2 150 万美元。但矿主始终坚持 2 600 万美元拒绝退让。因此，谈判陷入了僵局。麦克意识到这背后肯定有其他的原因，只有挖出这一信息，谈判才能进行下去。麦克非常诚恳地与矿主交流，并邀请他打网球。终于矿主被麦克的耐心和诚意所打动，向麦克说了他的意图。他说我的兄弟的煤矿卖了 2 600 万美元，外带一些附加条件。麦克恍然大悟，矿主坚持原始报价的原因是为了和兄弟攀比，要超过兄弟。找到原因后，麦克去了解了矿主兄弟的卖价及附加条件，然后采取了新的方案，而矿主也让了步。

3. 注重合同条款的严密性与准确性

商务谈判的结果是由双方协商一致的协议或合同来体现。合同条款实质上反映了各方的权利和义务。合同条款的严密性与准确性是保障谈判获得各种利益的重要前提。有些谈判者在商务谈判中花了很大气力，好不容易为自己获得了较有利的结果。对方为了得到合同，也迫不得已做了许多让步。这时谈判者似乎已经获得了这场谈判的胜利，但如果在拟订合同条款时，掉以轻心，不注意合同条款的完整、严密、准确、合理、合法，其结果往往会被谈判对手在条款措辞或表述技巧上引入陷阱，这不仅会把到手的利益丧失殆尽，而且还要为此付出惨重的代价，这种例子在商务谈判中屡见不鲜。因此，在商务谈判中，谈判者不仅要重视口头上的承诺，更要重视合同条款的准确和严密。

三、商务谈判的形式与内容

(一)商务谈判的形式

1. 口头谈判

口头谈判是指谈判双方在会谈时，不提交任何书面形式的文件，而是面对面地洽谈协商，口头提出交易条件；或者在异地用电话商谈。口头洽谈形式包括邀请外方来访、参加出口商品交易会或国际博览会、派出国推销团组等。

随着商品经济的发展，市场日益活跃，出现了各种形式、不同内容的交易会。这种形式一般规模较大、隆重、轰轰烈烈，同时，由于参加交易会的单位很多，便于沟通情况，有利于企业选择，因此谈判成交额较大。正因为这种形式有其独特的优势，所以交易会谈判被广大企业认为是一种较好的口头谈判形式。

在口头谈判中，双方面对面地洽谈交易，有利于谈判各方当面提出条件和意见，也便于谈判者察言观色，掌握心理，施展谈判技巧。同时，无论是谈判者在推销滞销商品，还是采购紧俏商品，双方都有说服对方的余地。这是口头谈判的优势。

口头谈判一般要在谈判期限内做出成交与否的决定，没有充分的考虑时间，因而要求谈判人员具有较高的决策水平，一旦决策失误，就可能给自己造成经济损失或者失去成交的良机。口头谈判一般要支付往返差旅费和礼节性招待费，费用开支较大。因此，它适用于首次交易谈判、同城或相近地区的商务谈判、长期谈判、大宗交易谈判或者贵重商品的谈判。

小贴士 1－1

口头谈判的特点

1. 直接性与灵活性

由于谈判双方是面对面地进行洽谈协商，能够察言观色，掌握对方心理；可以全面深入地了解对方的资金、信誉、谈判作风等情况；针对谈判的进程和谈判过程中出现的问题，采取具体、灵活的措施，调整谈判策略和谈判目标。

2. 谈判的广泛性

由于谈判双方可以广泛地选择谈判对象和谈判内容，对谈判时间的要求也不严格，可以延长，也可以缩短，对某些可能出现的争议尽快地协商解决。而且是采取先磋商、后签约的方式，通过口头谈判，先摸清对方的底，然后才能承担某些义务。

3. 利用感情因素

面对面的谈判或多或少地会产生一些感情，谈判者要善于利用这种感情因素来强调自己的谈判条件，使对方接受。同时，口头谈判还可以配合身姿、手势、面部表情、直观材料等，促进谈判成功。

2. 书面谈判

书面谈判是指买卖双方利用信函、电报、电传等通信工具所进行的谈判。它要求由卖方或买方以函件、电报等载体，将交易要求和条件通知对方，一般应规定对方答复的有效期限。

小贴士 1－2

书面谈判的特征

1. 准备充分、资料翔实

双方事先都以书面形式提供了议事日程、谈判内容、所提建议、愿意承担的义务等，这些都经过详细的研究。这样,双方就有比较充足的时间考虑对方的提议,可促使谈判过程早日完成。

2. 谈判成本低

由于书面谈判一般不需要谈判人员四处奔走,只需花费通信费,而不需花费差旅费和招待费,因此谈判费用开支要比口头谈判费用开支节省得多。

3. 间接性

由于具体的谈判人员互不见面,双方可以不考虑谈判人员的身份,把主要精力集中在双方条件的洽谈上,从而避免因谈判者的级别、身份不对等而影响谈判的开展和交易的达成。

书面谈判方式可以使双方对问题有比较充足的考虑时间。在谈判过程中有时间同自己的助手、企业领导及决策机构进行讨论和分析,有益于慎重决策。书面谈判一般不需要谈判者四处奔走,可以坐镇企业,向国内外许多单位发出信函、电报,并对不同客户的回电进行分析比较,从中选出对自己最有利的交易对象。

由于具体的谈判人员互不见面,他们各自代表的是本企业,双方都可不考虑谈判人员的身份,把主要的精力集中在交易条件的洽谈上,从而避免因谈判者的级别、身份不对等而影响谈判的开展和交易的达成。此外,由于书面谈判只花费通信费用,不花费差旅费和招待费,因而谈判费用开支较少。

当然,书面谈判也有不足之处。书面谈判多采用信函、电报等方式,文字要求精练,如果文不达意,容易造成双方理解差异,引起争议和纠纷;由于双方的代表不见面,因而无法通过观察对方的语态、表情、情绪以及习惯动作等来判断对方的心理活动,从而难以运用行为语言技巧达到沟通意见的效果;书面谈判所使用的信函、电报需要邮电、交通部门传递,如果这些部门发生故障,则会影响双方的联系,甚至丧失交易的时机。

鉴于书面谈判有其局限性,所以它多适用于有经常性经济交往活动的谈判、产品批量大而供应范围广的购销谈判以及远距离谈判等。

为了发挥书面谈判的作用,有利于对方了解自己的交易要求,作为卖方,可以把事先印好的具有一定格式的表单寄给客户,表单上比较详细地反映卖方商品的名称、规格、价格、装运等条件,可以使客户对卖方的交易意图有一个全面、清楚的了解,避免因文字表达不周而引起误解。同时,谈判双方都要认真、迅速、妥善处理回函和来函,能达成的交易要迅速通知对方,不要贻误时机;即使不能达成的交易也要委婉地答复,搞好与客户的关系,“生意不成人情在”。书面谈判最忌讳的是函件处理不及时,也忌讳有求于人时丧失企业的品格,而人求我时冷眼相待,这不仅关系到企业购销活动的持续开展,而且关系到企业的经营作风和商业信誉。

综上所述,书面谈判形式有利有弊。谈判形式利用的好坏,完全在于对各种谈判形式掌握得如何,应根据交易的需要和各种谈判形式的特点加以正确选择。在实际工作中,不要把书面和口头这两种谈判形式截然分开,可以把它们结合起来,取其所长,避其所短。在一般情况下适用书面谈判的交易,在特殊情况下也可以改用口头谈判。在实际工作中,既要正确选择又要灵活运用谈判形式。

值得注意的是,只要是通过谈判达成交易,无论是采取口头谈判,还是采取书面谈判,都必须签订书面合同。交易谈判的内容烦琐而复杂,每项内容都关系到双方的经济利益,把谈判的结果用书面合同反映出来,就会加强签约双方的责任心,促使双方按照合同办事。一旦出现问题,发生纠纷,也有据可查,便于公平合理处理问题。签订书面合同对口头谈判的作用显而易见，因为“口说无凭”，要“立据为证”。同样，书面谈判的成交也要以合同为证，虽然在书面谈判的过程中，也采用书面形式，但这只是反映谈判过程的情况，而不能表明成交的确立。

由于书面谈判和口头谈判两种谈判形式各有利弊，因此，在实际工作中，常把两种谈判结合在一起使用。有的在一般情况下采取书面谈判的交易，在特殊情况下也可以改用口头谈判；经常有交往的双方，在原先双方约定的交易条件不变时，具体一笔交易就可以用书面谈判，而当情况和上述交易条件发生变化时，就需要在一起会晤，进行口头谈判。

3. 网络谈判

网络谈判是指借助于互联网进行协商、对话的一种特殊的书面谈判。既然是属于书面谈判的一种方式，其与函电谈判一样，其谈判程序也包含着询盘、发盘、还盘、接受和签订合同等五个步骤。

在网络谈判实践运作过程中，其表现出如下优势：一是加强了信息交流。过去商务谈判函件要几天才能收到，并且有可能迟到、遗失，现在通过互联网几分钟，甚至几秒钟就能收到，准确无误。而且，网络谈判兼具电话谈判快速、联系广泛，又有函电内容全面丰富、可以备查之特点，可使企业、客户掌握他们需要的最新信息，同时有利于增加贸易机会，开拓新市场。二是有利于慎重决策。网络谈判是以书面形式提供议事日程和谈判内容的，又能几秒钟抵达，使得谈判双方既能仔细考虑本企业所提出的要点，特别是那些谈判双方可能不清楚的条件能书面传递，事先说明，又能使谈判双方有时间同自己的助手或企业领导及决策机构进行充分的讨论和分析，甚至可以在必要时向那些不参加谈判的专家请教，有利于慎重地决策。三是降低了成本。采用网络谈判方式，谈判者无需四处奔走，就可通过网络手段向国内外企业发出信函，分析比较不同客户的回函，从中选出自己最有利的协议条件，从而使企业大大降低了人员开销、差旅费、招待费以及管理费等，甚至比一般通信费用还要省得多，降低了谈判成本。四是改善了服务质量。降低谈判成本还不是商务谈判的主要目的和收获，改善与客户的关系才是最大的收获，这样才能获取丰厚的回报。网络谈判所提供的是一年 365 天，每天 24 小时的全天候沟通方式。五是增强了企业的竞争力。任何企业，无论大小，在网站上都是一个页面，面对相同的市场，都处于平等的竞争条件。互联网有助于消除中小企业较之大企业在信息化程度方面的弱势，从而提高中小企业的竞争力。六是提高了谈判效率。在网络谈判中，由于具体的谈判人员不见面，双方可以不考虑谈判人员的身份，揣摩对方的性格，而把主要精力集中在己方条件的洽谈上，从而避免因谈判者的级别、身份不对等而影响谈判的开展和交易的达成。

当然，网络谈判也有其弊端，主要表现在：一是商务信息公开化，导致竞争对手的加入；二是互联网的故障病毒等会影响商务谈判的开展。

小贴士 1－3

网络谈判的报文

网络谈判作为一种特殊的书面谈判，其报文（书面）构成为：

1. 参与方信息

参与方信息报文是商业往来开始时，贸易伙伴第一次交换的报文，用于把地址和相关的经营管理、商业和财务信息传递给贸易伙伴。如果在以后的商务往来的各个阶段信息有变化，参与方信息应重新更换，以保持贸易伙伴的主数据最新。

2. 价格/销售目录

价格/销售目录报文由卖方传送给买方，以目录或列表形式给出供货方产品变化的预先通知。该报文有时给出产品的一般信息，对所有买主都适用；有时给一个单独买主提供一个专门信息，如特殊价格等。

3. 报价请求

报价请求报文是由买方向一个或者多个卖方发出的要求提供商品或劳务信息的报文，表明买方向卖方提出他们所要求的答复内容，如买方欲购得价格。买方可以同时向几个供方发送报价请求，以便进行衡量，获取最满意的货物和购价。

4. 定购单

定购单报文是由买方向供方发送的定购货物或劳务并提出相关数量、日期和发货到达地等的报文。

5. 定购单应答

定购单应答报文是由供方发送给买方，告知买方他已收到定购单，提出补充货通知，买方可以拒绝或接受全部或部分定购单内容。

6. 定购单变更请求

定购单变更请求报文是由买方向供方提供的对定购单的修改，买方可以请求变动或取消某项货物或劳务信息。

（二）商务谈判的内容

1. 商品贸易谈判

商品贸易谈判是指商品买卖双方以商品为中心，就商品的买卖条件所进行的谈判，主要包括商品的品质、数量、包装、运输、价格、货款结算支付方式、保险、商品检验及索赔、仲裁和不可抗力等条款。

（1）商品的品质。商品品质是指商品的内在质量和外观形态。它往往是交易双方最关心的问题，也是洽谈的主要问题。商品品质取决于商品本身的自然属性，其内在质量具体表现在商品的化学成分、生物学特征及其物理、机械性能等方面；其外在形态具体表现为商品的造型、结构、色泽、味觉等技术指标或特征。这些特征有多种多样的表示方法，常用的表示方法有以下几种：

①样品表示法。样品指的是最初设计加工出来或者从一批商品中抽取出来的、能够代表贸易商品品质的少量实物。样品可由买卖的任何一方提出，只要双方确认，卖方就应该供应与样品一致的商品，买方也就应该接收与样品一致的商品。为了避免纠纷，一般样品要一式三份，由买卖双方各持一份，另一份送给合同规定的商检机构或其他公证机构保存，以备买卖双方发生争议时作为核对品质之用。在商品买卖实务中，一般在样品确认时，应再规定商品的某个或某几个方面的品质指标作为依据。

②规格表示法。商品规格是反映商品的成分、含量、纯度、大小、长度、粗细等品质的技术指标。由于各种商品的品质特征不同，所以规格也有差异。如果交易双方用规格表示商品的品质，并作为谈判条件，就叫作“凭规格买卖”。一般来说，凭规格买卖是比较准确的，在平时的商品交易活动中，大多采用这种方法。

③等级表示法。商品等级是对同类商品质量差异的分类，它是表示商品品质的方法之一。这种表示法以规格表示法为基础，同类商品由于厂家不同，有不同的规格，所以同一数码、文

字、符号表示的等级的品质，其内涵不尽相同。买卖双方对商品品质的磋商，可以借助已经制定的商品等级来表示。

④标准表示法。商品品质标准，是指经政府机关或有关团体统一制定并公布的规格或等级。不同的标准反映了商品品质的不同特征和差异。商品贸易中常见的有国际上各国公认的通用标准，即国际标准；我国有国家质量监督检验检疫总局制定的国家标准和国家有关部门制定的部颁标准；此外，还有供需双方洽商的协议标准。明确商品品质标准，以表达供需双方对商品品质提出的要求和认可。

⑤牌名或商标表示法。牌名是商品的名称，商标是商品的标记。有些商品由于品质优质、稳定，知名度和美誉度都很高，在用户中享有盛名，为广大用户所熟悉和赞誉，在谈判中只要说明牌名或商标，双方就能明确商品品质情况。但磋商时要注意同一牌名或商标的商品是否来自不同的厂家，以及这些商品是否由于某些原因造成了损坏或变质，更要注意假冒商标的商品。

在实际交易中，上述表示商品品质的方法可以结合在一起运用。比如，有的交易既使用牌名，又使用规格；有的交易既使用规格，又参考样品。除此，还应注意：第一，商品品质表示的多种方法共同使用时，应避免其出现相悖和不清，有时条款中应标明以哪种方法为基准，哪种方法为补充。第二，当交易的商品品质容易引起变动时，应尽量收集其引起变动的原因，以防患于未然。对于允许供货方交付的商品品质可以高于或低于品质条款的幅度——品质公差，可以采用同行业所公认的品质公差，也可以在磋商中议定极限，即上下差异范围。第三，商品品质标准会随着科技的发展而发生变化。磋商中应注意商品品质标准的最新规定，条款应明确双方认定的交易商品的品质标准是以何种、何国（地区）、何时、何种版本中的规定为依据，避免日后发生误解和争议。第四，商品品质的其他主要指标，如商品寿命、可靠性、安全性、经济性等条款的磋商，都应力求明确，便于检测操作认定。第五，商品品质条款的磋商应与商品价格条款紧密相连，互相制约。

(2)商品的数量。商品交易的数量是商务谈判的主要内容。成交商品数量的多少，不仅关系到卖方的销售计划和买方的采购计划能否完成，而且与商品的价格有关。同一货币支付后所购买的商品数量越多，说明这种商品越便宜，因此，商品交易的数量直接影响到交易双方的经济利益。

确定买卖商品的数量，首先要根据商品的性质，明确所采用的计量单位。商品的计量单位，表示重量单位的有吨、公斤、磅等；表示个数单位的有件、双、套、打等；表示面积单位的有平方米、平方英尺；表示体积单位的有立方米、立方英尺。在国际贸易中，由于各国采用的度量衡制度不同，同一计量单位所代表的数量也各不相同，因而要掌握各种度量衡之间的换算关系，在谈判中明确规定使用哪一种度量衡制度，以免造成误会和争议。

在贸易实践中，容易引起争议的是商品的重量。因为商品的重量不仅会受到自然界的影响而发生变化，而且许多商品本身就有包装与重量的问题。如果交易双方在谈判时没有明确重量的计算方法，在交货时就会因重量问题而发生纠纷。

常用的重量计算方法有两种：一是按毛重计算；二是按净重计算。毛重是商品和包装物的总重量，净重是商品本身的重量。由于净重不包括包装物的重量，所以按净重计算就必须是毛重减去包装物的重量。

包装物重量一般称为皮重，计算皮重的方法主要有四种：

①按实际皮重计算。这是对全部包装物的实际重量进行计量，而不是估算，也不是只计算

一部分包装物的重量。

②按平均皮重计算。这是对规格比较统一的包装物用平均数求得包装物重量。

③按习惯皮重计算。这是对公认规格的包装物，按确定的单位重量计算。如对包装粮食的机制麻袋以及包装面粉的面袋重量的确定。

④按约定皮重计算。这是交易双方在谈判中以共同协商确定的包装物重量为标准所进行的计算。

在商贸活动中，以重量计量的交易商品，大部分是按净重计价的。因此，在商务谈判中如何计算商品重量，用什么方法扣除皮重，必须协商明确，以免交货时出现纠纷。

(3)商品包装。在商品交易中，除了散装货、裸体货外，绝大多数商品都需要包装。包装具有宣传商品、保护商品、便于储运、方便消费的作用。近年来，随着我国市场竞争日趋激烈，各厂商为了提高自己的竞争能力，扩大销路，已改变了过去传统的“一等产品，三级包装”的包装方法。市场上商品包装装潢不仅变化快，而且设计的档次越来越高，由此看来，包装也是商品交易的重要内容。作为商务谈判者，为了使双方满意，必须精通包装材料、包装形式、装潢设计、运装标志等问题。为了合理选择商品包装和避免包装问题引起的纠纷，贸易双方在磋商商品包装条款时应注意：第一，根据交易商品本身的特征明确其包装的种类、材料、规格、成本、技术和方法。商品经营包装有内销、出口、特种商品包装；商品流通包装有运输包装(外包装)、销售包装(内包装)；按包装内含商品数量多少划分，有单个包装、集合包装；按包装使用范围划分，有专用包装、通用包装；按包装材料划分，有纸制、塑料、金属、木制、玻璃、陶瓷、纤维、复合材料、其他材料包装等。这些不同的包装还有体积、容积、尺寸、重量的区别，这些都影响着商品贸易。第二，根据谈判对方或用户对同类商品在包装种类、材料、规格、装潢上的不同要求和特殊要求及不同时期的变化趋势进行磋商并认定。

(4)商品的运输。在商品交易中，卖方向买方收取货款是以交付货物为条件的，所以运输方式、运输费用以及交货地点依然是商务谈判的重要内容。

①运输方式。商品的运输方式是指将商品转移到目的地所采用的方法和形式。以运输工具进行划分，运输方式有公路运输、水路运输、铁路运输、航空运输和管道运输。以营运方式来划分，可分为自运、托运和联运等。目前，在国内贸易中主要采用铁路运输、公路运输、水路运输和自运、托运等。对外贸易中主要采用海运、空运等。在商贸活动中，如何使商品能够多快好省地到达目的地，关键在于选择合理的运输方式。选择合理的运输方式，应考虑以下因素：一是要根据商品的特点、运货量大小、自然条件、装卸地点等方面的具体情况；二是要根据各种运输方式的特点，通过综合分析加以选择。

②运输费用。运输费用的计算标准有按货物重量计算、按货物体积计算、按货物件数计算、按商品价格计算等。另外，费用还会因为运输中的特殊原因增加其他附加费。谈判中双方对货物的重量、体积、件数、商品的贵重情况进行全盘考虑，合理规划，在可能的条件下改变商品的包装，缩小体积，科学堆放，选用合理的计算标准，论证并确定附加费用变动的合理性，明确双方交货条件，划清各自承担的费用范围和界限。

③装运时间、地点和交货时间、地点。这些不仅直接影响买方能否按时收到货物，满足需求或投放市场，回收资金，还会因交货时空的变动引起价格的波动和可能造成经济效益的差异。谈判中应根据运输条件、市场需求、运输距离和运输工具、码头、车站、港口、机场等设施，以及货物的自然属性、气候条件做综合分析，明确装运、交货地点，装运、交货的截止具体日期。

(5)保险。保险是以投保人交纳的保险费集中组成保险基金用来补偿因意外事故或自然灾害所造成的经济损失，或对个人因死亡伤残给予物质保障的一种方法。我们这里所指的保险主要指货物保险。货物保险的主要内容有贸易双方的保险责任，具体明确办理保险手续和支付保险费用的承担者。我国商品贸易没有明文规定保险责任该由谁来承担，只有通过谈判，双方协商解决。但在国际贸易中，商品价格条款中的价格术语确定后，也就明确了双方的保险责任。如外贸中的离岸价格和成本加运费价格，商品装船交货后，卖方不承担保险，责任由买方承担。而到岸价格是指商品装船后运输过程中的保险责任仍由卖方负责。在对外贸易业务中，出口时应尽量采用到岸价，争取在我国保险，由我国收取保险费。对同类商品，各国在保险的险别、投保方式、投保金额的通用做法，或对商品保险方面的特殊要求和规定，谈判双方必须加以明确。对世界各国主要保险公司在投保手续与方式、承保范围、保险单证的种类、保险费率、保险费用的支付方式、保险的责任期和范围、保险赔偿的原则与手续等方面的有关规定加以考虑筛选，最后加以确定。对保险业务用语上的差异和名词概念的不同解释，要给予注意，以避免争议。

(6)商品检验。商品检验是对交易商品的品种、质量、数量、包装等项目按照合同规定的标准进行检查或鉴定。通过检验，由有关检验部门出具证明，作为买卖双方交接货物、支付货款和处理索赔的依据。商品检验主要包括商品检验权、检验机构、检验内容、检验证书、检验时间、检验地点、检验方法和检验标准。

(7)商品价格。商品价格是商务谈判中最重要的内容，它的高低直接影响着贸易双方的经济利益。商品价格是否合理是决定商务谈判成败的重要条件。商品的价格是根据不同的定价依据、定价目标、定价方法和定价策略来制定的，商品价格的构成一般受商品成本、商品质量、成交数量、供求关系、竞争条件、运输方式和价格政策等多种因素的影响。谈判中只有深入了解市场情况，掌握实情，切实注意上述因素的变动情况，才能取得谈判的成功。

价格是价值的货币表现。熟悉成本核算，就可以抓住价格的高低，确定对方利润的多少，从而有针对性地讨价还价。按质论价是价格谈判中常用的方法。谈判人员应该在商品品质的基础上，货比三家，确定合理价格。商品数量的大小是讨价还价的一个筹码。目前，大多数买卖双方均有批量定价，一般来说，商品数量大，价格就低；数量少，价格就高。商品的价格还受市场供求状况的影响。当商品供过于求时，价格就下跌；反之，商品价格就会上涨。谈判中应根据商品在市场上现在和将来的需求状况进行分析。另外谈判人员还要考虑该商品的市场生命周期、市场定位、市场购买力等因素，判断市场供求变化趋势和签约后可能发生的价格变动，来确定商品交易价格，并要确定对价格发生变动的处理办法。一般来说，在合同规定的交货期内交货，不论价格如何变动，仍按合同定价执行(国家定价的，调整后按规定变动执行)。如果逾期交货，交货时市价上涨，按合同价执行；市价下跌，按下跌时的市价执行。总之，应使价格变动造成的损失由有过失的一方承担，以督促合同的按期履行。

竞争者的经营策略也会直接影响商品交易的价格。在市场竞争中，有时企业为了取得货源，商品价格就会高一些；有时企业为了抢占市场，提高市场占有率，价格就会低一些。谈判人员在价格谈判时一定要密切关注市场竞争状况。

各国在不同时期有关价格方面的政策、法令、作价原则，也会影响交易双方有关价格的谈判。买卖双方在谈判时应遵守国家的价格政策、法令，并依照政策、法令来确定价格形式、价格变动幅度和利润率的高低。

在国际商务谈判中，谈判双方还应该明确规定使用何种货币和货币单位。一般来讲，出口贸易时要争取采用“硬通货”，进口贸易时则要力求使用“软货币”或在结算期不会升值的货币。

总之,要注意所采用货币的安全性及币值的稳定性、可兑换性。

另外,在国际商务谈判中,谈判人员还应尽量了解各国及国际组织对于价格有关问题的不同解释或规定,并在合同中加以明确,选定对己方有利的价格术语(价格术语,又称价格条件,是国际贸易中各国贸易习惯所形成和认可的代表不同价格构成和表示买卖双方各自应负的责任、费用、风险以及划分货物所有权转移线的一种术语。常见的离岸价,又称装运港船上交货价;离岸加运费价,又称成本加运费价;到岸价,又称成本加保险、运费价。还有交货港、目的港船上交货价,交货港、目的港码头交货价,工厂交货价,边境交货价等)。

(8)结算支付方式。在商品贸易中,货款的结算与支付是一个重要问题,直接关系到交易双方的利益,影响双方的生存与发展。在商务谈判中应注意货款结算支付的方式、期限、地点等等。国内贸易货款结算方式分为现金结算和转账结算。现金结算,即一手交货,一手交钱,直接以现金支付货款的结算方式。转账结算是通过银行在双方账户上划拨的非现金结算。非现金结算的付款有两种方式,一种是先货后款,包括异地托收承付、异地委托收款、同城收款;另一种是先款后货,包括汇款、限额结算、信用证、支票结算等。根据国家规定,各单位之间的商品交易,除按照现金管理办法外,都必须通过银行办理转账结算。这种规定的目的是为了节约现金使用,有利于货币流通,加强经济核算,加速商品流通和加快资金周转。

转账结算可分为异地结算和同城结算。前者的主要方式有托收承付、信用证、汇兑等,后者的主要方式有支票、付款委托书、限额结算等。

(9)索赔仲裁。在商品交易中,买卖双方常常会因彼此的权利和义务引起争议,并由此引起索赔、仲裁等情况的发生。为了使争议得到顺利的处理,买卖双方在洽谈交易中,对由争议提出的索赔和解决争议的仲裁方式,事先应进行充分商谈,并做出明确的规定。此外对于不可抗力及其对合同履行的影响结果等,也要做出规定。

①索赔。索赔是一方认为对方未能全部或部分履行合同规定的责任时,向对方提出赔偿的要求。引起索赔的原因除了买卖一方违约外,还有由于合同条款规定不明确,一方对合同某些条款的理解与另一方不一致而认为对方违约。一般来讲,买卖双方在洽谈索赔问题时应洽谈索赔的依据、索赔期限和索赔金额的确定等内容。

索赔依据是指提出索赔必须具备的证据和出示证据的检测机构。索赔方所提供的违约不实必须与品质、检验等条款相吻合,且出证机关要符合合同的规定,否则,都要遭到对方的拒赔。

索赔的期限是指索赔一方提出索赔的有效期限。索赔期限的长短,应根据交易商品的特点来合理商定。

索赔金额包括违约金和赔偿金。违约金只要确认是违约,违约方就得向对方支付,违约金带有惩罚的性质。赔偿金则带有补偿性。如果违约金不够弥补违约给对方造成的损失时,应当用赔偿金补足。

②仲裁。仲裁是双方当事人在谈判中磋商约定,在本合同履行过程中发生争议,经协商或调解不成时,自愿把争议提交给双方约定的第三者(仲裁机构)运行裁决的行为。在仲裁谈判时应洽谈的内容有仲裁地点、仲裁机构、仲裁程序规则和裁决的效力等内容。

小案例 1－4

柯达攻击富士

故事发生在一个极端的背景条件下——乌拉圭回合。日本对彩色和黑白胶卷的进口关税承诺降到了零,即外国产品,如美国柯达进入日本市场已经不存在任何障碍。富士和柯达是世界上胶卷业的两个霸主,在日本市场上,柯达每时每刻都在寻找机会击败对手。

在市场准入问题上,柯达很难挑剔日本。那么如何利用 WTO 规则寻找打败对手的突破点呢? 柯达使用了 GATT 第 23 条 1 款。美国说日本并没有违背 WTO 的某一特别的义务条款,日本实现了其在历次回合中关于关税减让的承诺。但是,日本政府关于胶卷销售的措施,却使美国因日本在肯尼迪回合、东京回合和乌拉圭回合中所作的关税减让而应带来的好处正在丧失或减损,这一点违背了 GATT 第 23 条 1 款。

具体地说,美国指责的日本限制流通的措施,鼓励并促进了日本胶卷市场销售体制从多种商标的大商场出售转变到单一商标的专卖销售,从而制约了进口胶卷的销售能力,妨碍了柯达的市场开拓能力。

美国在该案中败诉。WTO 专家组认为,要确定某一情况在谈判时是否可以预见,最简单的办法就是看这一情况是在谈判前出现的还是在谈判后出现的。日本用充分的材料证明了在谈判过程中,专卖销售体制已经存在。

这一案例说明,即使在零关税下,企业依然需要像柯达那样运用规则争取市场,也能够像富士那样运用规则抵制冲击。

③不可抗力。不可抗力又称人力不可抗力,通常是指合同签订后,不是由于当事人的疏忽过失,而是由于当事人所不可预见,也无法事先采取预防措施的事件,如地震、水灾、旱灾等自然原因或战争、政府封锁、禁运、罢工等社会原因造成的不能履行或不能如期履行合同的全部或部分。在这种情况下,遭受事件的一方可以据此免除履行合同的责任或推迟履行合同,另一方也无权要求其履行合同或索赔。洽谈不可抗力的内容主要包括不可抗力事件的范围、事件出现后果和发生事件后的补救方法、手续、出具证明的机构和通知对方的期限。

小思考 1－2

与其他商务谈判相比,商品买卖谈判有什么特点

商品买卖谈判有以下特点:①难度相对简单。商品买卖谈判的难度相对较为简单,一是大多数货物均有通行的技术标准;二是大多数交易均属重复性交易;三是谈判内容大多围绕与实物商品有关的权利和义务。但绝不能因此而轻视,特别对初次合作、大宗交易、国际货物买卖更是如此。②条款比较全面。货物买卖是商品交易的基本形式,商品买卖谈判也是商务谈判的基本形态。在商品买卖的谈判中,通常要包括货物部分的谈判,如标的、品质、数量、包装、检验等;商务部分的谈判,如价格、交货、支付、索赔等;法律部分的谈判,如不可抗力、仲裁与法律适用等。在这些内容中,习惯上将货物部分和商务部分的条款列为主要条款,它们属于交易的个别性条款;而将其他条款列为一般条款,它们是适用于每一笔交易的共同性条款。总之,这些内容涉及货物买卖交易的各个方面、各个环节,不可有所疏忽,以避免日后引起纠纷。而且,商品买卖谈判的条款内容往往可以作为其他商务谈判参照的一般基础。

2. 技术贸易谈判

技术贸易是指有偿的技术转让,即通过买卖方式,把某种技术从卖方转给买方的行为。而技术贸易谈判是指技术的接受方(即买方)与技术的转让方(即卖方)就转让技术的形式、内容、质量规定、使用范围、价格条件、支付方式以及双方在转让中的一些权利、责任和义务关系问题所进行的谈判。

小思考 1-3

技术贸易与商品贸易的区别

由于技术是一种特殊产品,技术贸易不像一般商品那样具有可见的形状,可以计量、检验质量,而是以知识的形态存在着,如一项发明创造、一种新的制造工艺与技术资料等等。技术必须"凝结"在劳动力和生产资料中才能变为物质的力量,才能充分体现其使用价值。技术作为一种贸易客体有其特殊性。比如技术的交易过程具有延伸性;技术市场价格完全由交易双方自由议定等。因此,技术贸易谈判不仅有别于一般的货物买卖谈判,与劳务买卖谈判相比也存在一定的差异。

技术贸易谈判一般分为两个部分,即技术谈判和商务谈判。技术谈判是供受双方就有关技术和设备的名称、型号、规格、技术性能、质量保证、培训、试生产验收问题进行商谈,受方通过谈判可以进一步了解对方的情况,摸清技术和设备是否符合本单位的实际和要求,最后确定引进与否。商务谈判是供受双方就有关价格、支付方式、税收、仲裁、索赔等条款进行商谈。通过商谈确定合理的价格、有效的途径与方法,以及如何将技术设备顺利地从供方转移到受方。

技术贸易谈判主要包括技术服务、发明专利、工程服务、专有技术、商标和专营权的谈判。技术的引进和转让,是同一过程的两个方面。有引进技术的接受方,就有供给技术的许可方。引进和转让的过程,是双方谈判的过程。技术贸易谈判一般包括以下基本内容:

(1)技术类别、名称和规格,即技术的标的。技术贸易谈判的最基本内容是磋商具有技术的供给方能提供哪些技术,引进技术的接受方想买进哪些技术。

(2)技术经济要求。因为技术贸易转让的技术或研究成果有些是无形的,难以保留样品以作为今后的验收标准,所以,谈判双方应对其技术经济参数采取慎重和负责的态度。技术转让方应如实地介绍情况,技术受让方应认真地调查核实。然后,把各种技术经济要求和指标详细地写在合同条款上。

(3)技术的转让期限。虽然科技协作的完成期限事先往往很难准确地预见,但规定一个较宽的期限还是很有必要的。否则,容易发生扯皮。

(4)技术商品交换的形式。这是双方权利和义务的重要内容,也是谈判不可避免的问题。技术商品交换的形式有两种:一种是所有权的转移,买者付清技术商品的全部价值并可转卖,卖者无权再出售或使用此技术,这种形式较少使用;另一种是不发生所有权的转移,买者只获得技术商品的使用权。

(5)技术贸易的计价、支付方式。技术商品的价格是技术贸易谈判中的关键问题。转让方为了更多地获取利润,报价总是偏高。引进方不会轻易地接受报价,往往通过反复谈判,进行价格对比分析,找出报价中的不合理成分,将报价压下来。价格对比一般是比较参加竞争的厂商在同等条件下的价格水平或相近技术商品的价格水平。价格水平的比较主要看两个方面,即商务条件和技术条件。商务条件主要是对技术贸易的计价方式、支付条件、使用货币和索赔等项进行比较。技术条件主要是对技术商品供货范围的大小、技术水平高低、技术服务的多少等项进行比较。

(6)责任和义务。技术贸易谈判技术转让方的主要义务有按照合同规定的时间和进度，进行科学研究或试制工作，在限期内完成科研成果或样品，并将经过鉴定合格的科研成果报告、试制的样品及全部科技资料、鉴定证明等全部交付委托方验收；积极协助和指导技术受让方掌握科技成果，达到协议规定的技术经济指标，以收到预期的经济效益。技术受让方的主要义务有按协议规定的时间和要求，及时提供协作项目所必需的基础资料，拨付科研、试制经费，按照合同规定的协作方式提供科研、试制条件，并按接收技术成果支付酬金。技术转让方如完全未履行义务，应向技术受让方退还全部委托费或转让费，并承担违约金。如部分履行义务，应根据情况退还部分委托费或转让费，并偿付违约金。延期完成协议的，除应承担因延期而增加的各种费用外，还应偿付违约金。所提供的技术服务，因质量缺陷给对方造成经济损失的，应负责赔偿。如由此引起重大事故，造成严重后果的，还应追究主要负责人的行政责任和刑事责任。技术受让方不履行义务的，已拨付的委托费或转让费不得追回。同时，还应承担违约金。未按协议规定的时间和条件进行协议配合的，除应允许顺延完成外，还应承担违约金。如果给对方造成损失的，还应赔偿损失。因提供的基础资料或其他协作条件本身的问题造成技术服务质量不符合协议规定的，后果自负。

小案例 1－5

知识产权保护

印度在独立以后的相当长一段时间内，90%以上的印度制药业市场份额和所有权仍然掌握在外国公司手中。为了培育民族医药业，维护国民健康，印度政府采取了一系列促进性政策措施。1970 年的印度专利法第五节确认了程序专利(给予某一用以制造合成药物的程序以专利)，但并未确认产品专利(给予产品自身以专利)，即对于食品、药品的物质不授予专利，仅对制造方法授予专利。1994 年，在世界贸易组织成员方商讨签署《知识产权协议》(TRIPS)的时候，印度医药界就对 TRIPS 的影响进行了评估。印度药品制造商协会 1994 年称 TRIPS 将导致药品价格上涨 5 到 20 倍。但印度政府还是签署了这份协议，主要是权衡考虑乌拉圭回合谈判的其他协议还是有利于印度利益的。与此同时，印度也意识到 1970 年的专利法必须进行调整，由于当时议会休会，总统便颁布《1994 年专利(修订)条例》，以临时适应 TRIPS 的要求。1995 年 3 月印度临时适用的行政条例到期失效，永久条例又因议会被解散而没有建立起来，这一失效造成了印度与发达国家的矛盾。加入 TRIPS 后，印度政府在国内知识产权政策法规的调整上面临两难选择：一方面，印度应按照世界贸易组织的要求来重新立法；而另一方面，却面对消费者、民族工业的强烈反对。最后印度政府因为没有及时调整国内政策而被欧美告到了世界贸易组织。

世界贸易组织判定印度没有执行 TRIPS，在世界贸易组织的监督下，印度作出了调整。

3. 劳务合作谈判

劳务合作谈判是指劳务合作双方就劳务提供的形式、内容、时间、劳务价格、计算方法、劳务费的支付方式，以及有关合作双方的权利、责任、义务关系等问题所进行的谈判。由于劳务本身不是具体的商品，而是一种通过人的特殊劳动，将某种生产资料改变其性质或形状，满足人们的一定需求的劳动过程，因此，劳务合作谈判与一般货物买卖谈判是有明显不同的。

劳务合作谈判的基本内容是围绕着某一具体劳动力供给方所能提供的劳动者的情况和需求方所能提供给劳动者的有关生产环境条件和报酬、保障等实质性的条款，其基本内容有劳动力供求的层次、数量、素质、职业、工种、技术水平、劳动地点（国别、地区、场所）、时间、劳动条件、劳动保护、劳动工资、劳动保险和福利。

(1)层次。它是指劳动者由于学历、知识、技能、经验的差别，职业要求的差异，形成许多具体不同的水平级别。如科技人员、技术工人、勤杂工、保姆等。

(2)数量。劳动力是指人的劳动能力，通过劳动者人数来表现。

(3)素质。它是指劳动者智力、体力的总和。目前，只能从劳动者年龄、文化程度、技术水平上加以具体表现。劳动者的体力主要从年龄上来测定，目前，我国规定的劳动力年龄是男16～60岁，女16～55岁。体力随着年龄的增大而衰退。在劳务市场磋商中，一般对劳动者的体力采用目测认定其强壮还是弱小。文化程度是劳动者受教育的情况，作为表现智力的指标分为大学以上（含大专）、高中（含中专）、职高、技校毕业生、初中、小学、半文盲、文盲。技术水平是劳动者社会劳动技能熟练程度和水准高低的体现，可分为初级、中级、高级等。

(4)职业、工种。按国民经济行业目录划分有13个行业。职业、工种在各行业部门中有许多不同的分类，如农民、教师、医生、工人等。机器制造业工人又分为铸工、锻工、车工、铣工、磨工、钳工等。职业、工种按劳动者层次、素质双向选择，特别是对高空、水下、井下和容易产生职业病的职业，工种的选择性更大。

(5)劳动地点、时间、条件。劳动地点对某一具体劳动力需求方来说一般是固定的，只有少数是流动的。劳动者主要考虑离家远近、交通状况，结合劳动时间、劳动条件和劳动报酬等选择工作。

(6)劳动报酬、工资福利和劳动保险。这是双方磋商的核心问题。它是发展劳务市场，推动劳动力在不同工作、地区、单位间转移的重要动力。

除此之外，劳务合作谈判应依据劳动法规规范，制定谈判内容与条件。

四、商务谈判的类型

商务谈判的类型复杂多样。不同类型的谈判，其谈判工作的组织、谈判策略技巧的运用和磋商洽谈的特点都会不相同。研究商务谈判的分类，可以有的放矢地组织谈判，提高谈判人员分析问题的能力，增加能动性，减少盲目性，争得谈判的主动权。

(一)按谈判方式分类

根据谈判方式不同而划分的谈判类型，可分为纵向谈判与横向谈判。

1. 纵向谈判

纵向谈判是指在确定谈判的主要问题后，逐个讨论每一问题和条款，讨论一个问题就解决一个问题，一直到谈判结束。例如，一项产品交易谈判，双方定出价格、质量、运输、保险、索赔等几项主要内容后，开始就价格进行磋商，如果价格确定不下来，就不谈其他条款。只有价格谈妥之后，才依次讨论其他问题。这种谈判方式的优点是程序明确，把复杂问题简单化。每次只谈一个问题，讨论详尽，解决彻底，避免多头牵制、议而不决的弊病，适用于原则性谈判。但是这种谈判方式也存在着不足，主要有议程确定过于死板，不利于双方沟通交流；讨论问题时不能相互通融，当某一问题陷于僵局后，不利于其他问题的解决；不能充分发挥谈判人员的想象力、创造力，不能灵活变通地处理谈判中的问题。

2. 横向谈判

横向谈判是指在确定谈判所涉及的主要问题后，开始逐个讨论预先确定的问题，在某个问题上出现矛盾或分歧时，就把这个问题放在后面，讨论其他问题，如此周而复始地讨论下去，直到所有内容都谈妥为止。例如，在资金借贷谈判中，谈判内容要涉及货币、金额、利息率、贷款期限、担保、还款以及宽限期等问题。如果双方在贷款期限上不能达成一致意见，就可以把这一问题放在后面，继续讨论担保、还款等问题。当其他问题解决之后，再回过头来讨论这个问题。这种谈判方式的核心就是灵活变通，只要有利于问题解决，经过双方协商同意，讨论的条款可以随时调整。也可以采用这种方法，把与此有关的都一起提出来，一起讨论研究，使讨论的问题相互之间有一个协商让步的余地，有利于问题的解决。例如，贷款期限可与利率及还款宽限期一起讨论磋商，促进问题的解决。横向谈判的优点是议程灵活，方法多样，不过分拘泥于议程所确定的谈判内容。只要有利于双方的沟通与交流，可以采取任何形式；多项议题同时讨论，有利于寻找变通的解决办法，有利于更好地发挥谈判人员的创造力、想象力，更好地运用谈判策略和谈判技巧。但是，这种谈判方式的不足之处在于加剧双方的讨价还价，容易促使谈判双方作出对等让步，容易使谈判人员纠缠在枝节问题上，而忽略了主要问题。

总之，在商务谈判中，不是横向谈判就是纵向谈判，至于采用哪一种形式，主要是根据谈判的内容、复杂程度以及谈判的规模来确定。一般来讲，大型谈判涉及两方以上人员参加的谈判，大多采用横向谈判的形式。而规模较小、业务简单，特别是双方已有过合作历史的谈判，则可采用纵向谈判的方式。

(二)按谈判人员的地域分类

根据谈判人员的地域范围，可分为国内商务谈判和国际商务谈判。

1. 国内商务谈判

国内商务谈判是国内各种经济组织及个人之间所进行的商务谈判，它包括国内的商品购销谈判、商品运输谈判、仓储保管谈判、联营谈判、经营承包谈判、借款谈判和财产保险谈判、争端谈判等。国内商务谈判的双方都处于相同的文化背景中，这就避免了由于文化背景的差异可能对谈判所产生的影响。由于双方语言相同，观念一致，所以，谈判的主要问题在于怎样调整双方的不同利益，寻找更多的共同点。这就需要商务谈判人员充分利用谈判的策略与技巧，发挥谈判人员的能力和作用。从我国的实际情况来看，人们比较重视国际商务谈判，而对国内商务谈判则缺乏应有的认识。比较突出的问题就是双方不太注意对合同条款的协商和履行。许多应该明确写入合同条款中的内容，双方却没有考虑到，或者认为理所当然就应该这么做。结果，当出现纠纷时，无以为据。自然，也就难以追究违约一方的法律责任以及赔偿责任。还有许多企业签订合同之后，并不认真履行，甚至随意撕毁合同，单方终止合同。出现这种情况的原因，一是由于商务谈判人员的准备工作不充分，不细致，不清楚哪些问题应成为合同的条款，以及对方如不履约将给己方带来的损失；二是商务谈判人员法律观念淡薄，认为谈判只是把双方交易的内容明确一下，交易靠的是双方的关系、面子甚至交情，合同条款过于琐碎、细致反倒伤了感情，失了面子。事实证明，这不利于谈判双方关系的维系，使合同失去应有的效用。长此以往，会影响双方的合作。这是谈判人员应该坚决避免和克服的。

2. 国际商务谈判

国际商务谈判是国际商务活动中不同的利益主体，为了满足各自经济利益的需要，而就所涉事项进行协商的过程。谈判中利益主体的一方通常是外国的政府、国际组织、企业或公民等，另一方是中国的政府、企业或公民等。国际商务谈判是对外经济贸易工作中不可缺少的重要环节。它是对外经济贸易活动中一项普遍存在的重要的经济活动，是调整和解决不同国家和地区政府及商业机构之间不可避免的经济利益冲突的必不可少的一种手段。国际商务谈判包括国际产品贸易谈判、易货贸易谈判、补偿贸易谈判、各种加工和装配贸易谈判、现汇贸易谈判、技术贸易谈判、合资经营谈判、租赁业务谈判和劳务合作谈判等。不论是从谈判形式，还是从谈判内容来讲，国际商务谈判远比国内商务谈判复杂得多。这是由于谈判人员来自不同的国家，其语言、信仰、生活习惯等社会、文化因素乃至谈判的心理都有着极大的差别，而这些都是影响谈判进行的重要因素。

（三）按谈判规模分类

根据谈判的规模，可分为一对一谈判、小组谈判和大型谈判。

1. 一对一谈判

一对一谈判是指谈判双方各由一位代表出面谈判的方式，它有多种形式，包括采购员与推销员的谈判，推销员与顾客的谈判，采购员与客户的谈判等。采用这种谈判形式的原因主要有：供需双方有着长期的合作关系；谈判双方都比较熟悉；对交易的条款、内容也都比较明确。由于具体内容及条款在以往的谈判中都已明确，只需在个别地方进行调整与修改，所以，谈判内容简单、明确。在许多重要的、大型谈判的过程中，对于某些具体细节的讨论，不需要所有人都参加谈判或者是从更好地解决问题的角度出发，双方主要代表单独接触比较好，也会采取一对一的谈判形式。

一对一谈判的优点有：谈判规模小，因此，在谈判工作的准备和地点、时间安排上，都可以灵活变通。由于谈判双方人员都是自己所属公司或企业的全权代表，有权处理谈判中的一切问题，从而避免了己方意见不统一，无法决策的不利局面；谈判的方式可灵活选择，气氛也比较和谐随便，特别是当双方谈判代表比较熟悉、了解时，谈判就更为融洽，有利于双方代表的沟通与合作，克服了小组谈判中人员之间相互配合不力的状况。如果相互间不能很好配合，反而会暴露己方的弱点，给对方以可乘之机。许多重要的谈判采取小组谈判与一对一谈判交叉进行，正是基于这一原因，一对一谈判既有利于双方沟通信息，也有利于双方封锁消息。当某些谈判内容高度保密或由于时机不成熟，不宜外界了解时，一对一谈判是最好的谈判方式。

小案例 1－6

哈里·史密斯有一艘游艇的引擎出了毛病，送到船厂去修理，请他们找出故障原因。过了一星期，船厂打来电话，说是引擎的轴有毛病，顶多再用 20 小时就会断，需要换台新的引擎。新引擎卖价 900 英镑，安装费用 150 英镑。哈里觉得对偶尔一用的游艇花上 1 000 多英镑去修不划算。他告诉船厂，决定不修了，干脆卖掉它得了，按现在的状况也许能卖 800 英镑，打算下星期二去取船。星期一他便去了船厂，说是已经找到了买主，并对经理说，用卖游艇的钱可以买一条帆船，省下修船的钱打算去旅游。经理见哈里决心卖船，他不想失去卖引擎的生意，便问哈里，要是给他换台引擎的话，他能出多少钱？哈里说，假如价钱不超过 350 英镑当然还是希望留下游艇的。不过换条帆船也不错，可以省下维修费和汽油钱。船厂经理不想放过送上门的生意，便围绕 350 英镑这个数目开动了脑筋。他对哈里说，在自己手上有台修复了的引擎——是一位顾客三年前留下来的，后来再也没有听到此人的消息了——可以以 400 英镑卖给哈里，安装费也只要 85 英镑，只是原来那台旧引擎得留下，他问哈里感不感兴趣。经过讨价还价，最后以 390 英镑成交，船厂出具保修单，安装费全免。经过谈判，船厂经理卖出了引擎，哈里修好了游艇，可谓皆大欢喜。

2. 小组谈判

小组谈判是指每一方都是由两个以上的人员参加协商的谈判形式。小组谈判可用于大多数正式谈判，特别是内容重要、复杂的谈判。小组谈判的主要特点有：每个人由于经验、能力、精力等多种客观条件的限制，不可能具备谈判中所需要的一切知识和技能。因此，需要小组其他成员的补充和配合，集体的智慧与力量是取得谈判成功的保证。这在谈判双方人员对等的情况下，表现可能不太明显，但如果双方人数有差别，人多的一方就很可能在气势上占了上风，人少的一方可能寡不敌众，甚至自己丧失了自信心，败下阵来。采用小组谈判方式，可以更好地运用谈判谋略和技巧，更好地发挥谈判人员的创造性、灵活性。小组谈判有利于谈判人员采用灵活的形式消除谈判的僵局或障碍，可以采用小组人员相互磋商的办法，寻找其他的解决途径，避免一对一的谈判中“要么否，要么是”的尴尬局面。经小组谈判达成的合同具有更高的履约率，因为双方都认为这是集体协商的结果，而不是某个人的产物，集体的决定对其成员有更大的约束力。经由集体讨论产生的合同具有极大的合理性。因此，没有理由不执行。由此可见，小组谈判最大的优点是发挥了集体的智慧。所以，正确选配谈判小组成员是十分重要的，如小组领导人、主要成员与专业人员的选配等。

3. 大型谈判

国家级、省市级或重大项目的谈判，都必须采用大型谈判。由于关系重大，有的会影响国家的国际声望，有的可能关系到国计民生，有的将直接影响到地方乃至国家的经济发展速度、外汇平衡等，所以在大型谈判全过程中，必须准备充分、计划周详，不允许存在丝毫破绽、半点含糊。为此，就必须为谈判班子配备阵营强大的、拥有各种高级专家的顾问团或咨询团、智囊团。这种类型的谈判程序严密、时间较长，通常分成若干层次和阶段进行。

（四）按谈判目标分类

按谈判目标分类又可分不求结果的谈判、意向书与合同书的谈判、准合同与合同的谈判和索赔谈判。

1. 不求结果的谈判

不求结果的谈判主要表现在一般性会见、技术性交流和封闭性会谈中。从这三种表现形式看，有不求结果的情况，也有准备未来结果的情况。一般性会见，这是谈判的初级阶段或准备阶段，会见可以是高层次的，也可以是中低级层次的。可在行政人员之间进行，也可在技术人员之间进行。技术性交流，这是交易的前奏。它的表现形式也较丰富，如报告会、讨论会、演示或展示等。封闭性会谈，无论是主动约请还是应约会谈，其都是某项交易的可能性，或了结正在进行中的谈判。它具有的一个特征是外交的委婉性；另一特征是开远期空头支票，为了不伤及对方的友谊，谈判人在封闭会谈时，常常做远期的、有条件的许诺，使对手可望而不可即，犹如画饼充饥。

2. 意向书与合同书的谈判

为了明确双方交易的愿望，保持谈判的连续性、交易的可靠性，谈判双方提出要求签订意向书或合同书，这可以是谈判的目标，也可能是结果。这两个文件有许多共同的特点。从法律角度讲，这两种文件作为初步谈判结果的记录时，具有同样的效果，起到总结与展望的作用，但无约束力。但如文件中包括了明确的许诺，即对合作或交易标的、价格条件、实施期限比较具体地予以规定时，文件的性质就具有契约性，且具有约束力。尤其是合同书更具有两重性，究竟是意向书、备忘录或是准合同，还是合同，主要取决于写法。不过，应提醒的是合同书有时亦有契约性的法律约束力，关键在于写的内容。

3. 准合同与合同的谈判

准合同是带有先决条件的合同，该先决条件是指决定合同要件成立的条件。例如，许可证落实问题、外汇筹集、待律师审查或者待最终正式文本的打印、正式签字等。合同的谈判是为实现某项交易并使之达成契约的谈判，有谈判直冲目标、谈判争议力强、谈判中手法多变、多以批准手续为回旋等特点。准合同与合同从形式上无根本区别，内容格式均一样。只有定为草本或正本之别。但从法律上说，它们是有根本区别的，准合同可以在先决条件丧失时自动失效，而无需承担任何损失责任。而合同则必须执行，否则就违约。因为这二者均是在交易诚意下所进行的谈判，所以从谈判的角度讲，二者无本质区别。它们所表现的谈判特征也相似。

4. 索赔谈判

索赔谈判是在合同义务不能或未能完全履行时，合同当事双方进行的谈判。在众多的合同履行中，因种种原因违约或部分违约的事件屡见不鲜。因此，就给商务谈判形成一种特定的谈判，即索赔谈判，其有以下特点：一是重合同，违约是相对守约而言，违与守均以合约为依据，合同是判定违约的唯一基础条件。二是重证据，违约与否除了依合同判定外，许多时候需要提供证据来使索赔成立，如质量问题、需技术鉴定证书等，还有些索赔问题需要电传、传真、信件、照片等证据，证据是确立索赔谈判的重要法律手段。三是注重时效，不论是什么商品、服务或合作项目，索赔的权利均不是无限期的。出于公平、安全或减少风险起见，交易人视不同合同目的，均会订有有效索赔期，过期则不负责任。任何合同签订时，都要注意索赔期。四是注重关系，索赔总不是件令人愉快的事。谈判双方均处在问题的两端，十分难受。所以，在谈判时，关系的影响也不可忽视。

(五)按交易地位分类

按交易地位分类，可分为买方地位的谈判、卖方地位的谈判、代理地位的谈判和合作者地位的谈判。

1. 买方地位的谈判

买方是指一切求购商品或服务的一方。在商务谈判中，业务员如果以卖方的身份承担其谈判任务时，应注意买方谈判者的特点，如压价、趁火打劫等。

2. 卖方地位的谈判

卖方是指所有提供商品或服务的一方。作为卖方谈判主要有虚实相映、紧疏结合、主动性强等特点。

3. 代理地位的谈判

代理谈判是指受人委托参与某项交易或合作的谈判。代理有两种情况：只有谈判权、无签约权的代理与全权代理资格。两者在谈判中有共同点，也有不同点。一是姿态超脱，因为是代理，不是物主，谈判中较为超脱、客观。代理谈判人的一种策略是貌似公允，以迷惑说服对手，常以第三者身份来评论买卖两方条件。二是代理人的谈判十分注重自己的授权范围，因为代理不是交易主人，一旦超过授权范围而应允什么，今后合同也无法兑现，他也负不起责任。所以绝大多数有识的代理人总是谨慎地、准确地在委托范围内行事。三是态度积极，由于代理人地位居中，是受某一方委托，不是物主，客观上决定其态度进取、积极，因为若代理人不采取进取、积极态度，就不可能让委托人产生信心，从而给予他更大谈判余地，这可能让对方感到他的实力地位，至少心理上感觉和易于接近的态度。四是目标不同，有签约权与无签约权的代理人谈判，还有一个谈判目标不同的特点。前者谈判直奔成交签字，后者则仅到成交为止。故两者谈判的能动性与冲击力不同，谈判中要区别两者，并采取不同的谈判策略。

4. 合作者地位的谈判

合作者是指经济活动中的各方，愿以人力、智力、管理或技术、财力及物力来协作完成某个共同制定的目标，并按其协作的分量，分享实现预定的目标所带来的利益。合作者地位的谈判具有共同语言多，对抗性小；谈判面广而深；谈判直接性强；影响面大等特点。

（六）按所属部门分类

按所属部门分类，可分为民间谈判、官方谈判、半官半民的谈判。

1. 民间谈判

民间谈判是指参加谈判的代表所属企业为私营企业，是企业本身业务活动而不涉及政府活动，交易的内容纯属两个或多个私营企业的经济利益的谈判，具有灵活性、重私交、计较多等特点。

2. 官方谈判

官方谈判是由政府出面组织的谈判或交易企业属政府管辖且有政府代表参加的谈判，以及所有执行政府间科技合作和经济贸易合作项下的谈判，具有谈判级别高、保密性强、节奏快、随谈随写、用语礼貌等特点。

3. 半官半民的谈判

半官半民的谈判是指谈判人所负担的谈判任务涉及政府和私营企业的利益，或者在我国公有制的条件下，涉及有关政府关注的企业经济活动，主要是涉外经济贸易活动的利益或是有政府代表和企业代表共同参加的谈判，具有制约条件多、回旋余地大、表达方式要求兼顾官民两方等特点。

（七）按谈判地点分类

按谈判地点分，可分为客座谈判、主座谈判和客主座轮流谈判。

1. 客座谈判

客座谈判是指在谈判对手所在地组织有关贸易的谈判。客座，在某种意义上讲，也可以说在海外或国外。当然，从广义的角度讲，在同一国家不同城市，在同一城市不同的办公地点，只要不是在自己企业所在地或办公楼内谈判，均可以视之为客座。作为国际商业谈判，海外的客座谈判更具代表性，需要谈判人对外国语言过关，遵循客随主便与主应客求，审时度势、反应灵活等。

2. 主座谈判

主座谈判是在自己所在地组织谈判。主座也包括在自己所居住的国家、城市或办公所在地。总之，主座谈判不远离自己熟悉的工作生活环境，不离谈判人为之服务的机构或企业，是在自己做主人的情况下组织的商业谈判，具有谈判底气足、以礼压客、内外线谈判等特点。

3. 客主座轮流谈判

客主座轮流谈判是指在一项商业交易中，谈判地点互易的谈判。可能开始在卖方，继续谈判在买方，结束在卖方或买方的谈判，具有时间与效益相应、阶段利益目标、换座不换帅等特点。

（八）按谈判内容分类

按谈判内容分，可分为商品购销谈判、对外加工装配业务谈判、技术贸易谈判、租赁业务谈判、合资经营谈判和合作经营谈判。

1. 商品购销谈判

商业企业的商品购销业务，总的来说，包含商品购进和商品销售两个主要环节。

(1)商品购进业务。商业企业在购进商品业务中，应当注意保证销售业务的需要，适应消费者的需求，积极购进适销对路商品，不断扩大花色品种。这就要求加强调查研究工作，加速信息传递，力求做到五知，即知己、知彼、知货、知人、知势，还应当注意精打细算，讲究经济效益。要求掌握好进货价格，减少进货环节，合理选择进货地点，选择适当的进货时机和确定适当的进货批量。

(2)商品销售业务。在市场经济条件下，商品销售是商品流通的重要环节，也是商业企业经营的中心内容。具体来说，商品销售的意义主要表现在以下两个方面：第一，商品销售是搞活商业经营的关键。商品流通过程包含收购、运输、储存、核算、定价、管理、批发、零售等许多具体环节，其中买和卖是两个最基本的环节。购进商品实现了货币转化为商品，还需通过销售，使商品转化为货币。这样，一次流通才告结束，商品流通才能继续下去。买是为了卖，卖不出去就不能再买。因此，要想把企业经营搞活，一定要做好商品销售工作。第二，商品销售是促进商业企业改善经营管理，提高经济效益的重要手段。影响商业企业经济效益的因素很多，在正常情况下，只有销售的扩大，才能促进收购的扩大，促进企业经营规模的扩大，从而取得更多的盈利。在条件不变的情况下，销售快，资金周转就快，费用水平就低，经济效益就好。

2. 对外加工装配业务谈判

对外加工装配业务习惯上称为来料加工装配，它是来料加工和来件装配的总称，其主要含义是由外商提供一定的原材料、零部件、元器件，由我国的工厂按对方要求的品质、规格和款式进行加工装配，成品交由对方处置，我方按照约定收取工缴费作为报酬，它是一种简单的国际劳务合作的形式。

3. 技术贸易谈判

技术贸易谈判已在前文论述，在这里就不再赘述。

4. 租赁业务谈判

租赁业务是指出租人或租赁公司按照契约规定，将他从供货人或厂商处购置的资本货物，在一定时期内租给承租人或用户使用，承租人则按规定付给出租人一定的租金。在租赁期间，出租人对出租的设备拥有所有权，承租人享有使用权和受益权。租赁期满后，租赁设备则退还出租人或按合同规定处理。

租赁业务，从其性质上来讲，是典型的贸易与信贷、投资与筹资、融资与融物相结合的综合性交易。它既有别于传统的商品买卖，又不同于传统的企业筹资与信贷。租赁业务具有鲜明的融资性质，租赁设备的财产所有权与使用权截然分开，租赁业务往往是三边交易等特点。

5. 合资经营谈判

合资经营是由两个或两个以上国家或地区的公司、企业、经济组织或个人按一定资金比例联合投资，共同兴建企业的一种生产经营形式。合资经营企业具有如下特点：合资经营企业以货币计算各自投资的股权和比例，并按股权比例分担盈亏和风险；合资经营必须建立具有法人地位的合营实体，合资经营的组织形式为有限责任公司，即合资企业仅以自己公司的财产承担责任，投资者对企业债务所负的责任，也仅以自己的投资额为限，股东之间互相不负连带责任，债权人不能追索股东投资以外的财物；合营各方实行共同投资、共同经营、共担风险、共负盈亏，投资各方共同组成董事会，聘任总经理，组成经营管理机构，共同负责企业的生产经营活动。

6. 合作经营谈判

合作经营是由两个或两个以上的国家或地区的公司、企业、经济组织或个人，通过双方协商同意，按照双方所签合同和合同所规定的投资方式，共同兴办契约式企业的生产经营形式。其主要特点：有关各方应以法人身份共同签订合作经营企业合同，它可以是具有法人资格的企业，也可以是不具有独立法人资格的合营实体。合作各方提供的合作条件，一般不以货币折算为投资股金，不以合作各方的投资额计股分配利润。合作各方对收益分配或风险、债务的分担，企业经营管理方式以及合作期满的清算办法，均应在合作经营企业合同中规定。合作经营企业可以加速折旧还本或以其他方式提供收回投资。如何保证还本后至合营期满一段时期内，合作各方仍对合作经营企业出现的经营风险承担责任，合同中也应有明确的规定。合作经营企业的注册资本可采用以下三种方式：仅以外国合作者无息提供的资金、设备；以外国合作者无息提供的资金、设备，加上己方少量投入的现金；将双方提供的合作条件均折算为投资本金。其中，以双方提供的合作条件均折算为投资本金作为注册资本最为普遍。

五、商务谈判的基本原则

（一）平等原则

平等是指谈判中双方地位平等，因为谈判是人们为了满足各自的需要而进行洽谈和协商，目的在于达成协议，在于满足各自所需，因此，平等是谈判的重要基础。平等互利是指在商务谈判中，无论各方的经济实力强弱，企业或公司规模大小，其地位都是平等的，交易的各方拥有相等的权利，任何一方提出的方案都需要得到他方的认可，或经过各方的协商取得一致，方可成立和有效。

（二）互惠互利原则

互惠互利原则是要求谈判双方在适应对方需求的情况下互通有无，使双方各有所得，也就是说，在考虑己方利益的同时，要照顾对方的利益，使交易谈判结果实现互惠互利。互惠互利谈判是技巧问题、策略问题，但其实更是观念问题，有什么样的观念，就有什么样的行动。在谈判中为了更好地体现互惠互利原则，一是要扩大选择的范围，在谈判中，应避免把目光固定在一块蛋糕上，只注意一种利益的分割，而是应尽量扩大谈判可选择的余地，也就是应从不同的角度分析问题。比如，一宗贸易谈判中的价格问题，不是就价格谈价格，这样双方容易相持不下。在谈判中，可把价格与折扣、规格、货物批量、回款时间，甚至技术培训等联系起来考虑。当谈判余地扩大时，才有可能较好地兼顾双方的利益。二是要寻求多种方案。在进行商务谈判时，人们往往希望找到一种最佳方案。实际上，这种谈判是很难进行的，谈判的结果能尽量满足双方的需要，寻求多种解决方案是一条有效的途径，也是谈判的重要原则。

小案例 1－7

日本 A 公司与中方 B 公司就碳膜电阻生产线的交易进行了谈判，由于双方的需要及努力，谈判进展顺利，就技术条件达成了协议，服务内容也达成了协议，形势令双方参谈人员十分兴奋。进入技术费和设备费的谈判时，谈判气氛从轻松渐入紧张。虽经双方努力但差距仍然很大。若以当时日元计价，技术费相差 800 万日元，设备费相差 900 万日元。这时，日方 A 公司认为自己在技术、服务方面已做出了相当大的让步，在价格上中方 B 公司应考虑配合。中方 B 公司分析了双方条件，经过谈判，公司调整了交易条件，使价格差异离 B 公司最低成交线还差400万日元，如果让A公司在技术费和设备费上做单方面全让步是不可能的。B公司经过讨论设计了两个条件，让对方在技术费上降低450万日元，或在设备费上降低500万日元，由其选择。只要同意一个方案，即可结束谈判，准备合同。经过休会后，双方回到谈判桌前，A公司主谈人逐一核对双方对各种条件的认可后，站起来伸出手说，我们选择在技术费上让450万日元，在做总价时，请允许我方重新分配分项价，这是个技术性问题。B公司表示同意。该案例中，中方B公司很好地运用多种方案的原则，使双方感到满意。

（三）寻求共同利益原则

寻求共同利益是谈判成功的基本点。在实践中，双方虽然都意识到谈判的成功将会实现共同利益，谈判破裂会带来共同损失，但行动上却会为各自的利益讨价还价，互不相让。因此，双方应为寻求共同利益寻求更好的解决办法，一是把创造力从决策中分离出来，双方的共同利益往往是潜在的，需要运用智慧和创造力挖掘出来，这并非是件易事。谈判者水平的高低，很重要的方面就是能否提出创造性的方案。为此，谈判者有必要与同事或朋友交流想法，这种交流可以有效地帮助谈判者将创造力从决策中分离出来。在谈判中先创造设计，后决定方案，寻求共同利益，然后让不同的利益吻合。此外，尽量让对方的决定变得容易，这样，谈判就易于成功。二是拉开谈判目标的差异，谈判中为寻求共同利益，可以拉开谈判目标的差异，如把目标与其他利益挂钩，或从对方角度考虑问题，从而达到自己的目的，即合作的利己主义。

（四）客观标准原则

没有分歧就没有谈判。说明谈判双方利益的冲突和分歧是客观存在的，无法避免的。消除或调和双方的分歧有多种方法，一般是通过双方的让步或妥协而实现，这种让步通常是经过讨价还价，即愿意接受什么，不愿意接受什么。这样，调和或消除双方的分歧就变得十分困难，需要付出的代价也比较大，更谈不上创造性地解决问题。因此，在商务谈判中，执行客观标准原则能够很好地解决由谈判人员主观意愿所带来的问题，有利于谈判人员达成一个公正和公认的协议。由于谈判时提出的标准、条件比较客观、公正，所以调和双方的利益也变得可能和可行。因此，在谈判中，首先可提出客观标准；其次，经过讨论客观标准后，就要运用客观标准说服对方。坚持以客观标准为基础，并不是指以哪一方提出的标准为基础。这就要求双方在提出自己标准的基础上进行沟通和比较。如双方无法确定哪一标准是最适合的，请第三方仲裁也不失为一种方法。总之，由于协议的达成是依据通用惯例或公正的标准，双方都感到自己的利益没有受到损害，因而会有效地、积极地履行合同。

（五）灵活机动原则

在商务谈判中需要灵活运用多种谈判技巧以使谈判获得成功。任何谈判方都是或代表着某一独立的经济实体，都希望在谈判中实现自己的经济目标或愿望。但是，如果谈判参与者把自己的意愿或目标绝对化，将很难获得成功。在谈判实践中，灵活机动原则是成功者应遵循的行动准则。灵活机动原则要求谈判人员在谈判过程中，在总体上、原则上一致的前提下，要运用灵活的策略，特别是根据不同的谈判对象、不同的意愿、不同的市场竞争，采取灵活的谈判技巧，促使谈判成功。运用灵活机动原则包含两个要点：一是追求整体利益的一致；二是适时变化谈判策略。变通的办法既包括一定的妥协，也包括折中的替代方案：妥协并不是一味的退让，而是以适当的让步换取所需的利益；折中方案是要求谈判人员不要在自己的立场上固执己见，而是积极地寻找各自立场背后潜在的共同利益所在，从而达成共识。

小案例 1-8

中国某实业公司董事长朱先生欲与瑞典一知名跨国公司合资合作，进行为期 3 天的谈判。由于瑞典方面最初提出的草约多是站在自我保护的立场上提出的条件，所以中方根本无法赞同，于是各说各话，谈判焦点无法形成。尤其是瑞典方面不愿意与己合作的新公司未来卖货给竞争对手，因为此举无疑会助长他人实力，拆自家台。但是，中方公司却另有看法。长谈两天之后仍无进展。朱先生改变了坚持不让的谈判方式，他先发问，你们图我们什么，然后一一进行客观分析。无论资金、技术、市场力，瑞商都优于中方，中方公司唯独在管理能力、生产制造的控制，包括产品优良率、库存成本以及设备自制能力方面更胜一筹，而中方公司有求于瑞商的是品牌、营销渠道等，所以双方应互取所需。他进一步说明，一方面借助中方的管理能力，可以降低瑞商的成本，提高生产力；另一方面，货品的销售对象不自我设限，可以扩大产量，降低单位成本，获利相对提高，股东可以分享更多利益，两全其美，何乐而不为。朱先生站在对方的立场上，了解他们的顾虑，提出一套解惑的说辞与数据，终于让这场谈判于第三天顺利签下合约。

（六）诚信原则

诚信是商业社会的基本原则。在商务谈判中，谈判者保持诚信是很重要的。在商界中，商务人员聚集在一起时常常以诚信作为衡量圈内朋友或谈判对方的一个重要标准。诚信作为经济范畴，是一种稀缺资源，诚信中的诚就是真诚、诚实、不虚假，信就是恪守承诺、讲信用。在谈判中坚持诚信原则，要抓住以诚信为本、信守承诺、掌握技巧等要点。总之，在谈判中遵循诚信原则就是遵循谈判的伦理约束，不提倡通过不诚实或欺骗来达到自己目的的谈判行为，但也不反对在谈判中运用有效的策略和方法。

（七）合法原则

合法原则是指在商务谈判及签订合同的过程中要遵守国家的法律、法规和政策的要求。涉外谈判则要求符合国际法则，即尊重双方国家的有关法规。商务谈判的合法原则具体体现在三个方面：一是谈判主体合法，即参与谈判的企业、公司、机构或谈判人员具有合法资格；二是谈判议题或标的合法，即谈判的内容、交易项目具有合法性，与法律、政策有抵触的，即使参与谈判各方自愿并且意见一致也是不允许的；三是谈判手段合法，即应通过合理的手段达到谈判的目的，而不能采取行贿受贿、暴力威胁等不正当方式。在谈判中遵循合法原则，要把握三个环节：首先，分析不同的法律环境，不同国家、不同地区的法律环境不尽相同，在谈判中要对谈判对方所在地的法律环境有较为充分的了解。在国内商务谈判中，除了解国家的一般法律、法规外，还要特别了解谈判对方所在地的地方法规、政策；在国际商务谈判中，除了解国际有关法规、惯例外，还要重点研究当地国的法律，这样在谈判中才不会陷入被动。其次，要在法律允许范围内进行谈判，除谈判内容要符合有关法律和相关政策外，谈判所形成的协议文书结果要法律化、规范化，一切语言、文字应具有双方一致承认的明确的合法内涵。最后，对方违约给己方造成损害时，要积极寻求法律保护。如果谈判对方无视协议规定或采取其他不正当手段给己方造成损失，己方应善于利用法律手段维护自己的合法权益。

小　结

谈判是各利益相关方为了协调彼此之间的关系，满足各方需求，通过反复磋商以求达成妥协或一致协议的一种交往过程。同时，谈判是具有一定的竞争性的活动。谈判无非要做两件事情：一是表达观点的“谈”，让对方明确己方看问题的角度，特别要注意获取实现谈判目标有价值的信息；二是在获取对方信息的基础上进行评估和推断的“判”，进而选择或决定己方的行动及其方式。

商务谈判主要是指有经济组织参加的谈判。换句话，就是经济实体之间以经济利益为目的，因各种业务往来而进行的谈判，主要由谈判主体、客体、目的和结果等基本要素构成。因此，商务谈判具有以经济利益为谈判目的、以价值获取作为谈判的核心、注重合同条款的严密性与准确性等特征。

从商务谈判实践来看，商务谈判有口头谈判、书面谈判和网络谈判等形式，商务谈判的内容主要有商品贸易谈判、技术贸易谈判和劳务合同谈判等。

商务谈判在实践中表现形式复杂多样，可按谈判方式、谈判人员的地域、谈判规模、谈判目标、交易地位、所属部门、谈判地点、谈判内容等标准来分类。在执行商务谈判过程中，应注意遵循平等原则、互惠互利原则、寻求共同利益原则、客观标准原则、灵活机动原则、诚信原则和合法原则。

练　习

一、名词解释

1. 谈判
2. 商务谈判
3. 口头谈判
4. 书面谈判
5. 商品贸易谈判

二、选择题

1. 为了更好地把握谈判的内涵，可以对谈判作如下理解：(　　)。

A. 谈判总是以某种利益的满足为目标
B. 谈判各方必须有一定的联系与交流
C. 谈判是寻求建立或改善人们社会关系的行为
D. 谈判需要一定的知识和手段

2. (　　)是谈判活动存在的前提。

A. 客观需要　　B. 可谈判性　　C. 谈判意愿　　D. 谈判环境

3. 商务谈判的内涵包括(　　)等方面。

A. 以经济利益为目的　　B. 以价格作为谈判的核心
C. 讲求谈判的经济效益　　D. 以成败为中心

4. 网络谈判与函电谈判一样，其谈判程序分为(　　)等步骤。

A. 询盘　　B. 发盘　　C. 还盘　　D. 接受和签订合同

5. 根据(　　)不同而划分的谈判类型，可分为纵向谈判与横向谈判。

A. 谈判方式　　B. 谈判人员的地域　　C. 谈判规模　　D. 谈判目标

三、判断题

1. 谈是判的基础，没有谈就没有判。　　(　　)

2. 判是对信息进行科学的解读，主要依赖于智商。（　　）

3. 在商务谈判中，谈判客体起着至关重要的作用，商务谈判活动的成效在很大程度上取决于谈判主体的主观能动性和创造性。（　　）

4. 无论成功或者失败，成交或者破裂，都标志着一次谈判的完成。（　　）

5. 口头谈判方式可以使双方对问题有比较充足的考虑时间。（　　）

四、简答题

1. 简述谈判的特点。

2. 简述商务谈判的基本原则。

3. 横向谈判的优点有哪些？

4. 采用一对一谈判形式的主要原因有哪些？

案例分析

代理地位谈判

欧洲A公司代理B工程公司到中国与中国C公司谈判出口工程设备的交易。中方根据其报价提出了批评，建议对方考虑中国市场的竞争性和该公司第一次进入市场，认真考虑改善价格。该代理商做了一番解释后，仍不降价，并说其委托人的价格是如何合理。中方对其条件又做了分析，代理人又做解释，一上午下来，毫无结果。中方认为代理人过于傲慢固执，代理人认为中方毫无购买诚意且没有理解力，双方相互埋怨之后，谈判不欢而散。

问题：

1. 欧洲代理人进行的是哪类谈判？

2. 构成其谈判要素有哪些？

3. 谈判有否可能不散？若可能不散欧洲代理人应如何谈判？

实训操作

认识商务谈判

1. 实训目的

通过本次实训，进一步加深对商务谈判的认识，识别商务谈判的构成要素以及类型，并能体会商务谈判的重要性。

2. 实训要求

基于任务导入中的经济管理学院需要购买跨专业综合实训软件，来初步认识商务谈判的基本面貌。

3. 实训材料

纸张、笔、计算机网络、学院专业目标、学院对购买软件及建设实验室的基本要求等。

4. 实训步骤

(1)通过计算机网络调查跨专业综合实训软件开发的目的。

(2)通过学院网站平台，收集经济管理学院所有的专业及专业人才培养的目标。

(3)分析经济管理学院开设跨专业综合实训课程的目标。

(4)通过访谈，了解学校对跨专业综合实训软件购买及建设使用等方面的要求。

(5)任课教师提供一份经济管理学院购买跨专业综合实训软件的方案。

(6)通过小组讨论，如果将购买软件任务交给本小组，小组应该如何做好商务谈判的前期准备工作。

5. 成果与检验

每位学生的成绩由两部分组成：学生实际操作情况(50%)和分析报告(50%)。

实际操作主要考查学生完成认识商务谈判的实际动手操作能力；分析报告主要考查学生根据资料分析，描述商务谈判构成要素以及类型的正确性，分析报告建议制成PPT。

任务二　组建商务谈判团队

【任务目标】

1. 了解商务谈判团队的组建原则；
2. 掌握商务谈判人员的要求；
3. 掌握商务谈判人员的分工与配合；
4. 理解商务谈判时间、地点的选择；
5. 掌握商务谈判场所的选择与谈判座次安排。

【任务导入】

通过网上信息发布，陆续有五六家软件公司与经济管理学院进行了联系与沟通，通过大致的比较，只有FY公司、XD公司和YDT公司的软件符合学院专业人才培养目标和课程教学目标的需要，初步确定了这三家，但学校最后只会从这三家中选择一家购买，因此，需要认真进行讨论与谈判。为了更好地完成这项工作，满足各方的要求，耿院长决定成立一个购买软件的谈判团队，但问题是，到底选择哪些人来组建这支谈判团队呢？耿院长陷入了沉思。

【任务分析】

组建谈判团队不是一件容易的事情，一是不能选择无关的人员参与；二是还得选择对跨专业实训软件比较熟悉的人来参与；三是还得寻求会进行讨价还价的人员参与；四是与购买软件相关的部门也应该参与。这样就能让软件采购放在阳光下进行，让大家熟悉知晓，免得后面惹一些不必要的麻烦在身。因此，耿院长需要从上述几个条件出发，来选择相关人员组建软件购买谈判团队。

【知识精讲】

一、商务谈判团队的构成原则与分工

(一)谈判团队组建的原则

要实现谈判的预期目标，提高谈判效率，谈判团队的构成起着决定性的作用。在组团时，

要掌握以下原则。

1. 结构合理

结构合理是指商务谈判团队的人员阵容中，年龄结构、知识结构和性格结构需要根据具体项目的大小、内容和难易程度来加以确定，做到年龄互补、知识互补和性格互补，这是商务谈判团队构成的基本原则。

2. 规模适度

规模适度是指商务谈判团队要根据谈判对手的特点、项目的重要程度来配备谈判人员的人数，少而精的谈判团队往往容易发挥出谈判人员的最大潜能，易于集中意见，能够随机应变应对谈判。通常情况下，大型项目的谈判团队往往由团长（组长）、商务人员、技术人员、财务人员、律师（法律顾问）、翻译人员等若干人员组成。在谈判全过程中，参谈人员也非一成不变，随着各个阶段内容的不同，谈判人员可以随时变更。如在谈判开始阶段，负责起草协议的律师就无需到场；在协议阶段，技术人员、财务人员已完成使命；至于专家们可以作为谈判顾问而不是正式成员的身份出席谈判。小型项目的谈判小组的最佳规模往往为 4 人左右；货物贸易合同的谈判往往是单枪匹马进行。

3. 分工明确

分工明确是指每个谈判人员都要有明确的分工，谈判中工作不得越位，角色（身份、职能）不得混淆，以便通力合作，协同作战。由于谈判的具体内容、范围、性质、经验、素质和能力的不同，谈判团队的人员构成也会不同，但是无论团队构成如何确定，都必须符合取胜（达标、双赢）、高效、易控的基本要求。

（二）谈判人员的分工

商务谈判团队组建完成后，要对成员进行明确的分工，除了谈判团队的负责人外，最重要的是还需确定主谈人和辅谈人，及其在谈判中的地位、职责。

1. 谈判团队负责人

谈判团队负责人是谈判团队的核心，直接关系谈判的成败，必须具备自信心、决策能力、观察判断力、组织协调沟通能力、激励能力等，其职责主要有挑选谈判人员，组建谈判团队，并就谈判过程中的人员变动与上层领导取得协调；调整好谈判队伍各成员的心理状态和精神状态，处理好成员间的人际关系，齐心合力，增强队伍凝聚力，努力实现谈判目标；领导团队成员一起制定谈判总体目标、战略和计划，并根据谈判的实际进展情况调整谈判目标或谈判方案；实施谈判策略，掌握和控制谈判过程中具体的让步时间、幅度和节奏，稳步推进谈判进程；报告进展情况，负责向上级或者有关的利益各方及时汇报进展，获取并领会上级的指示精神，贯彻执行上级的决策方案，圆满完成谈判使命。

2. 主谈人

在商务谈判的全过程或某一阶段或针对某个具体议题，以主谈人的立场和观点为主进行谈判。主谈人必须具备广泛的知识、丰富的谈判经验、思维敏捷、善于分析和决断、较强的应变和表达能力、驾驭谈判进程的能力、熟练相关专业技术，能与谈判团队中的其他成员团结协作，默契配合。主谈人的主要职责有代表本方做正式发言、全面负责谈判事宜、确定谈判方案、协调谈判的筹备工作、通过谈判策略和技巧的实施以实现谈判目标、调动积极性形成合力、及时汇报、组织谈判文件的记录起草修订和签署（需经授权）。

谈判团队负责人与主谈人都是谈判能否达到预期目标的关键人物。在大型商务谈判活动中，谈判团队负责人常常也是商务谈判的全过程的主谈人。

3. 辅谈人

辅谈人也称陪谈人，是指陪同、配合、协助主谈人进行谈判的其他所有谈判人员（如商务人员、技术人员、财务人员、律师或法律顾问、翻译人员等）。辅谈人的主要职责有做好主谈人的助手和参谋、参与谈判方案的制订、必要时适时提醒主谈人、为主谈人提供必要的补充发言（通常需经主谈人同意）、参与谈判文件的记录起草修订和签署。

小贴士 2－1

一般说来，在商务谈判中，各人的职责分工是：

(1)谈判队伍领导人。负责整个谈判工作，领导谈判队伍，有领导权和决策权。有时谈判领导人也是主谈人。

(2)商务人员。由熟悉商业贸易、市场行情、价格形势的贸易专家担任。负责合同条文以及合同价格、运输、保险等条件的谈判，并拟出合同文本，负责对外联络工作，协助做好谈判组成员之间的组织协调工作。

(3)技术人员。由熟悉生产技术、产品标准和科技发展动态的工程师担任，在谈判中负责对有关生产技术、产品性能、质量标准、产品验收、技术服务等问题的谈判，也可为商务谈判中价格决策作技术顾问。

(4)财务人员。由熟悉财务会计业务和金融知识，具有较强的财务核算能力的财会人员担任。要对谈判中的支付条件负责，在支付方式、结算货币的选择方面向商务人员提供建议。

(5)法律人员。由精通经济贸易各种法律条款，以及法律执行事宜的专职律师、法律顾问或本企业熟悉法律的人员担任。职责是对合同条款的合法性、完整性、公正性负责，依照要求，负责合同法律条文的谈判和文稿的草拟。

(6)翻译。由精通外语、熟悉业务的专职或兼职翻译担任，主要负责口头与文字翻译工作，沟通双方意图，配合谈判运用语言策略。

除以上几类人员之外，还可配备其他一些辅助人员，但是人员数量要适当，要与谈判规模、谈判内容相适应，尽量避免不必要的人员设置。

4. 主谈人的变更

在商务谈判中，往往并非在谈判的全过程中自始至终、一成不变地都由一人担当主谈人，特别是在大型的商务谈判中，往往在某一阶段甚至某个具体议题的谈判中，指定一个临时的主谈人。如商务条款谈判时，以商务人员作为主谈人，技术、财务和法律等人员则处于辅谈人的地位；技术条款谈判时，则以技术人员作为主谈人，商务、财务和法律人员则处于辅谈人的地位。

小案例 2－1

上海甲公司引进外墙防水涂料生产技术，日本乙公司与香港丙公司报价分别为 22 万美元和 18 万美元。经调查了解，两家公司技术与服务条件大致相当，甲有意与丙公司成交。在终局谈判中，甲公司安排总经理与总工程师同乙公司谈判，而全权委托技术科长与丙公司谈判。

5. 谈判人员的配合

(1)主谈人与辅谈人的分工与配合。在商务谈判活动中,团队负责人、主谈人、辅谈人等成员间的配合对于谈判是否取得成功至关重要,有时甚至可以起到决定性的作用。但是,谈判团队成员间的配合,绝不是一朝一夕可以达到的,往往需要长期的磨合。特别是在谈判过程中,本方的一切重要的、关键的观点、评价、意见和结论都必须由主谈人向对方表述,辅谈人不得随意谈论和发表个人的观点,特别是不能谈论和发表与主谈人不一致的意见。在主谈人发言时,一个称职的辅谈人应该自始至终以言谈或举止等尽可能的方式予以支持,如可以采用口头语言、肢体语言、面部表情、纸条、文件、图片、实物等方式。当对方刁难、攻击主谈人时,辅谈人可以及时向对方予以反驳,使主谈人摆脱困境,维护主谈人的地位,加强主谈人的谈判威望;当谈判内容涉及到辅谈人所熟知的专业问题时,辅谈人可以及时向对方提出详尽、充足的论据。

(2)"台前"和"幕后"的分工与配合。在比较复杂的谈判中,为了提高谈判的效果,可组织"台前"和"幕后"两个小组。台前人员是直接在谈判桌上谈判的人员,幕后人员是不直接与对方面对面地谈判,而是为台前谈判人员出谋划策或准备各种必需的资料和证据的人员。当负责该项谈判业务的主管领导是位于幕后时,台前人员在大的原则和总体目标上接受幕后班子的指挥,敲定谈判成交时必须征得幕后人员认可;幕后人员往往是台前人员的幕后操纵者,负责指导、监督台前人员按既定目标和准则行事,但是台前人员在谈判过程中仍然具有随机应变的战术权力。另一种情况是幕后小组是由具有各种专业水平的专家组成的智团,如法律专家、贸易专家、技术专家等,他们主要起参谋作用,向台前人员提供专业方面的参谋建议,台前人员有权对其意见进行取舍或选择。当然幕后人员不能过多、过滥,也不能过多地干预台前人员,要充分发挥台前人员的职责权力和主观能动性,及时地创造性地处理好一些问题,争取实现谈判目标。

(三)谈判队伍的规模与管理

1. 谈判队伍的规模

合理的谈判队伍规模不是绝对的,必须根据具体情况来确定。谈判队伍既可以是一个人,也可以是若干人。谈判人员多一些,有助于集思广益,在谈判桌上也会给对手造成心理上的紧张,但由此也增加了谈判组长协调和控制的难度;人员少一些,则显得精明强干,也便于统一行动,但对于非常规的、涉及面广、耗费时日的谈判,却显得谈判小组负担过重。因此,谈判人员的选择只有根据项目的实际需要和谈判性质来决定。英国谈判专家比尔·斯科特认为,谈判队伍的最佳人数是 4 人,最多不超过 12 人。在确定谈判队伍规模时,需要考虑如下因素:一是在对谈判对象情况以及谈判环境诸因素充分分析研究的基础上,根据谈判的内容、难易程度来确定谈判队伍的构成。二是根据谈判主题的大小、重要性等因素来确定选派的人员和人数。对于小型的谈判,谈判队伍可由 2～3 人组成,甚至 1 人;而对于内容复杂且比较重要的大型谈判,由于组织协调的工作量大,在摸清对方谈判人员的特点和作风后,配备与对方相对等的人员结构和数量。三是如果谈判涉及的内容较广、较复杂,需有各方面的专家参加,可以考虑把谈判小组分为两部分,一部分主要从事背景资料的准备,人数可以适当多一些;另一部分直接上谈判第一线,这部分人数与对方相当为宜。四是确定主谈人与辅谈人。在谈判的某项议题上,要做出具体的分工,确定主谈人员和配合者。谈判桌上,以主谈人的观点为核心阐述己方的观点和立场,辅谈人予以配合。

2. 谈判队伍的管理

要实现谈判目标,不仅要组建一支优秀的谈判队伍,还要通过有效的管理,提高谈判队伍的战斗力和凝聚力，使整个团队朝着预定的目标高效、有序地开展工作。谈判队伍的管理包括谈判队伍负责人对谈判团队的直接管理和高层领导对谈判过程的宏观管理。

(1)谈判队伍负责人对谈判团队的管理。谈判队伍负责人应当根据谈判的具体内容、参与谈判人员的数量和级别，从企业内部挑选，可以是某一个部门的主管，也可以是企业最高领导，地位一般与对方谈判负责人相当。谈判组织负责人并不一定是己方主谈人员，但他是直接领导和管理谈判队伍的人。谈判队伍负责人是带领成员走向谈判成功的核心，在选用时应重点考察以下几方面：①知识层面。谈判负责人本身除应具有较高的思想素质、业务素质和身体素质之外，还必须掌握整个谈判所涉及的多方面知识。只有这样才能针对谈判中出现的问题提出正确的见解，制定正确的策略，使谈判朝着预定的方向发展。②决策能力。当谈判遇到机遇，绝不放过机会；遇到障碍时，能够迅速地摆脱困境。总之，无论是战略决策还是战术运用，谈判中都要嗅觉灵敏、判断准确、决策果断。③管理能力。谈判负责人必须知人善用，具有较强的组织协调能力、沟通交往能力、团队合作能力和激励能力。④威望。谈判负责人要具备权威性，拥有较大的权力，也善于使用这些权力，如决策权、用人权、否决权、签字权等；有高度的领导威信，能胜任对谈判队伍的管理。

(2)高层领导对谈判过程的宏观管理。一是确定谈判的基本方针和要求，在谈判开始前，高层领导人应向谈判负责人和其他人员指出明确的谈判方针和要求，使谈判人员有明确的方向和工作目标。必须使谈判人员明确这次谈判的使命和责任是什么，谈判的成功或失败将会给企业带来怎样的影响，谈判的必达目标是什么，满意目标是什么，谈判的期限是什么，谈判中哪些问题可以由谈判班子根据实际情况自行裁决，哪些问题必须请示上级才可以决定。以上诸问题要做到每个谈判者心中有数、目标明确。二是对谈判人员进行指导和调控。高层领导应与参加谈判的人员保持密切联系，随时给予谈判人员指导和调控。一般来说，在遇到下述情况时，就有关问题与谈判人员进行联系是十分必要的：①谈判桌上出现重大变化，与预计的情况有较大的出入，交易条件变化已超出授权界限时，需要高层领导及时做出目标调整，确定新的战略和策略。②企业本部或谈判班子获得某些重要的新信息，需要对谈判目标、策略做重大调整时，高层领导应及时根据新信息做出决定，授权谈判班子执行。③谈判队伍人员发生变动时，尤其是负责人发生变动时，要任命新的负责人，并明确调整后的分工职责。三是关键时刻适当干预谈判。当谈判陷入僵局时，高层领导可以主动出面干预。如会见谈判对方高层领导或谈判班子，表达友好合作意愿，调解矛盾，创造条件使谈判走出僵局。

二、商务谈判人员的素质要求

商务谈判人员的成长环境、教育背景、生活经历等会对其综合素质产生较大的影响，使谈判人员的综合素质有着极大的差异，这些差异主要体现在性格、品行、能力等方面。现代商业谈判对谈判人员的综合素质的要求越来越高，这些差异成为直接影响谈判的进程和结果的重要因素之一。

(一)基本素质

1. 忠于职守、平等互惠、团队意识

作为谈判人员，必须要有高度的责任心和事业心，自觉遵守组织纪律，维护组织利益；必须严守组织机密，不能自作主张，毫无防范，口无遮拦；要一致对外，积极主动。优秀的谈判人员的理念是：一旦坐到谈判桌前，谈判就要彼此尊重，并在此基础上展开智勇较量。但最终目的不是谁压倒谁，也不是置对方于死地，而是为了沟通和调整，使双方都能满足己方的基本要求，

达成一致。双方以这样的高境界的积极行为,力求公平合理的谈判结果。

小案例 2－2

拒绝外商的诱惑

一外商主动找到中国某公司,想购买对虾100吨,并请负责该方面业务的人员单独会谈,希望销售价格能按国家最低限价执行,并许诺事后以彩电、录像机、佣金等酬谢。而当时的市场价与限价每吨相差200美元。该业务人员当即婉言拒绝,并向外商申明了自己的观点:“我们作为国家外贸人员,不以谋取私利为目的,不能以损害国家的利益而中饱私囊。这样的生意也不会长久。先生若想买虾只能以现在的行情,不买也不勉强。”该外商听了这些话后,只好按市场价签订合同。

2. 性格

谈判人员应具备适应谈判需要的良好的气质和性格。有些性格特征是不利于谈判的,例如,性格内向、孤僻多疑、不善表达、冷漠刻板、急躁粗暴、唯我独尊、嫉妒心强、心胸狭窄等。良好的气质性格应具备大方而不轻佻、爽快而不急躁、坚强而不固执、果断而不粗率、自重而不自傲、谦虚而不虚伪、活泼而不轻浮、严肃而不呆板、谨慎而不拘谨、老练但不世故、幽默但不庸俗、热情但不多情等特征。

小贴士 2－2

不同类型谈判人员的性格

1. 权力型

权力型谈判人员的主要特点是:以对谈判局势施加影响为满足,为实现目标往往全力以赴,为了获得最大利益往往不惜一切代价,在谈判中不给对方留任何余地,充分运用一切机会讨价还价,甚至不择手段,逼迫对方接受条件,敢于冒风险,充满信心,喜欢挑剔而缺少同情,乐于挑战和树立个人形象,求胜心切决策果断,不容拖沓和延误。这类谈判人员的弱点也是十分明显:往往一意孤行而不顾冒险的代价,缺乏必要的警惕性,没有耐心而对细节不感兴趣,易于冲动以至于无法控制自己。在商务谈判中,这是比较难对付的一类人,如果你顺从他,势必作出极大的让步;如果你抵制他,可能会使谈判陷入僵局甚至破裂。要对付这类谈判对手,要针对其性格特点采取相应的对策,要有极大的耐心,靠韧性取胜,以柔克刚,寻找解决问题的突破口。

2. 说服型

说服型谈判人员的主要特点是:具有良好的人际关系,比较随和,乐于助人,不露锋芒,外表和蔼,善于发现和迎合对手的兴趣,在不知不觉中使谈判对手屈服,对他们来说受到承认最重要,会主动消除谈判障碍,处理问题决不会草率和盲从,往往三思而后行,竭力维护自己和对方的面子,不轻易伤害对方,而是想方设法说服对方。这是谈判活动中最普遍、最有代表性的特点。

因为他们不外露,所以发现这类谈判人员的弱点是十分困难的,通常他们的性格可能存在如下弱点：过于期望通过解释说服对方，过分看重与对方的关系，忽略必要的进攻和反攻，不适应冲突气氛，最善于单独谈判。其实，在商务谈判中，这是最难对付的一类人，欲一争高低而不露声色，在温文尔雅的外表下可能暗藏杀机。

3. 执行型

执行型谈判人员的主要特点是：对上级的指示和计划坚决执行，言听计从，按部就班甚至维持现状是其愿望，乐于照章办事，往往缺乏创造性，没有主见，适应能力差，在面对挑战和遇到复杂环境时往往不知所措，往往尽量避免决策，当对方提出新建议时往往不知所措，不习惯也不善于全局考虑问题，无法应付复杂的、多种方案的局面，不适应单独谈判。

4. 疑虑型

疑虑型谈判人员的主要特点是：缺乏创造性灵活性，习惯按既定计划行事，对另一方提出的新建议往往持怀疑态度，处事谨慎不轻易表态，习惯于凡事多虑且不愿意冒风险，对自己熟悉的公司和商品品牌忠诚度较高，为避免做出错误选择而宁可放弃最佳选择。

3. 心理素质

在谈判过程中会遇到各种阻力和对抗，也会发生许多突变，谈判人员只有具备良好的心理素质，才能承受住各种压力和挑战，取得最后的成功。谈判人员应具备的良好心理主要有以下几个方面：

(1)自信心。自信心是指谈判者相信自己企业的实力和优势，相信集体的智慧和力量，相信谈判双方的合作意愿和光明前景。自信心是谈判者最重要的心理素质，自信心的获得是建立在充分调查研究的基础上，建立在对谈判双方实力的科学分析的基础上，而不是盲目的自信，更不是藐视对方轻视困难，固执自己错误的所谓自信是有害的。自信心需要培养。

(2)懂得尊重。在谈判中只有互相尊重，平等相待，才可能保证合作成功。所以谈判者首先要有自尊心，维护己方的尊严和利益，面对强大的对手不妄自菲薄，奴颜献媚，更不会出卖尊严换取交易。但同时谈判者还要尊重对方，尊重对方的利益，尊重对方的意见，尊重对方的习惯，尊重对方的正当权利。

(3)坦诚的态度。坦诚的谈判者善于坦率地表明自己的立场和观点，真诚地与对方合作赢得对方的了解和信任。虽然谈判双方都有自己的机密和对策，但是谈判的前提是双方都有合作的愿望。开诚布公，真诚待人的态度是化解双方矛盾的重要因素。如A女士出差到一省会附近的小城办事，偶然发现一处正在建设中的住宅小区环境十分怡人，便萌生了购买的欲望。于是便到售房部咨询，此时正值盛夏的中午，售楼小姐一脸倦怠，反问A女士是想购买，还是随便问问。A女士感到十分不快，于是悻悻而走。就这样一桩可能到手的生意，因女售楼员的态度而流失了。可见，坦诚的态度对于商务谈判人员是多么重要。

(4)能够承受压力。谈判是一个较量的过程，双方都将面对各方面的压力，所以要有相当高的心理承受压力的素质。尤其是面对拖延、时间紧张、失败的时候更是如此。要在一场重要的商务谈判中取得预期的结果，无异于赢得一场战斗，需要耗费许多心血。商务谈判人员从接受任务开始，就要用心掌握自己和对方的情况，做好一切谈判准备；而在进行谈判过程中又会风云变幻，出现种种预料不到的困难和障碍。谈判人员一定要能够承受压力，发挥自己的智慧和能力，百折不挠地去克服一个又一个困难，尽心尽力地完成自己承担的任务。

4. 身体素质

谈判是既消耗体力又消耗脑力的人类活动，没有健康的身体是很难胜任谈判工作的。根据上述要求,选择谈判人员应考虑适当的年龄跨度。应该有充沛的精力,一般在 35～55 岁年龄跨度内,正是思路敏捷,精力旺盛阶段。其特点是已积累了一定经验,事业心、责任心和进取心较强。当然,由于谈判内容、谈判要求不同,年龄结构可灵活掌握。

5. 丰富的经验

谈判是一种具有实践性、应用性的艺术。因此,对商务谈判的理论研究所得出的一般结论,只能作为谈判人员的行动指南。要做到在谈判中炉火纯青,还需要谈判者经过多方面的反复实践,积累谈判经验。经验是实践知识与能力的结晶。谈判者只有书本知识,没有实践经验,只能使谈判成为纸上谈兵。

6. 注重礼仪礼节

礼仪礼节作为一种道德规范,是人类文明的重要表现形式。任何行业都有一定的礼仪规范。在谈判中,礼仪礼节作为交际规范,是对客人表示尊重,也是谈判人员必备的基本素养。在谈判桌上,一个谈判者的彬彬有礼,举止坦诚,格调高雅,往往能给人带来赏心悦目的感觉,能为谈判营造一种和平友好的气氛。反之,谈判者的无知和疏忽,不仅会使谈判破裂,而且还会产生恶劣的影响。因此,谈判的不同阶段要遵循一定的礼仪规范。

7. 广泛的兴趣

兴趣是人对客观事物的一种特殊的认识倾向。对于感兴趣的事物,人们会主动去接近、研究,以求更深刻的认识。谈判人员走南闯北,要接触各种各样的谈判对手,并与他们建立联系,接近他们,说服他们,而共同的兴趣、爱好是缩短人际交往距离的重要因素。因此,谈判人员一定要培养自己广泛的兴趣,这是谈判事业对谈判人员的必然要求。

(二)基本知识

基础知识是一个人智慧和才能的基石,专业知识则决定一个人知识的深度和从事本职工作的能力。基础知识和专业知识越广博深厚,适应能力、工作能力就越强。作为现代谈判人员,知识面越宽,应变能力就越强,专业知识越深,就越能适应谈判的需求。

1. 以客户为中心的现代谈判观念

谈判观念是指谈判人员对谈判活动的基本看法和在谈判实践中遵循的指导思想。谈判观念决定着谈判人员的谈判目的,影响着谈判人员对谈判方法和技巧的运用,最终影响着企业和顾客的利益。在谈判活动中,有两种对立的谈判观念,即以企业为中心的谈判观念和以客户为中心的谈判观念。以企业为中心的谈判观念是传统的谈判观念,这种谈判观念认为,谈判就是要千方百计地把产品卖给客户,从而使自己或企业获得利润。在这种思想指导下,企业为了获得利润,扩大销售,谈判人员不顾一切地推销商品,不择手段地采取刺激和引诱的手法使客户采取购买行为,以货物脱手为第一考虑。谈判人员给客户的印象是油嘴滑舌,形象奸诈,卖了就走。以客户为中心的谈判观念是现代谈判观念。这种观念认为,谈判就是用适当的方法和技巧,阐明产品给客户的某种需要带来满足,在满足客户需要中获得企业利益。在这一思想指导下的谈判精神主要有三个方面的表现:一是确保价值的实现。发展企业、创造顾客和争取利润是谈判人员的重要目标,要创造效益、发展企业就必须设法使顾客的愿望得到满足,或者使顾客尚未意识到的愿望转化为有效的需求,这一切必须通过满足需求的商务活动来实现。所以说,没有需求就没有商务,也就不会有预期的收益。二是客户利益至上。一个好的谈判者,不能只是专心于单纯的推销和为企业创造高额利润,他还必须把顾客的利益放在心上,体察他们的心情,解决他们的困难,不以花言巧语欺骗顾客。企业为了获得收益,首先要考虑满足顾客的利益。三是贡献于社会的发展。如果谈判人员不就商品或技术的转让、维护、改造及使用方法对顾客进行指导,顾客便不会产生购买商品的意向。实际上,现代营销具有两种机能,即以确保收益为主的公司内机能和以贡献社会发展为主的社会性机能,这两个机能构成了一个整体。为了确保长远的利益,谈判人员就必须以共同获利为主旨,在维护社会利益的前提下,确保公司收益的实现。如果谈判人员能坚持这一原则,企业自然能够确保适宜的收益。

2. 具有丰富的专业知识

谈判人员应掌握的专业知识是非常广泛的,专业知识的积累意味着素质和能力的提高。谈判人员应具备的专业知识包括企业知识、产品知识、市场知识和用户知识等。

(1)企业知识。掌握企业知识,一方面是为了满足客户这方面的要求,另一方面是为了使谈判活动体现企业的方针政策,达成企业的整体目标。企业知识包括:企业的历史沿革、企业在同行业中的地位、企业的经营方针、企业的规章制度、企业的生产规模和能力、企业的销售政策和定价政策、企业的服务项目、企业的交货方式与结算方式等。

(2)产品知识。谈判人员不是技术专家,也不是产品开发设计人员,不可能了解有关产品的全部知识。谈判人员掌握产品知识的最低标准是客户想了解什么、想知道多少。客户在采取购买行动之前,总是要设法了解产品的特征,以减少购买的风险。通常,越是技术上比较复杂、价格高的产品,客户要了解的产品知识就越多。客户喜欢能为其提供大量产品信息的谈判人员,客户相信精通产品、表现出权威性的谈判人员。一般来说,谈判人员应对自己所谈的产品的以下几个方面有深入的了解:原料及主要部件的质量、生产过程及生产工艺技术、产品的性能、产品的使用特点、产品的维修及保养知识、产品的售后保证措施等。

(3)市场知识。由于谈判活动涉及各种各样的主体和客体,有着十分复杂的方式和内容,所以,要求谈判人员掌握的市场知识应当是十分广泛的。谈判人员应努力掌握市场经济的基本原理,供求关系变化的一般规律,现实客户的情况,潜在客户的情况、购买力、市场环境、市场容量等知识。

(4)客户知识。主要包括产品的去向分布,客户的心理、性格、消费习惯和个人爱好,何人握有购买决定权,其购买动机、购买习惯,采购条件、购买方式、购买时间、购买水平等内容。

(5)竞争者知识。充分了解自己的竞争对手,对谈判说服工作十分有利。了解竞争者,不仅要知道其产品、管理、设备和销售的详细资料,还要知道其价格及成本等情况。对这些内容的掌握,有助于谈判人员增强信心和消除对问题的恐惧,谈判人员会欢迎对方提出有关产品比较的问题,因为这是向对方说明自家产品优点的最好时机。

此外,与专业知识相关的知识还有:法律、财会、人际关系、市场情报学知识等。谈判人员为了出色地完成谈判工作,必须具备丰富的专业知识并了解相关知识。谈判人员必须具有旺盛的求知欲,善于学习为完成谈判工作所必备的知识。

小案例 2-3

上海地铁二号线的谈判

由于地铁一号线的良好合作,德国成为向上海地铁二号线提供政府贷款的首选国家,贷款总额高达7.8亿马克,但最后是否确定还要看对方提供地铁设备的价格是否合理。形成僵局的原因是,对方的报价比中方能接受的价格高出7 500万美元。中方代表根据手中掌握的地铁车辆的国际行情,知道即使按照中方的报价,德国公司仍然有钱可赚。同时,中方也清楚地知道，对方企图倚仗提供政府贷款漫天要价，把贷款的优惠通过车辆的高卖价又悄悄地拿回去。原来在北京进行的谈判持续了一轮又一轮。德国总理科尔如期访华，原定在北京签字的上海地铁二号线贷款协议未能如期签署。随着科尔来到上海，谈判也转移到上海进行，这时已经到了最后的关头，对方代表到处造舆论，扬言要撤回贷款。了解内情的人，包括一些相当高职位的领导提出了警告：不要为了 7 500 万美元，丢了 7.8 亿马克。对方代表更是有恃无恐，甚至在谈判桌上拍桌子威胁中方代表，扬言再不签约，一切后果由中方负责。中方代表非常冷静地朝他做了一个手势说："Stop(停)，请你不要这样激动，也不要用这种要挟的态度。本人是美国哥伦比亚大学的博士、上海××大学管理学院的院长，对于国际融资的常识和规则懂得不比阁下少。我们现在不是乞求你们贷款，请你用平等的态度看待我们的分歧。"中方代表接着说，在国际融资中，贷款者和借贷者应该是一种平等互利的关系，成功的融资谈判应该双方都是"赢家"，并且十分明确地告诉对方代表，如果不把车辆价格降下来，他将向上级汇报，中方将谋求其他国家的贷款，而谈判破裂的后果将由德方负责。由于中方代表拒绝在协议上签字，原定科尔访华期间签署的上海地铁二号线贷款协议不仅未能在北京如期签署，结果在上海也未能签署。德方代表这才见了"真佛"，在以后的谈判中不得不缓和自己的态度，又经过一轮又一轮的艰苦谈判，德方代表最后同意把车辆价格下降了 7 500 万美元，整个地铁项目的报价也比原来的报价降低了 1.07 亿美元。中方代表坚持到了最后，也取得了最终的胜利。

（资料来源：https://www.yulucn.com/question/855912461，有改动）

（三）基本能力

1. 敏锐的洞察力

谈判人员在谈判的过程中应该注意观察对方的行为，从而发现对方的想法。一般就手势来说，张开双手表示接纳；紧握双拳意味着防范；当对方的手使劲握着桌边，证明你的观点击中其要害，或表明你的观点将遭攻击。就面部表情来说，如嘴唇紧闭，眉角下垂，瞪大眼睛盯着你，则表明对方充满敌意并且极具攻击力；若眼睛突然往下看，脸部转向旁边，多表明拒绝或厌烦你的讲话。需要指出的是，判断言行举止是一个十分复杂的问题，要结合当时的具体情况作综合判断。因此，需要谈判人员自身具有敏锐的洞察力，否则单凭经验判断会得出错误的结论。

小案例 2－4

在第二次世界大战中，德军的一位参谋根据法国阵地坟地上出现的一只波斯猫，判断出坟地下肯定有法国的指挥部，从而一举摧毁了法国的阵地。因为战争期间，普通士兵是不会养这种高贵的猫的；而这只猫每天上午 9:00 准时到坟地上晒太阳，肯定他的主人离坟地不远。可见，只有通过准确、仔细的观察判断，才能为了解对方、辨别信息真伪提供强有力的依据。

那么，在谈判中，如何锻炼自己的观察能力呢？

比如你的对手是个爱抽烟的人，当他点烟的时候是暗示你停止谈话的信号。等他开始吞云吐雾时，你可接上刚才的话题。如果他不停地抽烟，你可以有技巧地在他拿起烟的时候，适时地递上一份文件或报表，或其他能令他参与谈判的东西，那样，他就不好意思再享受烟瘾了。

2. 自控力

要有随时与谈判伙伴协调配合的本领。谈判小组是由个人组成的集体，因此既要表达自己，又要通过自己表达集体，因此这种能力是十分必要的。谈判的风云变幻，可能出现各种意想不到的事情，要求谈判人员要处变不惊，沉着冷静具有大将风度，这样才能妥善、理智地处理好问题。如果谈判者自制力差，出现过分的情绪波动，就会破坏良好的谈判气氛，造成自己举止失态、表达不当，使谈判不能进行下去，或者草草收场，败下阵来。谈判者具备良好的自制力，在谈判顺利时不会盲目乐观，喜形于色；在遇到困难时也不会灰心丧气，怨天尤人；在遇到不礼貌的言行时，也能够克制自己不发脾气。否则，感情用事将使得谈判人员做出不合理的决策，也给对方以可乘之机。

小案例 2－5

某次，德国某大公司的总裁带领包括技术、财务等部门的副总裁及其夫人组成了一个高级商务代表团去日本进行一次为期 8 天的谈判。刚下飞机便受到了日方公司的热情接待。在盛情款待中，总裁夫人告诉了对方接待员回程机票的日期。日本人便安排了大量的时间让德国人到处参观、游览，让其领略东方文化并赠送了大量礼品，直到最后两天，方把一大堆问题摆在谈判桌上去讨论。由于时间仓促，德国人不知不觉地作出了许多不必要的让步。

3. 灵活的现场组织与调控能力

谈判是一项需要密切配合的集体活动，每个成员都要在组织中发挥出自己的特殊作用。所以谈判人员要有组织、协调控制的能力，分清主次，抓住重点，合理掌握时间，才能发挥出最大的战斗力；谈判中会发生各种突发事件和变化，谈判人员面对突变的形势，要有冷静的头脑、正确的分析、迅速的决断，善于将原则性和灵活性有机结合，机敏地处理好各种矛盾，变被动为主动，变不利为有利。善于应变，权宜通达，机动进取是谈判者必备的能力。随着双方力量的变化和谈判的进展，谈判中可能会出现比较大的变动。如果谈判人员墨守成规，那么谈判要么陷入僵局，要么谈判破裂。所以，优秀的谈判人员要善于因时、因地、因事，随机应变。著名的主持人杨澜在灵活的现场调控能力方面的表现令人拍案叫绝。如有一次，杨澜在广州天河体育中心主持大型文艺晚会。节目进行到中途，她在下台阶时不小心摔了下来。正当观众为这种意外情况吃惊时，她从容地站起来，诙谐地说："真是人有失足、马有失蹄啊！刚才我这个狮子滚绣球的表演还不太到位，看来，我这次表演的台阶还不太好下。不过，台上的表演比我精彩得多。不信，你看他们。"观众听到她略带自嘲的即兴发挥，忍不住大笑起来。这样，杨澜就巧妙地把观众的注意力吸引到了台上。

4. 坚定不移的毅力和忍耐力

谈判人员应具有百折不挠的精神及不达目的决不罢休的自信心和决心。讨价还价、磋商活动也是毅力和耐力的拉锯战，谈判人员的这种个性特征将使己方的利益得到最大的保证。一般刚强型的谈判人员具有这种个性，他们在取得谈判经验后发挥会越来越好。

5. 社交能力和表达能力

谈判实质上是人与人之间思想观念、意愿感情的交流过程，是重要的社交活动。谈判人员应该善于与不同的人打交道，也要善于应对各种社交场合。这就要求谈判人员塑造良好的个人形象，掌握各种社交技巧，熟悉各种社交礼仪知识，所以谈判人员应该有较强的文字表达和口语表达能力。要精通与谈判相关的各种公文、协议合同、报告书的写作，掌握电脑技术，同时要善于言谈、口齿清晰、思维敏捷、措辞周全，善于驾驭语言，有理、有利、有节地表达己方观点。在涉外商务谈判中要熟练掌握外语的听、说、写、译能力。要善于了解不同国籍的谈判人员的特点，掌握他们在谈判风格上的差别，宗教信仰方面的异同，针对这些方面的不同情况与谈判对手和平共事。而且要富有幽默感，谈判经常会出现低潮或僵局，谈判人员的风趣幽默则能淡化僵局，缓和气氛，使谈判顺利进行。如有一次，美国和苏联关于限制战略武器的协定刚刚签署，基辛格向随行的美国记者介绍情况。当谈到苏联生产的导弹大约每年 250 枚时，一位记者问："我们的呢？"基辛格回答说："数目我虽知道，但我不知道是否保密？"该记者回答："不保密。"基辛格立即反问道："那么，请你告诉我，是多少呢？"

6. 逻辑思维和判断能力

谈判人员要思路开阔敏捷，判断力强，决策果断。对方往往会用许多细枝末节的问题来纠缠你，而把主要的或重要的问题掩盖起来，或故意混淆事物之间的前后、因果关系。作为谈判人员就应具备抓住事物的主要矛盾和主要方面的能力。同时要思路开阔，不要为某一事物或某一方面所局限，而要从多个方面去考虑问题。判断准确、决策及时，这些能力对于谈判人员来说格外重要。提高这方面的能力就要善于倾听对方的意见并把握对方的意图。谈判是双方相互交换意见。但有些人思维敏捷，冲动性强，往往对方的话刚说一半，他就自以为领会了对方的意思，迫不及待地发表自己的意见，这也是不可取的，造成误解对方，反而给对方提供一些可乘之机。

7. 创新能力

谈判人员要具备丰富的想象力和不懈的创造力，勇于开拓创新，拓展商务谈判的新思路、新模式，创造性地提出新的谈判方法和思路。优秀的谈判者往往有一定的创造力，有丰富的想象力，有勇于拼搏的精神、顽强的意志和毅力。他们愿意接受不确定性，敢于冒险，把谈判看成一个竞技场，要大展身手，与对手好好较量一番。在他们看来，拒绝是谈判的开始，越有竞争性，会变得越勇敢，有胆识去冒险，争取更好的目标。所以，他们从来不在谈判之前就锁定自己的方案。在认真执行计划的同时，他们会努力拓展自己的想象空间。即便是在双方达成一致的基础上，他们也会寻找达成协议的更好的选择。

三、商务谈判时间与地点选择

（一）商务谈判时间选择

时间观念，是"快节奏"的现代人非常重视的观念。对于谈判活动，时间的掌握和控制是很重要的。如外交谈判开始之前的准时到达，表示对谈判对方有礼貌。相反，则是不尊重。无故失约、拖延时间、姗姗来迟等，这些"时间观"产生的都是负效应，只有"准时"，才体现出交往的诚意。谈判时间的运用是谈判中一个非常有效的策略，忽视谈判时间的管理，影响谈判效率还是次要的，重要之处在于可能因此而做出被动的、失误的决策。

小案例 2－6

游泳池里谈生意

英国某啤酒公司的副总裁在去南美作商务旅行时，接到总部的传真，要他在归途顺便去牙买加和当地一家甜酒出口公司的经理谈生意。但问题是他没有去牙买加作公务旅行的签证，想临时办一个，时间又来不及。

于是，他只好以旅游者的身份来到金斯敦的诺尔曼雷机场。在检查护照的关口，移民官从他皮包的工作日志及来往信函中判明他是在作公务旅行，所以不许他入境。他反复向移民官声明，自己不过是在返回伦敦前来这儿作短暂的休整。这才勉强被允许入境。

他一在旅馆安顿好，便打电话和那位甜酒出口商联系。刚打完电话，就来了位移民局的官员，说他是怀着商务目的来到此地，而没有取得应有的签证。对他说，他将受到有关方面的严密监视，一旦发现从事商务活动，便将立即驱逐出境，并处以高额罚款。

足足两天，他身边总有一位警察，像个影子似的，使他不得不像个旅游者一样打发时光。看来此行是只能白费时间和金钱了。

但是在他离开之前，却在警察的眼皮底下与那位出口商谈成了生意。

旅馆设有游泳池，池旁有个酒吧供客人喝喝饮料，稍事休息。监视的警察只见他与一位身着比基尼泳装的妙龄女郎正坐在酒吧前喝酒，还有一搭没一搭地和酒吧服务员聊天。

谁知那位服务员竟是出口商打扮的，而那名妙龄女郎则是他的女秘书。

案例解析

只要会想办法，任何官样文章都阻止不了人们谈生意。任何地方、任何场景都可以用来谈生意。在国内很多私人老板特别会利用与客人吃饭的时间做成生意，也有很多人会在陪客人游玩时把生意谈成。

1. 谈判日程的安排

作为客场谈判的谈判方，更要有强烈的时间观念，安排谈判日程时，要尽快进入实质性谈判阶段，尽量在谈判前期将议程排满，为后面留下足够的谈判时间。不要为对方的盛情款待所迷惑。

小贴士 2－3

谈判时间的注意事项

一般来说，应注意以下几种情况：

1. 避免在身心处于低潮时进行谈判。例如，夏天午饭后，人们需要休息的时候不宜进行谈判；如去外乡异地谈判，或去国外谈判，经过长途跋涉后应避免立即开始谈判，要安排充分的休整之后再进行谈判。

2. 避免在一周休息日后的第一天早上进行谈判，因为这个时候人们在心理上可能仍未进入工作状态。

3. 避免在连续紧张工作后进行谈判，这时，人们的思绪比较零乱。

4. 避免在身体不适时（特别是牙痛时）进行谈判，因为身体不适，很难使自己专心致力于谈判之中。

5. 避免在一天中最疲劳的时间进行谈判。现代心理学、生理学研究认为，傍晚 4 时至 6 时是人一天的疲劳在心理上、肉体上都已达顶峰的时候，容易焦躁不安，思考力减弱，工作最没有效率，因此在这个时候进行谈判是不适宜的。

6. 另外,在贸易谈判中,如果是卖方谈判者,则应主动避开买方市场;如果是买方谈判者,则要尽量避开卖方市场,因为这两种情况都难以进行平等互利的谈判,不要在最急需某种商品或急需出售产品时进行谈判,要有一个适当的提前量,做到"凡事预则立"。同时要注意时间因素的重要性,如夏天买棉衣,冬天买风扇,落市时去买菜,在淡季去旅游,选择对自己最有利的时机。

2. 本方行程的保密

客场谈判方的返程机票、车票的具体时间,是主场谈判方最想得到的信息之一,据此就能有针对性地调整和安排谈判的日程与谈判的策略。因此,重要的客场谈判中绝对不要向对方暴露行程,委托预订机票。

时间对我们大家都是一样长的、是绝对公平的,但是当人们遇到不同的事时,时间的价值大小是不同的。把时间转化为一种筹码,以求在谈判中赢得利益,这就是谈判桌上的时间策略。许多谈判者得益于时间策略的有效运用。

小案例 2－7

被谈判时限牵着鼻子走

美国谈判专家荷伯·科恩在其《人生与谈判》一书中,回忆起他年轻时因缺乏谈判经验,被人利用谈判时限而牵着鼻子走的经历。一次,科恩的上司让他去东京参加一场谈判,为了自己的锦绣前程,赢得此次谈判的成功,科恩在行前做了充分的准备,翻阅了有关日本人的习惯、心理等书籍,还备了一本日语对话小词典随身携带,心中暗下决心一定要打它一个漂亮仗。科恩受命一周之后,踏上了日本的航班,当飞机在东京成田国际机场着陆后,对方的一男一女前来迎接,又是献花又是鞠躬,随后坐上一辆对方公司租来的大型豪华礼宾车直奔市内。一路上,三人聊了一些轻松的话题,在到达下榻宾馆前接待人员问起科恩的返程日期和航班,以便安排礼宾车送机事宜。他似乎得到了心理上极大的满足,而沉醉于飘飘然的状态,就这样对方在不经意中,神不知、鬼不觉地了解到科恩的准确行程,掌握了他的谈判时限是 7 天,下来便着手实施拖延谈判时间的策略。来到酒店后,日方接待人员安顿好住房后就告辞了,临走前留下话:您是我公司的贵宾,旅途劳顿了先洗个热水澡好好休息一下,今天公司安排了晚宴为您接风洗尘。从次日开始接下来的 5 天里,日方白天安排科恩到处观光旅游,晚上则餐馆、酒吧、歌舞厅轮番赶场。从天皇皇宫到京都神社、从富士山美景到银座商业街、从伊豆温泉到大仓山滑雪、从茶道到日本料理、从生鱼片到寿司、从西阵织和服会馆到东京迪士尼乐园,甚至还专门在具有 1 200 年历史的东京浅草观音寺为他安排了一次英语坐禅课,以体验日本佛教的博大精深。科恩被对方的热情和周到感动不已,却丝毫没有警觉到其良苦的用心。科恩回忆:即便是晚上的四五个小时,他们也是让我坐在硬木板铺上的一个软垫上进晚餐,同时欣赏艺伎的表演。每当我要求开始谈判时,得到的回复就是,不急不急,有的是时间。直到第 6 天双方才坐到谈判桌旁,还没谈多少问题就到了中午,日方提议午餐后去打高尔夫球,边打边谈。到了第 7 天,上午草草谈了一会儿,刚刚切入正题没多久,日方提出举行告别宴会,一直折腾到临上飞机。礼宾车按时开到送科恩去机场,在车上真正的谈判才算开始,科恩与日方代表一同挤进车里,在去机场的路上继续会谈。这时的科恩心急如焚,如果达不成协议,他将无法向上司交待,不得己只好让对手牵着鼻子走，当科恩来到航空公司的柜台前预备换登机牌时的最后关头，才在对方事先准备好的文本上签字，达成了双方的协议。这次谈判的结果教训之深，使科恩终生难忘。

（二）谈判地点选择与现场布置

1. 谈判地点选择

谈判总是要在某一个具体的地点展开的。商务谈判地点的选择往往涉及一个谈判的环境心理因素的问题，它对于谈判效果具有一定的影响，谈判者应当很好地加以利用。有利的地点、场所能够增强己方谈判地位和谈判力量。人们发现动物在自己的“领域”内，最有办法保卫自己。人，也是一种有领域感的动物，他与自己所拥有的场所、物品等有着密不可分的联系，离开了这些东西，他的感情和力量就会有无所依附之感。美国心理学家泰勒尔和他的助手兰尼做过一次有趣的实验，证明许多人在自己客厅里谈话更能说服对方。因为人们有一种心理状况：在自己的所属领域内交谈，无需分心去熟悉环境或适应环境；而在自己不熟悉的环境中交谈，往往容易变得无所适从，导致出现正常情况下不该有的错误。

商务谈判的地点选择与足球比赛的赛场安排有相似之处，一般有四种选择：一是在己方国家或公司所在地谈判（主场），二是在对方所在的国家或公司所在地谈判（客场），三是在双方所在地交叉谈判（主客场轮流），四是在谈判双方之外的国家或地点谈判（主客场以外场地）。不同地点对于谈判者来说，均各有其优点和缺点，需要谈判者根据不同的谈判内容具体问题具体分析，正确地加以选择，充分发挥谈判地点的优势，促使谈判取得圆满成功。

（1）在己方地点谈判。谈判的地点最好选择在己方所在地，因为人类与其他动物一样，是一种具有“领域感”的高级动物，谈判者的才能的发挥程度、能量的释放和自己所处的环境密切相关。在己方地点谈判的优势表现在：谈判者在自己领地谈判，地点熟悉，具有安全感，心理态势较好，信心十足；谈判者不需要耗费精力去适应新的地理环境、社会环境和人文环境，可以把精力集中地用于谈判；可以利用种种便利条件，控制谈判气氛，促使谈判向有利于自己的方向发展；可以利用现场展示的方法向对方说明己方产品水平和服务质量；在谈判中“台上”人员与“台下”人员的沟通联系比较方便，可以随时向高层领导和有关专家请示、请教，获取所需资料和指示；利用东道主的身份，可以通过安排谈判之余的各种活动来掌握谈判进程，从文化习惯上、心理上对对方产生潜移默化的影响，处理各类谈判事物比较主动；谈判人员免除旅途疲劳，可以以饱满的精神和充沛的体力去参加谈判，并可以节省去外地谈判的差旅费用和旅途时间，降低谈判支出，提高经济效益。

对己方的不利因素表现在：在己方公司所在地谈判，不易与公司工作彻底脱钩，经常会有公司事务分散谈判人员的注意力；离高层领导近，联系方便会产生依赖心理，一些问题不能自主决断，而频繁地请示领导也会造成失误和被动；己方作为东道主主要负责安排谈判会场以及谈判中的各项事宜，要负责对客方人员的接待工作，安排宴请、游览等活动，所以己方负担比较重。

商务谈判最好争取安排在己方所在地点谈判。犹如体育比赛一样，在主场获胜的可能就大。有经验的谈判者，都设法把对方请到本方地点，热情款待，使自己得到更多的利益。

小案例 2－8

日本的钢铁和煤炭资源短缺，渴望购买煤和铁。澳大利亚生产煤和铁，并且在国际贸易中不愁找不到买主。按理来说,日本人的谈判者应该到澳大利亚去谈生意。但日本人总是想尽办法把澳大利亚人请到日本去谈生意。

澳大利亚人一般都比较谨慎,讲究礼仪,而不会过分侵犯东道主的权益。澳大利亚人到了日本,使日本方面和澳大利亚方面在谈判桌上的相互地位就发生了显著的变化。澳大利亚人过惯了富裕的舒适生活,他们的谈判代表到了日本之后不几天,就急于想回到故乡别墅的游泳池、海滨和妻儿身旁去,在谈判桌上常常表现出急躁的情绪;而作为东道主的日本谈判代表则不慌不忙地讨价还价,他们掌握了谈判桌上的主动权。结果日本方面仅仅花费了少量款待作“鱼饵”,就钓到了“大鱼”,取得了大量谈判桌上难以获得的东西。

案例解析

日本人在了解了澳大利亚人恋家的特点之后,宁可多花招待费用,也要把谈判争取到自己的主场进行。并充分利用主场优势掌握谈判的主动权,使谈判的结果最大限度地对己方有利。

(2)在对方地点谈判。在对方地点谈判,对己方的有利因素表现在:己方谈判人员远离家乡,可以全身心投入谈判,避免主场谈判时来自工作单位和家庭事务等方面的干扰;在高层领导规定的范围,更有利于发挥谈判人员的主观能动性,减少谈判人员的依赖性;可以实地考察一下对方公司及其产品的供给情况,能获取直接的、第一手的信息资料;当谈判处于困境或准备不足时,可以方便地找到借口(如资料欠缺、身体不适、授权有限需要请示等等),从而拖延时间,以便做出更充分的准备;己方省去了作为东道主所必须承担的招待宾客、布置场所、安排活动等事务的繁杂工作。

对己方的不利因素表现在:与公司本部的距离遥远,某些信息的传递、资料的获取比较困难,某些重要问题也不易及时与本公司磋商;谈判人员对当地环境、气候、风俗、饮食等方面会出现不适应,再加上旅途劳累、时差不适应等因素,会使谈判人员身体状况受到影响;在谈判场所的安排、谈判日程的安排等方面处于被动的地位;己方也要防止对方过多安排旅游景点等活动而消磨谈判人员的精力和时间。到对方地点去谈判必须做好充分的准备,比如摸清领导的意图要求,明确谈判目标,准备充足的信息资料,组织好谈判班子等。

(3)在双方所在地交叉轮流谈判。有些多轮大型谈判可在双方所在地交叉谈判。这种谈判的好处是对双方来说至少在形式上是公平的,同时也可以各自考察对方实际情况。各自都担当东道主和客人的角色,对增进双方相互了解、融洽感情是有好处的。它的缺点是这种谈判时间长、费用大、精力耗费大,如果不是大型的谈判或是必须采用这种方法谈判,一般应少用。

(4)在第三地谈判。在第三地谈判(主客场地以外的地点谈判)对双方的有利因素表现在:在双方所在地之外的地点谈判,对双方来讲是平等的,不存在偏向,双方均无东道主优势,也无作客他乡的劣势,策略运用的条件相当,可以缓和双方的紧张关系,促成双方寻找共同的利益均衡点。对双方的不利因素表现在:双方首先要为谈判地点的确定而谈判,而且地点的确定要使双方都满意也不是件容易的事,在这方面要花费不少时间和精力。第三地点谈判通常被相互关系不融洽、信任程度不高,尤其是过去是敌对、仇视,关系紧张的双方的谈判所选用,可以有效地维护双方的尊严、脸面,防止下不了台。

2. 谈判场景布置

(1)目的与原则。谈判地点选择的总原则是公平、互利。当谈判双方经过协调,选择其中一方所在地作为谈判地点时,按照惯例,所在地一方即谈判的东道主应负责谈判地点的场景布置以及准备与谈判相关的各种物品。此时，作为谈判中的东道主，如果能巧妙地运用“地利”之便，使空间环境因素真正发挥其作用，则可以有效地促进谈判走向成功。东道主对空间因素的利用，首先体现在对于谈判地点和谈判场景的精心选择与巧妙安排上。东道主通过这种精心的选择与安排，创造出一种有利于达成协议和取得谈判成功的气氛，这一点受到中外诸多谈判名家的重视，并且这方面也有很多成功的例证。

谈判场景布置的目的是为了创造出一种有利于达成协议和取得谈判成功的环境和气氛。因此，创造谈判和谐氛围必须适宜，要综合各方面因素周密考虑，不可脱离具体情况妄加渲染，否则，矫枉过正，过犹不及，反而起不到好效果。

(2)谈判场景的布置。集体谈判时最好安排在两个房间，一间作为主要谈判室，另一间是秘密会谈室，有条件再配一间休息室。①主谈室的布置。主谈室作为谈判的主要场地，应当舒适、光线充足均匀，主谈室的会议台通常是长方形或椭圆形，有黑板或投影屏幕作为视觉中心，一般不安装录音、录像设备。②密谈室的布置。密谈室是一间供各方(客队)使用的单独房间，供某一方谈判小组私下内部协商讨论之用，密谈室最好靠近主谈室，室内配有相关桌、椅、文具。③休息室的布置。休息室的布置应该轻松、舒适，以便能使各方放松一下紧张的神经，缓和气氛。室内最好布置一些饮料、水果、植物、盆景、鲜花、简单的娱乐设施。

小案例 2－9

阳光刺眼

有时候，在和谈判对手你来我往之间，常会感到自己置身于不利处境中，一时又说不出为什么。明知是对手故意设计的，用来干扰和削弱我方的谈判力。比如，座位阳光刺眼，看不清对手的表情；会议室纷乱嘈杂，常有干扰和噪音；疲劳战术，连续谈判，并在我方疲劳和困倦的时候提出一些细小但比较关键的改动让你难以觉察。比如，突然的噪音，不良的环境，使人容易疲劳。更甚的是，利用外部环境形成压力，例如，我国知识产权代表团首次赴美谈判时，纽约好几家中资公司都“碰巧”关门，忙于应付所谓的反倾销活动，美方企图以此对我代表团造成一定的心理压力。

遭到“阳光刺眼”策略时，我们应该立即提出拉上窗帘或者更换座位。而我们经常会碍于面子，默默忍受，没有即时提出。

案例解析

不善待对手的做法不符合马斯洛需求理论中生理需求的一点，即谈判手没有得到基本的良好的工作环境。虐待对手的做法尽管不符合谈判的伦理，做得微妙时，对方有时是很难觉察到的。但任何事情都应该掌握一个度，如果我们利用自己的主场故意让对方不舒服，且对方有所觉察的话，那么当我们到对方的主场谈判时，我们可能会面临对方变本加厉的报复。所以这样的做法不是我们所提倡的。

小贴士 2－4

谈判环境的选择

从礼仪要求讲，一般合作式谈判应安排布置好谈判环境，使之有利于双方谈判的顺利进行。

1. 光线。可利用自然光源,也可使用人造光源。利用自然光源即阳光时,应备有窗纱,以防强光刺目;而用人造光源时,要合理配置灯具,使光线尽量柔和一点。

2. 声响。室内应保持宁静,使谈判能顺利进行。房间不应临街临马路,应不在施工场地附近,门窗应能隔音,周围没有电话铃声、脚步声、人声等噪音干扰。

3. 温度。室内最好能使用空调机和加湿器,以使空气的温度与湿度保持在适宜的水平上。温度在20℃,相对湿度在40%~60%之间是最合适的。一般的情况下,也至少要保证空气的清新和流通。

4. 色彩。室内的家具、门窗、墙壁的色彩要力求和谐一致,陈设安装应实用美观,留有较大的空间,以利于人的活动。

5. 装饰。用于谈判活动的场所应力显洁净、典雅、庄重、大方。宽大整洁的桌子、简单舒适的座椅(沙发),墙上可挂几幅风格协调的书画,室内也可装饰适当工艺品、花卉、标志物,但不宜过多过杂,以求简洁实用。

四、谈判座次安排

(一)谈判座次的概念

谈判座次的安排是谈判中一种重要的空间语言。很多研究表明,谈判中座位的安排大有学问,双方是面对面坐着还是采取某种随意的座次安排,反映着不同的意义。谈判座位的安排包括两方面的内容,一是台桌和椅子的大小选择;二是台桌或椅子的相对位置。

桌椅安排应注意的问题:如果谈判较正式,台桌或椅子的安排应给人以平等的感觉;如果谈判是非正式的,台桌或椅子的安排应注意有利于创造和谐的谈判气氛;座位应避免刺眼的光线直射,除非是在审讯的场合;桌面上可根据需要放置一些必要的具有象征意义的物件(如国旗、公司标志、花卉等)或摆放一些饮料;要避免在桌面上放置电话、台钟之类易产生干扰的东西;某些不适宜摆上谈判桌但又必需的东西(文件、资料)可放在谈判桌的下面一层或置于身后的桌上,或交给随同人员保管。排座次、摆名签,一是体现主次之分,根据中国人的传统习惯,一般遵循"左为上,或中为上,或前为上"的原则。如图2—3,当谈判人数为奇数时,1号首长居中,2号排在1号首长的左边,3号排在1号首长的右边,其他按一左一右依次排列;当谈判人数为偶数时,1号、2号首长同时居中,1号首长排在居中座位的左边,2号首长排右边,其他仍按一左一右依次排列。二是便于领导对号入座,避免上台之后互相谦让。

小贴士2-5

谈判座次规则

在国际交往中安排座次,要讲究具体的操作技巧:第一,居中为上。即中央高于两侧。第二,前方为上。即前方高于后方。第三,以右为上。即国际交往惯例,以右为高。第四,以远为上。其实就是以门为参照数。在室内活动,离门越远,位置越高。第五,面门为上。即在室内就座的话,面对房间正门的位置居上。因为面对正门,视野开阔。

（二）谈判座位的安排形式

座位安排对谈判的气氛、双方的交流、内部交流与控制都有影响。有谈判专家得出过这样的结论："人们在房里就座的位置不仅是地位的象征，而且会对探索如何进行意见交换产生策略上的影响，以至于谈判桌的形状和座次安排能代表谈判者所采取的某种特定的谈判方式。"可见，如何安排谈判者的座次，是个很值得研究的问题。

1. 个体之间的谈判座位安排

（1）桌角式安排对谈判者的心理影响。如图 2－1 所示 A—B1。桌角式安排给谈判者带来的心理感受是和善轻松的。这样的位置可以让双方有自由的目光接触，介绍资料方便，而且可以根据需要运用许多姿势。桌角式由于只有桌的一角作为部分屏障，因此这种座位安排没有私人交往空间的分隔感。如果 A 是顾客，B1 作为销售人员采用这种座位安排，有利于创造和谐的气氛。

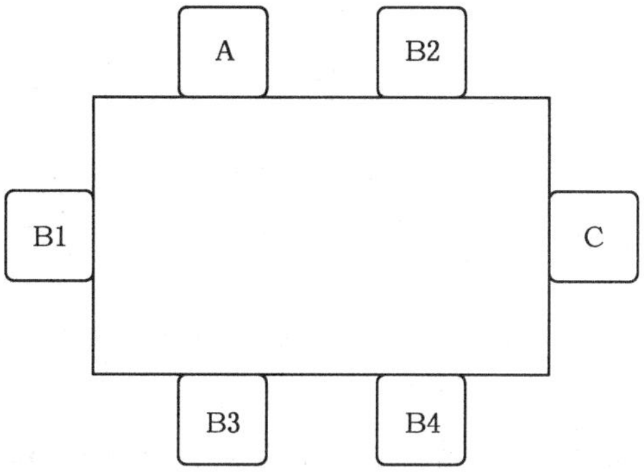

A—B1：桌角式；A—B2：合作式；A—B3：对抗式；A—B4：独立式

图 2—1　个体人员谈判座次

（2）合作式安排对谈判者的心理影响。如图 2－1 所示 A—B2。合作式座位安排给谈判者带来的心理感受是亲切随意的。这种安排最适合于领导与部下之间的谈心、批评、提意见，或朋友之间的会见。B2 可以在 A 不察觉的情况下进入 A 的私人交往空间。由桌角式和合作式安排还可以在介绍第三者加入会谈时起到很好的调谐作用。当要向 A 介绍一位本方的人员 B3 或 B4 加入谈判时，谈判者自己可坐在 B2 或 C 的位置上，好像是站在顾客 A 的立场上，或者站在中立的立场上（心理测试表明 B2 比 C 的效果更好），这种安排亦称作"与对手同一线"。

（3）对抗式安排对谈判者的心理影响。如图 2－1 所示 A—B3。这种安排会给谈判者造成一种竞争的气氛，它极可能暗示着某种对抗的情绪。在外交场合这种安排只是意味着正式、礼貌、尊重与平等；而如果在办公室，A 与 B3 是上下级关系，则地位高的一方可能因此产生优越感，如果下级有意增加上级的优越感（如表示敬仰、请示等），也可以采取这种安排。在谈判中，你必须随时注意对方的心态，使对方感到自在而乐于与你交往，特别是在非正式谈判或会见中，最好不要采取这种座位安排。

（4）独立式安排对谈判者的心理影响。如图 2－1 所示 A—B4。独立式安排常常意味着谈判者彼此之间不想与对方打交道，它预示着尽量疏远甚至敌意，常见于公共场所两个互相不熟悉的人之间。因此，谈判者之间或朋友之间应尽量避免这种安排。

（5）圆桌式安排对谈判者的心理影响。圆桌通常给人以轻松自在感。所以在一些友好的会见场合，一般采取圆桌。圆桌式安排通常能淡化双方的对立气氛，给人以团结一致、亲密无间的心理感受，所以运用在谈判中亦是适宜的。不论方桌还是圆桌，都应注意座位的朝向。一般习惯认为面对门口的座位最具影响力（西方认为这个座位最具权力感，中国人称此为“上座”），而背朝门口的座位最不具影响力（中国人称此为“下座”）。

2. 集体之间的谈判座位安排

（1）双边谈判。双边谈判多采用长方形或者椭圆形的谈判桌。无论是长桌还是圆桌，都应该注意座位的朝向。习惯上，面对门口的座位最有影响力。谈判中，最好的入座方法就是提前将双方职位的高低摆上名牌，谈判双方之间对号入座。

双边谈判桌座次的排列可以分为以下四种：第一种横桌式。横桌式座次排列是谈判桌在谈判室内横放，客方人员面门而坐，主方人员背门而坐，如图 2－2。除双方主谈者居中就座外，各方的其他人士则应依其身份的高低，各自先左后右、自高而低分别在己方一侧就座。双方主谈者的右侧之位，在国内谈判中可坐副手，而在涉外谈判中则应有译员就座。

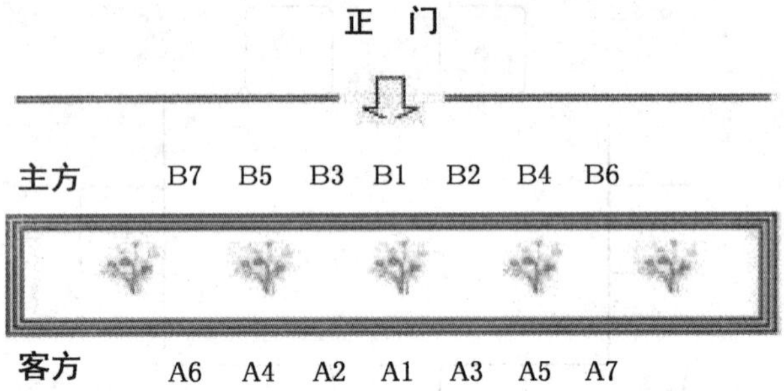

注：A 为上级领导或来宾席，B 为主方席；当 A 为外宾时，A3 与 B3 分别为客方与主方译员。

图 2—2 横桌式谈判座次

第二种竖桌式。竖桌式座次排列是谈判桌在谈判室内竖放。集体排位时以进门时的方向为准，右侧由客方人士就座，左侧则由主方人士就座，如图 2－3。在其他方面，则与横桌式排座相仿。

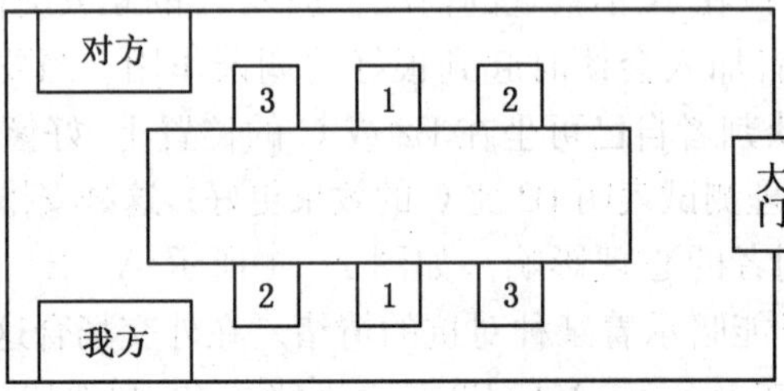

图 2—3 竖桌式谈判座次

双边谈判时位次排列细节注意：①谈判桌准备，选择使用长桌或椭圆形桌子，宾主应分坐于桌子两侧。②横放谈判桌，面对正门的一方为上，应属于客方；背对正门的一方为下，应属于主方。③竖放谈判桌，应以进门的方向为准，右侧为上，属于客方；左侧为下，属于主方。④主谈判座次，各方的主谈人员应在自己一方居中而坐。

例如，我方谈判人员安排：采购部经理、财务部人员、法律顾问；对方谈判人员安排：销售业务代表、财务部人员、法律顾问。在竖桌式谈判中，我方谈判人员座位安排：1 号位是采购部经理,2号位是财务部人员,3号位是法律顾问。我方采购部经理主要负责统筹我方本次谈判的全过程,负责服装订购的数量、质量、款式、价格、交货期、付款期等方面,并负责与对方签订合同;而财务部人员则针对对方开出的价格,经过可行性分析,为采购部经理的决策提供一定的财务依据;法律顾问则是审查合同条款,审查条款中是否有与合同法相悖的地方以及一些不合理的地方。对方谈判人员座位安排:1号位是销售业务代表,2号位是财务部人员,3号位是法律顾问。对方销售业务代表主要负责对方此次谈判的全过程,负责买方提出的要求,与买方进行磋商以及与买方签订合同等方面;对方财务人员则针对对方的生产成本、盈利状况等因素制定出合理的服装价格;对方法律顾问则审查合同条款的合法性,以及其中是否有不合理的地方。

第三种圆桌式,圆桌式谈判的座次安排如图2—4,其优点是便于谈判人员交换意见和沟通彼此的思想感情。

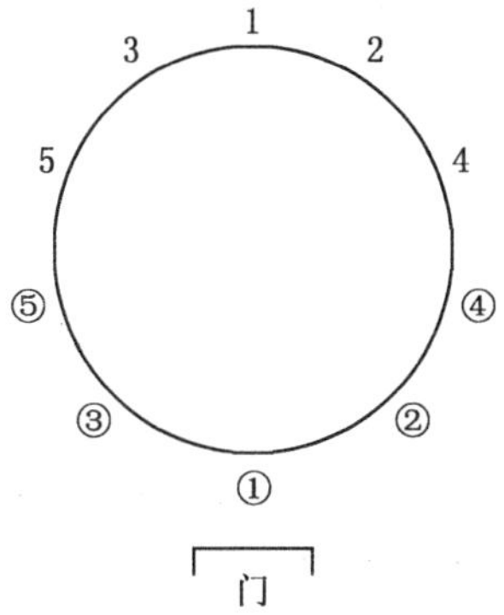

注:①②③④⑤代表主方,1/2/3/4/5代表是客方。

图2—4　圆桌式谈判的座次

第四种无桌式或U形式,在无桌式谈判中,双方谈判人员通过围绕U形排列沙发来坐着谈判,如图2—5,主方与客方分坐左右两侧,客方坐在左侧,主方坐在右侧。这种座次安排适合于双方比较了解、关系比较融洽的情形,有利于融洽关系,活跃谈判气氛,减少对立情绪。谈判双方初次见面时一般采取这种形式。

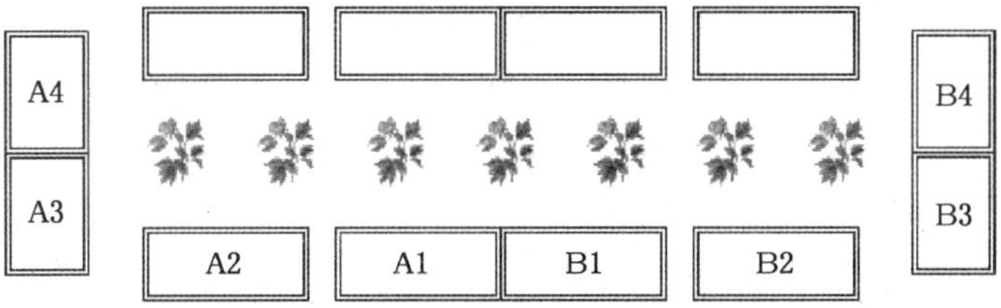

注:A为主方人员,B为客方人员。

图2—5　无桌式谈判座次

小贴士2—6

不同谈判桌座次各异

长方形谈判桌。这种会议桌适用于内部会议或者双边谈判的现场。进行内部会议时,职务最高的人应该位于短矩形边的一侧，并且应该面门而坐。进行双边谈判时，双方可分别坐于桌子长边的两侧。各方职位最高者应在己方居中的位置，职位排在第二位的人坐在他的右边，第三位者坐左边，依次排列。

椭圆形谈判桌。适用于内部会议，职务最高的人应该位于椭圆形会议桌的一头。

圆形会议桌。适用于回避座次概念的内部会议或者多边谈判。圆桌会议刻意体现与会人员平等互利的原则，淡化了尊卑概念。但在入座时，按照国际惯例，各方与会人员应该尽量同时入场。

(2)多边谈判。多边谈判是由三方或三方以上人士所举办的谈判。多边谈判的座次排列，主要也可分为两种形式：一种是自由式。自由式座次排列，即各方人士在谈判时自由就座，而无须事先正式安排座次。另一种是主席式。主席式座次排列，是指在谈判室内，面向正门设置一个主席位，由各方代表发言时使用，其他各方人士，则一律背对正门、面对主席之位分别就座。各方代表发言后，亦须下台就座。

(三)商务谈判的座次礼仪

1. 谈判前的准备礼仪

首先，要注意谈判时间的选择。谈判时间要经双方商定而不能一方单独做主，否则是失礼的。要选择对己方最有利的时间进行谈判。避免在身心处于低潮时、在连续紧张工作后、在不利于自己的市场行情下进行谈判。其次，要注意谈判地点的选择。谈判地点最好争取在自己熟悉的环境内。若争取不到，至少也应选择在双方都不熟悉的中性场所。如要进行多次谈判，地点应该依次互换，以示公平。第三，要注意谈判人员的选择。一般来说，谈判队伍由主谈人、助手、专家和其他谈判人员组成。谈判人员与对方谈判代表的身份、职务要相当。谈判人员的素质、修养和仪表形象始终是一种信息，会与谈判的实质内容一起传递给对方，并相互影响，相互感染。第四，要注意搜集信息资料。凡是与商务谈判主题有关的情况，都要进行客观的调查研究，以便掌握大量的信息资料，在谈判中掌握主动权。信息资料的准备，主要包括评估对方实力，掌握主题行情；弄清对方的文化背景和社会习俗，掌握对方政法制度等。

2. 谈判过程中的礼节

举行正式谈判时，谈判者尤其是主谈者的临场表现，往往直接影响到谈判的现场气氛。在整个谈判进行期间，每一位谈判者都应当自觉地保持风度，礼待对手。第一，心平气和。在谈判桌上，每一位成功的谈判者均应做到心平气和，处变不惊，不急不躁，冷静处事。既不故意惹谈判对手生气，也不自己找气来生。第二，争取双赢。谈判往往是一种利益之争，因此，谈判各方无不希望在谈判中最大限度地维护或者争取自身的利益。然而，从本质上讲，真正成功的谈判，不应当以“你死我活”为目标，而应当以妥协，即有关各方的相互让步为其结局，使有关各方互利互惠，互有所得，实现双赢。第三，讲究礼貌。在谈判过程中，谈判者应该待人谦和，彬彬有礼，对谈判对手友善相待。即使与对方存在严重的利益之争，也切莫对对方进行人身攻击，恶语相加，讽刺挖苦，不尊重对方的人格。第四，人事分开。要正确地处理己方人员与谈判对手之间的关系，做到人与事分别而论，对事不对人。为了达成协议促成交易，双方可以据理力争，也可以直言反驳，但不能偏离轨道甚至发展成人身攻击或人格侮辱，不能谈判成功是朋友，谈判失败成敌手。第五，求同存异。在磋商中，发言措辞应礼貌文明，准确慎重。同时，注意从对方的立场回顾己方的要求和条件，并作出适当幅度的让步，以求大同存小异。实在谈不下去或僵持不下时，要竭力克制，或暂时转移焦点，或适当借助幽默来缓和气氛，再继续谈判。总之，在力求一致的基础上，在双方和谐友好的气氛中进行谈判。

3. 签字仪式

商务谈判最后的阶段是签字仪式。从礼仪上来讲，举行签字仪式时，一定要郑重其事，认认真真。其中最为引人注目的，当属举行签字仪式时座次的排列方式问题。一是并列式，如图 2—7，是举行双边签字仪式时最常见的形式。它的基本做法是签字桌在室内面门横放。双方出席仪式的全体人员在签字桌之后并排排列，双方签字人员居中面门而坐，客方居右，主方居左。二是相对式，与并列式签字仪式的排座基本相同。二者之间的主要差别，只是相对式排座将双边参加签字仪式的随员席移至签字人的对面。三是主席式，主要适用于多边签字仪式。其操作特点是签字桌仍须在室内横放，签字席仍须设在桌后面对正门，但只设一个，并且不固定其就座者。举行仪式时，所有各方人员，包括签字人在内，皆应背对正门，面向签字席就座。签字时，各方签字人应以规定的先后顺序依次走上签字席就座签字，然后即应退回原处就座。

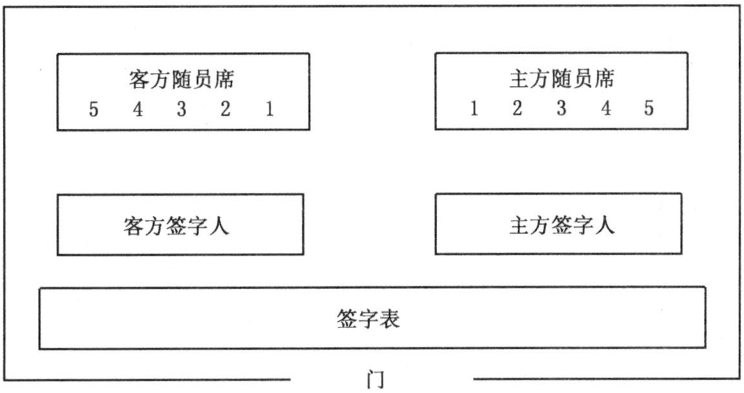

图 2—7　并列式签字座次

五、商务谈判后的管理

（一）商务谈判工作总结

谈判总结是谈判结束后，对谈判过程中本方的组织工作、谈判的准备工作、确定的谈判目标、谈判的策略、谈判的技巧进行的反思和再评价，总结本方成败的经验、得失、有待改进之处，对今后的谈判工作起到指导作用。必要时还需对谈判对手进行分析和总结，以便培养和提高本方谈判人员的能力。

（二）与签约方保持联系

签约只是商谈的结束而不是双方关系的终结，恰恰相反，它是双方关系新阶段的开始。为确保履约（特别是出口商），应有专人（商务人员非谈判人员）负责与对方保持经常的、主动的联系，必要时谈判人员个人应与对方谈判人员保持良好的私人交往。

（三）谈判资料的保存

商务谈判结束后，形成的所有资料，如文字、表格、图片、视频等，以及总结，应分类归档，并妥善保管，以便履约、备查。必要时注意保密，对于非相关人员，未经许可不得借阅和复制。

小 结

团队管理是商务谈判取得成功的重要组织保障，在组建商务谈判团队时，要遵循结构合理、规模适度和分工明确等原则。合理的谈判队伍规模不是绝对的，必须根据具体情况来确定。组建起谈判团队后，要注意团队分工，一个谈判团队需要有团队负责人、主谈人、辅谈人及其各自的分工、职责，谈判人员可根据谈判需要而变更，同时，要协调好团队中主谈与辅谈的分工与配合、“台前”和“幕后”的分工与配合。

谈判队伍的管理包括谈判队伍负责人对谈判团队的直接管理和高层领导对谈判过程的宏观管理。

要实现谈判目标，需要组建一支优秀的谈判人员队伍，优秀的谈判人员需要具有基本素质、知识结构、能力结构和谈判经验等。谈判人员的基本素质泛指忠于职守、平等互惠、团队意识、性格、心理素质、身体素质、注重礼仪礼节和丰富的经验等。一个理想的商贸谈判者必须掌握经济学、民俗学、行为科学、地理知识、心理学等丰富的基础知识。同时，具备必要的商贸理论和经济理论知识，掌握商贸谈判的有关理论和技巧，熟悉商品学、市场营销学、经营策略、商品运输、贸易知识、财务经营管理知识等，熟悉并了解本专业范围内的产品性能、维修服务、成本核算等专业知识，精通各国文化习俗和谈判思维，精通 WTO 规则，能够解决贸易争端，善于组织国际商务谈判。谈判人员更应该具备敏锐的洞察力、自控力、灵活的现场组织与调控能力、坚定不移的毅力和忍耐力、社交能力和表达能力、逻辑思维和判断能力、创新能力等。

谈判时间的选择应该注意以下几点：选择谈判时间应保证谈判人员能准时到达谈判地点；避免谈判人员身心处于低潮时进行谈判；不要在最急需某种商品或急待出售某种产品时进行谈判，要有一个适当的提前量，要选择对自己有利的时机。

谈判地点有主场、客场和中立地点，最好能选择己方熟悉的主场作为谈判场所。如果争取不到主场，则至少应选择一个双方都不熟悉的中立地点，以减少由于无场地优势而导致的不利影响。如果谈判要进行多次，那么谈判地点应该依次互换，以示公平。

谈判座次的安排对谈判的影响很大，会影响谈判的气氛、内部人员之间的交流，以及谈判双方工作的便利性和谈判的效率。谈判组织可以根据谈判会场的布置状况去判断主方对本次谈判的重视程度和诚意。因此，谈判座次的安排也要遵循国际惯例，研究礼节。

商务谈判结束后，还需要对本次谈判进行总结，发现不足，总结经验，为下次谈判开展做好准备与部署。无论谈判签约了还是没有签约，后期还要继续与对方保持联系，并保存好谈判资料。

练 习

一、名词解释

1. 主谈人
2. 谈判观念
3. 谈判座位
4. 主席式座次

二、选择题

1. 谈判团队组建的原则是(　　)。

A. 结构合理　　B. 规模适度　　C. 分工明确　　D. 统一指挥

2.(　　)都是谈判能否达到预期目标的关键人物。

A. 谈判团队负责人　　B. 主谈人　　C. 辅谈人　　D. 其他人员

3. 谈判人员应具备的良好心理主要有(　　)。

A. 自信心　　B. 懂得尊重　　C. 坦诚的态度　　D. 能够承受压力

4. 谈判双方初次见面时一般采取(　)座次安排。

A. 横桌式　　B. 竖桌式　　C. 圆桌式　　D. 无桌式

5. 谈判座位的安排包括(　　)等方面的内容。

A. 台桌的大小　　B. 椅子的大小　　C. 台桌的相对位置　　D. 椅子的相对位置

6. 你是一家光缆供应商,想与本地有线电视台老板约会。对方总是以太忙为由难以安排。几经延迟,对方叫你在当天晚上马上去机场办票处,在他等待办理登机手续的时间里与你见面。这对你是一个难得的机会!他边向办票柜台走边与你交谈,可以与你签订一份够你的公司生产半年的光缆供货合同,要你开一个"最好价"。这时你是(　　)。

A. 在他进入安检门之前开出你的最低价以便能挤进门里去

B. 开出比最低价略高一些的价码

C. 开个高价但留下讨价还价的余地

D. 祝他旅途愉快

7. 你打算用自己多年的积蓄,加上银行的贷款买一架小型喷气机,自己开一家航空快运公司。有家公司专卖你所需型号的新、旧飞机,其办公室设在曼哈顿世界贸易中心大楼的第72层。公司总裁的办公室巨大无比,简直像个飞机库。一位衣着典雅的绅士坐在长达20英尺的桃花心木制办公桌后面。其身后墙上悬挂的毕加索画确为原作无疑。地板上铺有厚厚的纯毛地毯。房间的一角摆有一座精美的雕塑,另一角有一泓喷泉在静静地喷洒。这时,你是(　　)。

A. 觉得定能做成价格相宜的生意　　B. 等着瞧

C. 看这气势,不出高价不行　　D. 一定要做成

三、判断题

1. 主谈人是谈判团队的核心,直接关系谈判的成败。(　　)

2. 在商务谈判中,主谈人应该在谈判的全过程中自始至终、一成不变地都由一人担当。(　　)

3. 谈判总是要在某一个具体的地点展开的。(　　)

4. 签约只是商谈的结束而不是双方关系的终结,恰恰相反,它是双方关系新阶段的开始。(　　)

5. 竖桌式座次安排便于谈判人员交换意见和沟通彼此的思想感情。(　　)

四、简答题

1. 在确定谈判队伍规模时,需要考虑哪些因素?

2. 在己方地点谈判,能获得哪些优势?

3. 主谈室应如何布置?

4. 圆桌式安排如何影响谈判者的心理?

5. 作为"金盘饮料公司"的谈判代表,到对方所在地谈判,你应该注意些什么问题?如何使"客场"谈判的不利因素减到最少?

案例分析

代理地位谈判

中国某公司与美国公司谈判投资项目。其间双方对原工厂的财务账目反映的原资产总值有分歧。

美方：贵方财务报表上有模糊之处。

中方：贵方可以核查。

美方：核查也难，因为被查的依据就不可靠。

中方：贵方不应该空口讲话，应有凭据证明查账依据不可靠。

美方：所有财务凭证均系贵方工厂所造，我作为外国人无法一一核查。

中方：那贵方可以请信得过的中国机构协助核查。

美方：目前尚未找到可以信任的中国机构帮助核查。

中方：那贵方的断言只能是主观的不令人信服的。

美方：虽然我方没有法律上的证据证明贵方账面数字不合理，但我们有经验，贵方的现有资产不值账面价值。

中方：尊敬的先生，我承认经验的宝贵，但财务数据不是经验，而是事实。如果贵方诚意合作，我愿意配合贵方查账，到现场一一核对物与账。

美方：不必贵方做这么多工作，请贵方自己纠正后，再谈。

中方：贵方不想讲理？我奉陪。

美方：不是我方不想讲理，而是与贵方的账没法说理。

中方：贵方是什么意思，我没听明白，什么"不是、不想；而是、没法"？

美方：请原谅我方的直率，我方感到贵方欲利用账面值来扩大贵方所占股份。

中方：感谢贵方终于说出了真心话，给我指明了思考方向。

美方：贵方应理解一个投资者的顾虑，尤其像我公司与贵方诚心合作的情况下，若让我们感到贵方账目有虚占股份之嫌，实在会使我方却步不前，还会产生下愉快的感觉。

中方：我理解贵方的顾虑。但在贵方心理恐惧面前，我方不能只申辩这不是"老虎账"，来说它"不吃肉"。但愿听贵方有何"安神"的要求。

美方：我通过与贵方的谈判，深感贵方代表的人品，由于账面值让人生畏，不能不请贵方考虑修改问题，或许会给贵方带来麻烦。

中方；为了合作，为了让贵方安心，我方可以考虑账面总值的问题，至于怎么做账是我方的事。如果，我没理解错的话，我们双方将就中方现有资产的作价进行谈判。

美方：是的。

问题：

1. 上述谈判中，双方均运用了哪些语言？

2. 双方的语言运用有何不妥之处？

3. 如果你作为美方或中方代表会怎么谈？

实训操作

选定谈判地点布置谈判场地

1. 实训目的

通过本次实训，了解商务谈判中选择谈判地点及布置谈判场地的原则。

2. 实训要求

掌握在跨专业综合实训软件购买谈判中的地点选择方法及布置场地的技巧。

3. 实训材料

纸张、笔、学院及学校会议室分布与布置情况等。

4. 实训步骤

(1)分组，仍以原先分组为单位。

(2)分析购买跨专业综合实训软件所需参与的人员，以及卖方可能参与的人员。

(3)根据购买软件特点，确定谈判人员的分工。

(4)双方协商参与谈判人员数量，选择谈判场地。

(5)根据谈判需要，选择具体的谈判场所并布置好谈判场地。

5. 成果与检验

每位学生的成绩由两部分组成：学生实际操作情况(50%)和分析报告(50%)。

实际操作主要考查学生选择谈判地点及布置谈判场地的实际动手操作能力；分析报告主要考查学生根据资料分析，描述选择谈判地点及布置谈判场地的合理性，分析报告建议制成PPT。

任务三　制定商务谈判方案

【任务目标】

1. 掌握商务谈判目标的确定；
2. 掌握商务谈判环境及信息收集的内容；
3. 掌握商务谈判方案的制定；
4. 了解模拟商务谈判的作用、任务和方法，以及应注意的问题。

【任务导入】

耿院长组建购买跨专业综合实训软件的谈判团队后，下一步最为重要的工作，就是组织谈判团队成员，进行内部沟通，以便根据学校和学院两级的思路和目标，确定软件购买谈判目标。然后根据谈判目标，根据组织分工，来收集谈判所需要的相关信息内容，并采取相关的方法进行分析，以便在谈判中取得主动权。当然，在与软件厂家进行谈判之前，应该根据谈判的目标、谈判的内容等，制定一个有效的谈判方案，指导谈判活动的执行，并在可能的条件下，在学校内部模拟一次谈判过程，让相关参与人员指出其中的不足，并提出相应的建议，为成功实现软件采购目标奠定基础。

【任务分析】

组建谈判团队后，就可以开展谈判方案的制定工作了。一个初步的谈判方案应该在谈判团队确定的基础上，按照常用的管理计划制定的“6W2H”方法来实施，在任务二已经介绍了谈判团队组建、分工与配合，谈判地点、时间、场景布置等方面的内容，在本次任务中，主要围绕谈判目标确定、谈判环境分析、谈判信息收集与分析等内容来完善谈判方案，并能创造条件进行一次模拟谈判，为成功购买最为理想的跨专业综合实训软件奠定坚实基础。

【知识精讲】

一、确定商务谈判的目标

商务谈判目标总是以某种利益的满足为目的，是建立在人们需要的基础上的一种协调行为的过程，这是人们进行商务谈判的动机，也是商务谈判产生的原因。谈判目标指明了谈判的方向、所要达到的目的和企业对本次谈判的期望水平。商务谈判的目标主要是以满意的条件达成一笔交易，确定正确的谈判目标是保证谈判成功的基础。谈判目标是一种在主观分析基础上的预期与决策，是谈判所要争取和追求的根本因素。根据谈判过程及其难易程度，谈判目标可有最优期望目标、实际需求目标、可接受目标和最低目标等四个层次。

（一）最优期望目标

最优期望目标也称为最高目标，是对谈判者最有利的目标。实现这个目标可以最大化地满足己方的利益，当然也是对方所能忍受的最高程度。最高目标是一个点，超过这个点，则常常要冒谈判破裂的风险。在商务谈判实践中，最优期望目标一般是单方面可望而不可即的，对谈判者最有利的理想目标，通常难以实现。因为商务谈判是各方进行利益均衡的过程，没有哪一方会单方面做出最大利益让给对方。同样，任何一方谈判者也不可能指望在每次谈判中都大获全胜。尽管如此，确定最优谈判目标还是很有必要的，一是谈判进程开始的话题，可以让谈判人员清楚谈判结果与最终目标存在的距离，尽最大努力争取尽可能多的利益；二是以最优期望目标为谈判起点，有利于在谈判中获得更好的结果。如在资金借贷谈判中，资金需求方为了购买住房实际需要借 40 万元，但在借钱开始，借方经过各方面的衡量，可能开口需要借 60 万元。这 60 万元就是借方的最优期望目标，这个数字比实际需要借款 40 万元多 20 万元。但是贷方不会做出立刻提供 60 万元贷款的承诺，而是根据自己具有现金状况以及掌握对方的信息，为了使谈判主动权掌握在自己手中，就故意压低贷款额，只同意提供 30 万元。经过双方几轮的讨价还价，最后结果既不是 60 万元，也不是 30 万元，可能是 40 万元，这样正好满足借方的需求。如果一开始借方不是提出 60 万元，或贷方不提出 30 万元，资金借贷谈判就无法进行了。

（二）实际需求目标

实际需求目标是指谈判各方根据主客观条件，综合考虑各方面的情况，经过科学论证、预测和核算后纳入谈判计划的谈判目标。这是谈判者调动各方面的积极性，使用各种谈判手段努力达到的目标。实际需求目标也是一个点，如上面提到的 40 万元就是实际需求目标。这个层次目标具有的特征有：一是实际需求目标是秘而不宣的内部机密，一般只在谈判过程中的某个微妙阶段才提出；二是实际需求目标是谈判者坚守的最后防线，如果达不成这一目标，谈判可能陷入僵局或暂停，谈判各方内部需要讨论对策；三是实际需求目标一般由谈判对手提出，而己方对谈判目标的实现程度可适当作出调整；四是实际需求目标关系到谈判方主要或全部经济利益，如上面的例子中，如果资金借方借不到 40 万元，就无法购买住房，从而得不到自己心仪的商品房，改善自己的住房条件。因此，实际需求目标对谈判者具有强大的驱动力。

（三）可接受目标

可接受目标是指在谈判中可争取或作出让步的可交易范围，是经过综合权衡、满足谈判方部分需求的目标，对谈判双方都有较强的驱动力。在商务谈判实战中，可通过努力来实现。但要注意的是不要过早暴露，被对方否定。这个目标具有一定的弹性，谈判中都抱着现实的态度。如在上面例子中，若资金贷方由于某种原因只能提供 30 万元，就不能满足资金借方的实际需求。这种情况常有发生，谈判者在谈判前需要制定谈判方案，应充分考虑到这种情况的出现并采取相应的措施。可接受目标具有的特征有：一是可接受目标是谈判人员根据各种主客观因素，经过科学论证、预测和核算之后所确定的谈判目标；二是己方可努力争取或作出让步的范围；三是可接受目标实现意味着谈判成功。

(四)最低限度目标

最低限度目标是通常所说的底线,是最低要求,也是谈判方必定要达到的目标,是作出让步后必须保证实现的最基本的目标。如果最低限度目标达不到,一般谈判方宁愿谈判破裂或放弃谈判,也不降低这一标准。最低目标与最优期望目标有着内在的必然联系。在商务谈判中,表面上开始报价很高,提出最优期望目标;但它是一种策略,用于确保最低目标、可接受目标和实际需要目标。经过讨价还价,双方最终达成一个超过最低目标的目标。如果没有最低目标作为心理安慰,一味追求最高目标,常常会带来僵化的谈判策略,不利于谈判的推进。一般来说,最低目标低于可接受目标,可接受目标在实际需求目标与最低目标之间,是一个区间值。如上例,如果最低目标设定为30万元,可接受目标就在30万元至40万元之间。最低限度目标是谈判方的机密,一定严格防护。最低限度目标具有的特征有:一是谈判者必须达到的目标;二是谈判的底线;三是受最高期望目标的保护。

上述四个层次的目标共同构成一个整体,但各有各的作用。谈判者要在谈判前根据实际情况认真规划,确定目标,不能凭空设想。谈判目标的确定是一项非常关键的工作,在确定谈判目标时,应该注意下列问题:一是谈判目标应具有合法性,即谈判目标符合相关的法律准则和道德规范。二是谈判目标应具有实用性,即制定的谈判目标可以谈和能够谈。谈判双方要根据各自的经济能力和条件进行谈判,确定的谈判目标要具有实用性。三是不能盲目乐观地将全部精力放在争取最优期望目标上,而很少考虑谈判过程中会出现的种种困难,造成束手无策的被动局面。谈判目标要有一点弹性,定出上、中、下限目标,根据谈判实际情况随机应变、调整目标。四是最优期望目标不仅有一个,可能同时有几个目标,在这种情况下就要将各个目标进行排队,抓住最重要的目标努力实现,而其他次要目标可让步,降低要求。五是己方最低限度目标要严格保密,除参加谈判的己方人员之外,绝对不可透露给谈判对手,这是商业机密。如果一旦疏忽大意透露出己方最低限度目标,就会使对方主动出击,使己方陷于被动。

二、收集谈判所需的信息

"知己知彼,百战不殆",在商务谈判中,掌握全面、准确、及时的信息是谈判者选择和确定谈判对象的基础和前提,是谈判方沟通的纽带,是制定谈判战略与策略的依据,是控制谈判过程,掌握主动权的保证。因此,在谈判各方,谁掌握的信息更全面、准确,谁就掌握谈判的主动权,谁就有了赢得谈判成功的基本保证。国际著名谈判大师基辛格说过,谈判的秘诀在于知道一切、回答一切。由此可见信息在谈判中的重要作用。

小案例3-1

我国某厂与美国某公司进行设备购买谈判时,美商报价198万美元,我方没有还盘,美方降至138万美元,我方仍未还盘。美方诈怒,扬言再降15万美元,123万美元不成交就回国。我方代表因掌握美方交易历史情报,所以不为美方威胁所动,坚持再降。第二天,美商果真回国,我方毫不吃惊。果然几天后,美方代表又回到中国继续谈判。我方代表亮出在国外获取的情报,美方在2年前以98万美元将同样设备卖给匈牙利客商。情报出示后,美方以物价上涨等理由解释一番后将价格降至合理水平。

（一）商务谈判信息的主要内容

谈判信息是指那些与谈判活动有着紧密联系的各种情况及其属性的一种客观描述。不同的谈判信息对谈判活动的影响作用是不同的，有的起着直接作用，有的起着间接作用。

1. 己方信息

（1）经济实力的评价。己方经济实力包括当前形势及环境状况、己方产品状况、财务状况、销售状况、采购状况、经营场地及设备、广告策略、服务项目等。己方经济实力的评价可以从己方经济组织的计划、经营、财务、履约等方面进行。掌握己方经济实力评价的信息，在商务谈判中能有针对性地发挥己方拥有的优势，有备无患。当对方在谈判中提出有关问题时做到心中有数，从容应对。

（2）谈判策略与目标。己方谈判策略与目标包括此项谈判己方的最大让步限度、最高的目标、实现目标的最佳方案和预备方案、商务谈判的策略和准备使用的战术措施等。

（3）谈判人员的心理准备。商务谈判人员必须做好充分的心理准备，一是要有遇到强硬对手的心理准备。二是要有进行“马拉松式”谈判的心理准备。在设计谈判方案时，应尽量把困难考虑得多一些，把谈判过程考虑得复杂一些，把谈判时间考虑得长一些。三是做好谈判破裂的心理准备，以便应付各种突然的变化，事先准备好应对各种变化的预备方案。

（4）谈判的有关资料。对本次谈判的资料要在谈判前进行充分的收集、整理和分析。同时，必须携带谈判中可能需要的各种资料，包括产品的价格表、产品目录、产品样本等。

2. 对方信息

（1）经济实力和资信。对方的经济实力和资信包括对方的财务状况、流动资金状况、盈亏状况以及经营管理状况、产品的生产销售服务状况、合同的履约情况、收付款期限和方式、竞争对手的市场目标和竞争方式等。掌握对方的经济实力与资信信息，才能确定交易的可能规模，判定是否与对方建立长期的商务关系。

小案例 3－2

苏州某公司听说南非是一个诱人的市场，便希望自己的产品打进南非市场。为了摸清合作伙伴的情况，公司决定组团到南非进行实地考察。到达南非后，对方立即安排他们与南非公司的总经理会面，会面地点被安排在一个富丽堂皇的大饭店里。考察团在电梯门口遇到一位满面笑容的执行员，她将考察团引入一间装修豪华、配备有现代化装置的房间。坐在皮椅上的总经理身材肥胖，手中夹着雪茄，脸上一副自信的表情，谈话时充满了激情。他侃侃而谈公司的情况、经营方略以及公司未来的打算。总经理的介绍和他周围所有的一切都深深打动了考察团，他们深信这是一个可靠和财力雄厚的合作伙伴。考察团回国后，马上发去了第一批价值100多万美元的货物，然而，该批货物如同肉包子打狗再也没有了音信。公司只好再派人去调查，此时才发现他们掉进了一个精心设计的圈套里。那位肥胖的“总经理”原来是当地的一个演员，在电梯门口招呼他们的女招待才是真正的总经理，而陈设精良的接待室不过是临时租来的房间。待真相大白之后再寻找这家公司才知道它已宣告破产。

（2）真正的需求。对方真正的需求包括此次谈判的真正目的，通过谈判想要达到的目的和可能接受的最高、最低交易条件等。当然，对方的需求可能有许多方面。所以，还要分析对方需求的差异性，掌握对方真正需求的信息，才能有针对性地采取各种策略，有针对性地围绕对方的需求和交易条件进行协商，促使交易成功。

(3)谈判人员的权限。如果对方参加谈判的是主要决策人物，说明其很重视此次谈判。如果对方参加谈判的人员地位较低，我方就应了解对方是否得到授权以及在多大程度上能够独立作出决定等。在商务谈判中要切记，与没有任何决定权的人谈判等同于浪费时间，而且可能会泄露己方的商业信息。

(4)谈判的诚意。判断对方谈判的诚意，需要了解对方是否将己方视为唯一的谈判对手，对方对己方的评价和信任程度等。掌握这些信息可以更好地设计商务谈判方案，争取主动。

(5)谈判的期限。谈判期限的压力常常迫使谈判者不得不采取快速行动，甚至立即作出决定。掌握这些信息，可以利用对方的压力促使对方接受有利于己方的条件。所以，实战中我们强调一般不能事前泄露谈判的期限。

(6)谈判的风格。谈判的风格是谈判人员在多次商务谈判中反复表现出来的一贯风格，包括个人的性格、品德、价值取向、经验和情绪等。了解对手的谈判风格，有助于己方更好地采取相应的对策，争取有利地位。

小案例 3－3

中国某公司与日本某公司谈判某项交易。在谈判开始后，双方人员彼此做了介绍，并马上投入了技术性的谈判。中方商务人员利用谈判休息时间，对日方技术人员表示赞赏："您技术熟悉、表述清楚，水平不一般，我们就欢迎这样的专家。"该技术人员很高兴，表示他在公司的地位很重要，知道的事也多。中方商务人员顺势问道："贵方主谈人是你的朋友吗？""那还用问，我们常在一起喝酒，这次与他一起来中国，就是为了帮助他。"他回答得很干脆。中方又挑逗了一句："为什么非要你来帮助他，没你就不行吗？"日方技术员迟疑了一下："那倒不是，但这次希望他能成功，这样他回去就可晋升部长职务了。"中方随口跟上："这么讲我也得帮助他了，否则，我将不够朋友。"

通过这番谈话，中方断定对方主谈人为了晋升，一定会全力以赴要求谈判的良好结果。于是，在谈判中巧妙地加大压力，谨慎地向前推进，成功地实现了目标，也给了对方某种满足。

3. 市场信息

(1)市场分布。市场分布情况包括有关商品购销的市场分布、地理位置、运输条件、市场的配套设施和相关的政策和法规等。

(2)市场需求。市场需求情况包括有关商品的市场容量、消费者的数量及构成、消费的需求特点、需求的波动情况、商品的需求趋势、用户的要求等。

(3)市场供给。市场供给情况包括商品的生产状况、可供市场销售的商品量、商品的库存情况、运输能力及变化、商品的进出口情况、替代产品的情况等。

(4)市场销售。市场销售情况包括有关商品的市场销售量、市场份额、销售价格、商品的寿命周期、经销途径、促销措施与效果等。

(5)市场竞争。市场竞争情况包括竞争对手的数量、竞争产品的质量和成本、竞争对手的市场占有率和营销策略、竞争对手的销货渠道和采购途径等。

4. 竞争者信息

(1)现有竞争者情况。现有竞争者情况包括现有竞争对手的产品情况、产品的数量、品种、性能、包装等方面的优缺点；现有竞争对手的价格情况，如价格策略、让价的措施、付款方式；现有竞争对手的销售途径，如有关销售网点、储运能力；现有竞争对手的信用情况，如企业的成长史、履约、资信等级；现有竞争对手的促销措施，如人员推销、广告宣传、营业推广、公共关系等。对现有竞争者情况的分析，可以让我方清楚地知道双方的优势和劣势对比，并制定出相应的竞争策略。

(2)未来竞争者情况。未来竞争者情况是指未来可能出现的竞争情况，包括可能出现的竞争对手、替代产品等，也包括本行业的市场特点和将来的发展趋势。分析未来竞争者的情况，有利于让己方明白将来面临的机遇和挑战，有利于让己方正确认识在竞争中所处的地位，把握谈判的主动权。

5. 相关环境信息

(1)政治状况。主要是掌握和了解对商务谈判产生影响的国家和地区的有关方针、政策、法令等。具体包括，一是对方国家和地区政府与经济组织的关系，包括国有资本介入企业的程度、国家对企业的干预方式、谈判项目是否与政府有关等；二是对方国家和地区政局的稳定状况，包括政府首脑机构的更替、政治体制的改变、社会动荡或战争爆发、政府经济政策的变化、国家关系的发展变化等。

(2)宗教信仰。主要掌握和了解对方国家和地区占主导地位的宗教信仰，该宗教信仰是否对政治、经济、法律、社会交往、个人行为、节假日、工作时间等产生重大影响，这些对谈判也很重要。

(3)法律制度。主要了解该国的法律制度是什么；在现实生活中，法律的执行程度如何；该国法院受理案件的时间长短；该国对执行国外的仲裁决议或法院的判决时需要履行什么程序；该国是否有完全脱离谈判对手的可靠的律师等等。

(4)社会习俗。谈判者必须了解和尊重对方国家和地区的社会风俗习惯，社会习俗会对人们的行为产生影响和约束力，己方必须利用这些社会习俗为己方服务。例如，该国和地区的人们在称呼和衣着方面的社会规范和标准如何？是否只能在谈判桌上谈业务？社交场合娱乐活动的习惯有哪些？妇女的地位如何？赠送礼品有哪些习俗？对待名誉、批评的态度如何？

(5)商业惯例。商业习惯的不同会使商务谈判在语言使用、礼仪、效率、报价、投票重点等方面存在极大的差异。谈判人员要了解对方国家和地区经济组织的经营方式，谈判和签约的方式与习惯，商业间谍的活动状况，商务活动中的行贿、索贿情况等惯例。特别强调的是，在国内外市场竞争日趋激烈的情况下，有些公司在商务谈判中可能采用间谍手段，谈判人员应提高警惕，防止造成被动局面。

小案例 3－4

中国某出口商 A 公司与印度服装进口商 B 公司经过商谈签订一份出口合同，出口 20 集装箱的印度服饰尕内什外套和纱丽各 5 000 件，按客户提供的样品交货，价格条款分别采用 CIF Bombay India USD12.00/pc 和 USD8.00/pc，总金额为 USD 100 000.00。付款方式为 50%由即期信用证支付，剩余 50%的货款在装运前十天以 T/T 方式支付。B 公司如约开到不可撤销跟单信用证，经通知行和 A 公司分别审核无异议(银行审核偿付线路和软条款、受益人审核信用证与合同是否一致)，随即 A 公司便投入生产备货。在货物即将生产完毕之前，A 公司提前租船定舱并通知了 B 公司提醒其以 T/T 方式将余额 50%的 USD 50 000.00 汇到 A

公司指定账户。由于市场发生变化，B公司始终拖延不办理T/T汇款，A公司虽握有一份50%货款的信用证，但却无法如期装运，直至信用证的装期到期，导致信用证被自动撤销。由于该产品内销无望，造成A公司大量产品积压，既占压了流动资金，又占据了仓库空间，给A公司带来巨大的经济损失。

(6)财税金融。主要是了解我国和对方国家及地区的财税金融政策，主要包括外汇储备及获取外汇的主要产品、外债情况、货币的自由兑换程度、国际支付方面的信誉、外汇付款的环节、征免税收的条件、该国适用的税法、银行利率的调整等情况。

(7)基础设施。基础设施信息主要是了解当地的人力、物力和配套设施情况，是否有足够的必要的熟练工人和有经验的专业技术人员，能否保证水、电以及能源的供应，公路、铁路、航空等运输能力如何，土地使用费是否便宜，有没有资金雄厚、实力相当的承包商，建筑材料、设备是否合乎要求等。

(8)气候因素。气候因素对谈判也会产生多方面影响，例如，该国雨季的长短，冬季的冰雪、霜冻情况，夏季的高温情况以及台风、风沙、地势等情况，这些气候状况因素对商务谈判的标的的物流环节会产生巨大的影响。

(9)科技信息。主要是要在谈判前收集与谈判标的在专利转让或应用方面的资料，收集该产品开发前景和开发费用方面的资料，收集该产品与其他产品在性能、质地、标准、规格等方面的资料，收集有关对该产品的品质或性能进行鉴定的重要数据或指标及各种鉴定方法和鉴定机构等信息。

小案例3－5

在某次交易会上，中方外贸部门与一客商洽谈出口业务。在第一轮谈判中，客商采取各种招数来摸我们的底，罗列过时行情，故意压低购货的数量。我方立即中止谈判，收集相关的情报，了解到日本一家同类厂商发生重大事故停产，又了解到该产品可能有新用途。在仔细分析了这些情报以后，谈判继续进行。我方根据掌握的情报后发制人，告诉对方，中方的货源不多，产品的需求很大，日本厂商不能供货。对方立刻意识到中方对这场交易背景的了解程度，甘拜下风。在经过一些细节的交涉之后，接受了中方的价格，购买了大量该产品。

(10)紧急事件。紧急事件有时会对商务谈判活动以及履约产生重大影响，也必须引起重视。紧急事件包括各种天灾与人祸，如交通堵塞、气候突变、自然灾害、战争、罢工、示威、传染病等。这些紧急事件也会给谈判带来影响，需要给予充分考虑。

小贴士3－1

谈判信息的收集渠道与方法

商务谈判信息的收集渠道通常有以下几个方面：

1. 印刷媒体

主要通过报纸、杂志、内部刊物及专业书籍中登载的消息、图表、数字、照片等来获取信息，这个渠道可以提供比较丰富的各种环境信息、竞争对手信息和市场行情信息。

2. 计算机网络

在计算机网络上可以非常方便、快捷地查阅国内外的公司信息、产品信息、市场信息以及其他多种信息。

3. 电波媒介

主要是指通过广播、电视播放的有关国内外新闻资料，如政治新闻、经济动态、市场行情、广告等。

4. 统计资料

主要是指各类公共机构提供的已出版和未出版的资料，这些公共机构可能是官方的，也可能是私营的，其中主要的公共机构包括各国政府或国际组织的各类统计资料，如各国统计年鉴、工业普查资料、统计资料汇编、商业地图等。

5. 知情人员

通过朋友、客户、消费者、谈判对方现在或过去的雇员、对方内部受排挤人员等了解所得到的资料。

6. 各种会议

参加各种会议，诸如各类商品交易会、展览会、订货会、博览会、企业界联谊会、各种经济组织专题研讨会等来获取信息资料。

7. 各种专门机构

随着经济的发展出现了许多专业性的组织，例如，消费者组织、质量监督机构、股票交易所等专业组织，这些专门机构也会发表有关统计资料和分析报告。

8. 驻外机构

对于涉外商务谈判，还要了解有关国际商务方面的资料，可以通过驻当地使领馆、商务代办处，我国金融机构在国外的分支机构，本行业在国外开设的营业、分支机构，各大企业驻外商务机构和地方贸易团体等了解相关信息。

信息收集的方法：

查找法，通过查找企业内外的相关资料而获取；索取法，向占有信息资料的相关单位和个人无偿索要；购买法，即支付一定资金向有关个人、部门和单位购买；交换法，即与其他信息机构进行对等的信息交流；询问法，通过询问，从调查对象的回答中获取（具体还可分为面谈调查、邮寄调查、电话调查、问卷调查）；观察法，通过人员在现场对调查对象的直接观察和记录获取。

（二）谈判信息的整理和评价

对收集来的谈判信息、资料还要进行整理和评价，其主要目的：一是鉴别资料的真实性与可靠性，即去伪存真。因为在实际情况下，由于各种各样的原因，在收集的资料中客观地存在片面性、不完全性，有的甚至是虚假的、伪造的。因此，必须进行整理、分析和评价。二是在资料具备真实性与可靠性的基础上，结合谈判项目的具体内容，分析各种因素与谈判项目的关系，并根据它们对谈判的重要性和影响程度进行排序。通过分析，制定出具体的谈判方案与对策。对谈判信息的整理一般分为以下几个阶段：

1. 信息的评价

对信息的评价是信息整理的第一步。现实中，收集的各种信息，其重要程度不同。有些可以马上使用，有些到后来才会派上用场，而有些信息可能自始至终都用不上。如果把收集的信息不加区别地积存起来，便会使信息的使用十分困难。因此，必须首先对收集到的信息进行评价，没有用的就应毫不犹豫地加以舍弃；对认为有用的需要保存的信息，也要根据其重要性的不同，将其分为可立即利用的信息、将来肯定会利用的信息和将来可能派上用场的信息等三类。只有如此，才能为信息的筛选奠定基础。

2. 信息的筛选

对于好不容易收集到的信息，人们往往不愿意将其舍弃，这是可以理解的。但是，如果不把不要的或用处较小的信息逐渐舍弃，那么信息的整理工作将变得越来越费时、费力。特别是对于过时的信息，如果不及时地彻底抛弃，既不便于查找有用的信息，又会因其占用空间而耗费大量的费用。因此，应不断地对收集到的信息进行筛选。

小贴士 3－2

筛选信息的方法

1. 查重法，即剔除重复资料，但是重要资料只要不是完全相同，可以保存一部分。

2. 时序法，即按时间顺序排列，在同一时期内，较新的取，较旧的舍，这样可能使信息资料在时效上更有价值。

3. 类比法，将信息资料按产品、业务、空间或地区分类对比，接近实质的保留，否则舍弃。

4. 评估法，即由专业人员或资深人员对资料进行评估后，来决定资料的取舍。这种方法需要评估人员有比较扎实的市场专业知识。

5. 综合加工法，即把掌握的各种散乱信息进行综合加工处理，以提炼出有用的信息。

6. 信息碰撞法，即将孤立的信息加以组合，创造性地产生新信息。

3. 信息的分类

在信息整理阶段，对筛选以后的信息资料认真地分类，是最耗费时间的一项工作，但也是极其重要的环节。可以说，不做好分类，就不可能充分利用信息资料。信息分类的方法大致有三种：第一种项目分类法，是指在分类过程中，可以根据数据资料的使用目的、数据资料的内容、数据资料的性质等，对现有的数据资料进行分类，如按不同的使用目的可以分为商务开发信息、销售计划信息、市场预测信息、价格信息等。第二种从大到小分类法，也称分层分类法，即从设定大的分类项目开始，大项目最好不要超过10%，经过一段时间的使用后，如觉得有必要再细分时，可以把大项目再进行细分，但不要分得太细，特别是要避免出现重复。第三种ABC分类法，是指按信息对谈判项目的重要性不同进行分类，如果资料对谈判项目有着重要的作用，在谈判时肯定会用上，那么将它定位为A级，进行重点整理与保存；如果资料对谈判可能有用，那么就将它定位为B级，需要较重点地进行整理与保存；如果资料对谈判虽有一定的价值但目前不会使用，定位为C级，进行一般处理即可。

4. 信息的保存

企业应把分类好的信息资料妥善地保存起来，即使是经常使用的信息资料，也不能随便摆放，要按分类要求，放到专门的资料架或卡片箱中，以便随时查找该资料或加放同类资料。同时，还要注意信息的保密工作，如果是在计算机中进行电子文档的存放，就要设置分层文件夹进行保存。必要的文件加密，关键的谈判信息的泄露有时会导致谈判全局的失败。

小案例 3－6

中国某公司与法国某公司谈判技术转让费

法方：我方产品的技术经过5年的研制才完成，今天要转让给贵方，贵方应付费。

中方：有道理，但该费用应如何计算呢？

法方：我方每年需投入科研费200万美元，5年为1 000万美元，考虑仅转让使用权，我方计提成费，以20%的提成率计，即200万美元，仅收贵方五分之一的投资费，该数不贵，对贵方是优惠的。

中方听后，表示研究后再谈。中方内部进行了讨论，达成如下共识：分头去搜集该公司的产品目录，调查该公司近几年来新产品的推出速度如何，如推出的新产品多，说明他们每年的科研投入不仅为一个产品，可能是多个产品。搜集该公司近几年的年报，调查其资产负债状况和损益状况，若利润率高，说明有资金投入科研开发；若利润率低，大量资金投入科研就没有能力。否则，就应借钱搞开发：若负债率不高，说明没有借钱，负债高才有可能借钱。此外，请海外机构的代表查询该公司每年交纳企业所得税的情况，纳税多，说明利润高，纳税少，说明利润低。各路人员查了这几方面的信息，分析发现：该公司每年有5种新产品推上市场；该公司资产负债率很低，举债不高；该公司利润率不高，每年的利润不足以支持开发费用，结论是法方每年的投入量是虚的，若投入量为真，该企业必须逃税漏税才有钱。

在续会上，中方就上述的资料和推断，请法方表态。法方还坚持其数为真实数据。中方问对方，怎么解释低负债，怎么解释低利润呢？法方无法解释低负债、低利润和高投资的关系，又不能在中方面前承认有逃税，只好放弃原价的要求，考虑改善的问题。

三、制定商务谈判计划

商务谈判计划是指谈判方最高决策层或上级领导就本次谈判的内容所拟定的谈判主体目标、准则、具体要求和规定。谈判计划可以根据谈判的规模、重要程度的不同而定，内容可多可少、可简可繁，可以是书面形式，也可以是口头形式。谈判计划的制定主要是建立在谈判团队组建、谈判环境分析、谈判对手分析的基础上。

（一）制定谈判计划的原则

由于商务谈判的规模、重要程度不同，商务谈判的内容会有所差别。尽管内容不同，但其要求都是一样的。一个好的谈判方案要求做到以下三点：

1. 简明扼要

简明扼要就是要尽量使谈判人员容易记住其主要内容与基本原则，能根据方案的要求与对方周旋。

2. 明确具体

谈判方案要求简明扼要，但也必须与谈判的具体内容相结合，以谈判具体内容为基础。否则，会使谈判方案显得空洞和含糊。

3. 富有弹性

谈判过程中各种情况都有可能发生变化，要使谈判人员在复杂多变的形势中取得比较理想的结果，就必须使谈判方案具有一定的弹性。谈判人员可在不违背根本原则的情况下，根据情况的变化，在权限允许的范围内灵活处理有关问题，以取得较为有利的谈判结果。谈判方案的弹性表现在有几个可供选择的谈判目标、指标有上下浮动的余地、把可能发生的情况考虑在计划中。如果情况变动较大导致原计划不适合，可以实施备选方案。

（二）制定谈判的基本策略

谈判的基本策略是指谈判者为了达到和实现自己的谈判目标，在对各种主客观情况充分估量的基础上，拟采取的基本途径和方法。制定商务谈判的基本策略就是要选择能够达到和实现己方谈判目标的基本途径和方法。谈判不是一个讨价还价的简单过程，实际上是双方在实力、能力、技巧等方面的较量。因此，制定商务谈判策略前应考虑如下影响因素：对方的谈判实力和主谈人的性格特点，对方和己方的优势所在，交易本身的重要性，谈判时间的长短，是否有建立持久友好关系的必要性。通过对谈判双方实力及以上影响因素细致认真的研究分析，谈判者可以确定双方的谈判地位，即处于优势、劣势或者均势，由此确定谈判的策略，如报价策略、还价策略、让步与迫使对方让步的策略、打破僵局的策略等。

基本策略确定的第一步是确定双方在谈判当中的目标是什么，包括最优、最低、中间目标的目标体系；在交易的各项条款中，哪些条款是对方重视的，哪些是他们最想得到的，哪些是对方可能做出让步的，让步的幅度有多大等。第二步是确定在己方争取最重要的条款时，将会遇到对方哪些方面的阻碍，对方会提出什么样的交换条件等。第三步是针对以上情况，确定我们应采取怎样的策略。

以上谈判计划的制定，有赖于对双方实力及其影响因素的正确估量和科学分析。否则，谈判计划就没有什么意义了。

（三）安排议程

谈判议程是人们在进行谈判之前预先拟定的谈判目标和实现目标的步骤。制定议程，可以使谈判在不损害他人利益的基础上达成对己方更为有利的协议，卓有成效地运用预先制定的谈判技巧而又不为他人所觉察。议程本身就是一种谈判策略，谈判议程可由一方准备，也可由双方协商确定。谈判议程主要包括以下三个方面：

1. 时间安排

时间安排即确定在什么时间举行谈判，谈判多长时间，各个阶段的时间如何分配，议题出现的时间顺序等。谈判时间的安排是议程中的重要环节，如果时间安排得很仓促，准备不充分，匆忙上阵，就很难沉着冷静地在谈判中实施各种策略。如果时间安排得过长，不仅会耗费大量的时间和精力，而且随着时间的推延，各种环境因素都会发生变化，还可能会错过一些重要的机遇。

2. 谈判议题

谈判议题就是谈判双方提出和讨论的各种问题。关于谈判议题，首先需明确己方要提出哪些问题，讨论哪些问题，进而对所有问题进行全盘比较和分析。哪些问题是重点议题，要列入重点讨论范围；哪些问题是非重点问题，哪些问题可以忽略，各问题之间是什么关系，在逻辑上有什么联系。还要预测对方会提出什么问题，哪些问题己方必须认真对待、全力以赴去解决，哪些问题可以根据情况做出让步，哪些问题可以不予讨论。

3. 通则议程和细则议程

通则议程是谈判双方共同遵守使用的日程安排，一般要经过双方协商同意后方能正式生效。在通则议程中，通常应确定以下内容：谈判总体时间及分段时间安排，双方谈判讨论的中心议题，问题讨论的顺序，谈判中人员的安排，谈判地点及招待事宜。

细则议程是己方参加谈判的具体策略安排，只供己方人员使用，具有保密性。其内容一般包括以下几个方面：谈判中如何统一口径，如发言的观点、文件资料的说明等；对谈判过程中可能出现的各种情况的对策安排；己方发言的策略，何时提出问题、提什么问题、向何人提问、谁来提出问题、谁来补充、谁来回答对方的问题、谁来反驳对方的提问、什么情况下要求暂时停止谈判等；谈判人员更换的预先安排；己方谈判时间的策略安排、谈判时间期限。拟定谈判议程时，应注意以下五个问题：一是谈判的议程安排要依据己方的具体情况，在程序安排上能扬长避短，也就是在谈判的程序安排上，保证己方的优势能得到充分的发挥；二是议程的安排和布局要为自己出其不意地运用谈判策略埋下伏笔，一个谈判老手是绝不会放过利用拟定谈判议程的机会来运筹谋略；三是谈判议程内容要能够体现己方谈判的总体方案以及己方让步的限度和步骤，统筹兼顾，引导或控制谈判的速度；四是在议程的安排上，不要过分伤害对方的自尊和利益，以免导致谈判过早破裂；五是不要将己方的谈判目标特别是最终谈判目标通过议程和盘托出，使己方处于不利地位。当然，议程由己方安排也有短处：己方准备的议程往往透露了自己的某些意图，对方通过分析可猜出并在谈判前拟定对策，使己方处于不利地位。同时，对方如果不在谈判前对议程提出异议而掩盖其真实意图，或者在谈判中提出修改某些议程，容易导致己方被动甚至谈判破裂。

（四）起草商务谈判计划书

商务谈判计划书是关于谈判的总体规划及具体安排。由于谈判的不确定性和复杂性，计划书不可能面面俱到。同时，鉴于谈判在一定程度上存在保密要求，因此，好的计划书应做到以下基本要求：一是在起草过程中，要围绕本次谈判的目标，深入思考谈判的核心，制定好对策。二是注意通则议程与细则议程的区别，为确保谈判顺利，计划书的通则部分很多时候需要谈判的各方共同制定，这本身就是一个谈判过程。议程的安排往往与谈判目的和结果有一定的相关性，对一方有利的安排很可能不会被轻易察觉。三是计划书不要求将全部内容都写出来，但要写清主要内容。

小贴士 3-3

商务谈判计划书内容框架

关于××的谈判计划书

谈判的主题：

主方：××　　　　　　　　客方：××

一、会议时间

××年××月××日

二、会议地点：

三、谈判小组人员组成

首席代表：

主谈人员：

其他人员：

四、基本情况分析

（一）谈判双方的背景

1. 我方公司分析
2. 客方公司分析
(二)谈判的项目
(三)谈判目标
1. 主要目标
2. 次要目标
3. 最低目标
(四)谈判形势分析
1. 我方优势分析
2. 我方劣势分析
3. 我方人员分析
4. 客方优势分析
5. 客方劣势分析
6. 客方人员分析
(五)谈判的形式
五、谈判的方法及策略
(一)开局阶段的策略
(二)磋商阶段的策略
(三)成交阶段的策略
六、谈判效果及风险预测
(一)谈判效果预测
(二)谈判风险预测
七、谈判费用预算
八、谈判议程
(一)双方进场
(二)介绍会议安排和与会人员
(三)进行正式谈判
(四)达成协议
(五)签订协议
(六)祝贺谈判成功
九、附属计划
(一)谈判日程表
(二)接待计划
(三)会务保障计划
(四)保密要求
(五)谈判终结的判定和处理

(五)其他准备

商务谈判中需要有效的物质保障,特别是大型谈判,更需要强有力的物质保障。从某种意义上讲,物质保障有力,才会有成功的谈判。一般而言,谈判的物质保障包括谈判场地的选择、谈判会议室的准备、食宿及交通安排等问题。其中谈判场地和时间等在前文已有论述，在此不再赘述。

1. 食宿准备

商务谈判是一项艰苦复杂、费时费力、精神高度集中的工作，对谈判人员精力、体力的要求都比较高，因此，在安排谈判人员的食宿上要本着友好的态度，细心周到，以方便舒适为原则，住宿地点与谈判地点不宜太远，最好在步行所能及的地方，以减少路途消耗，也有利于谈判人员精力和体力的恢复。若在第三方谈判，双方住宿距离也不宜太远，否则，不易联系，给谈判带来不便。若同住一处，虽然易于接触，增加了解，但人员之间沟通有可能越轨，造成谈判被动，需要采取措施加以提防。

住宿的基本条件，应该是空调、电话、宽带网、卫生间、洗浴设备均具备，设有餐厅。有的住宿地没有空调，洗浴冷热水供应无保障，天冷、天热时就会影响谈判人员的工作效率和情绪。住宿地有餐厅，可免除谈判人员出外寻找餐馆而浪费时间，还可保证卫生安全，社会上的餐馆、小吃店卫生条件不易保障，吃得不好还易患病。

在餐饮方面，要根据谈判人员的饮食习惯，尽量安排可口的餐饮。除正式宴请外，以安排工作餐为好，以免影响谈判的正常进行。在安排餐饮时，以卫生安全第一，曾有主办方为表示地主之谊，招待对方海鲜海味，但由于天热，海产品极易变质，造成谈判人员出现腹泻、生病，使谈判受到影响。

2. 交通的安排

为使谈判顺利地进行，应配有较充足的车辆。在谈判地点与住宿分开时，需要定点的交通工具。此外，若安排参观企业、休息日集体活动的用车，应在数量与时间上予以保证，不应让参加活动的人员等待时间过长。除正常车辆使用外，还有双方谈判人员临时用车的情况，比如，临时汇报、特殊的会场外约会等，这些临时用车也要在考虑之内。当然，临时外出搭乘出租车也不失为一种灵活机动的方式。

四、模拟谈判

（一）模拟谈判的必要性

在谈判准备工作的最后阶段，谈判方有必要为即将开始的谈判举行一次谈判模拟，以检验自己的谈判方案，而且能使谈判人员提早进入实战状态。模拟谈判是在谈判正式开始前，提出各种设想和臆测，进行谈判的想象练习和实际演习。模拟谈判能使谈判者获得实际经验，提高谈判能力，正如教师在上课前模拟课程内容教学一样，都能起到重要的积极作用。正确的想象练习不仅能提高彩排者的能力，有时甚至比实际行动更有效。模拟谈判可以随时修正谈判中的错误，从而使谈判者获得必要的经验。而现实的谈判则只能在结束后总结经验，修正错误。模拟谈判的必要性表现在以下几个方面。

1. 提高应对困难的能力

模拟谈判可以使谈判者获得实际性的经验，提高应对各种困难的能力。很多成功谈判的实例和心理学研究成果都表明，正确的想象练习不仅能够提高谈判者的独立分析能力，而且在心理准备、心理承受、临场发挥等方面都是很有益处的。在模拟谈判中，谈判者可以一次又一次地扮演自己，甚至扮演对手，从而熟悉实际谈判中的各个环节，这对初次参加谈判的人来说尤为重要。

2. 检验谈判方案是否周密可行

谈判方案是在谈判小组负责人的主持下，由谈判小组成员具体制定的。它是对未来将要发生的正式谈判的预计，这本身就不可能完全反映出正式谈判中可能出现的意外情况。同时，谈判人员受到知识、经验、思维方式、考虑问题的立场和角度等因素的局限，谈判方案的制定就难免会有不足之处和漏洞。事实上，谈判方案是否完善，只有在正式谈判中方能得到真正检验，但这毕竟是一种事后检验，发现问题往往也为时已晚。模拟谈判是对实际正式谈判的模拟，与正式谈判比较接近。因此，能够较为全面严格地检验谈判方案是否切实可行，检查谈判方案存在的问题和不足，以便及时修正和调整谈判方案。

3. 训练和提高谈判能力

模拟谈判的对手是己方的人员，对自己的情况十分了解，这时站在对手的立场上提问题，有利于发现谈判方案中的错误，并且能预测对方可能从哪些方面提出问题，以便事先拟定出相应的对策。对于谈判人员来说，能有机会站在对方的立场上进行换位思考，是大有好处的，正如美国著名企业家维克多·金姆说的那样，任何成功的谈判，从一开始就必须站在对方的立场来看问题。这样角色扮演不但能使谈判人员了解对方，也能使谈判人员了解自己，因为它给谈判人员提供了客观分析自我的机会，注意到一些容易忽视的失误，如在与外国人谈判时使用过多的本国俚语、缺乏涵养的面部表情、争辩的观点含糊不清等。

(二)模拟谈判的内容

模拟谈判的内容就是实际谈判中的内容。但为了更多地发现问题，模拟谈判的内容往往更具有针对性。模拟谈判的内容的选择与确定，不同类型的谈判也有所不同。如果本次谈判比较重要，谈判人员面对的又是一些新的问题，以前从未接触过对方谈判人员的风格特点，并且时间又允许，那么，模拟谈判的内容应尽量全面一些。相反，模拟谈判的内容也可少一些。进行正确的想象练习，还要在拟定假设基础上想象整个谈判过程。有效的想象练习不只是想象事情的结果，而是想象事物的全过程，想象自己可能做出的一切行动。否则，想象练习是不完全的。谈判前的想象练习应该按照谈判顺序进行，演习自己和对方面对面谈判的一切情形，包括谈判时的现场气氛、对方的面部表情、谈判中可能涉及的问题、对方会提出的各种反对意见、己方的各种答复及各种谈判方案的选择、各种谈判技巧的运用等可能涉及的各种要素。进行正确的想象练习，不仅是个人的苦思冥想，而且是整个谈判队伍的集体模拟。集体模拟可采用沙龙式或戏剧式两种主要形式。沙龙式模拟是把谈判者聚集在一起，充分讨论，自由发表意见，共同想象谈判全过程。这种模拟的优点是利用人们的竞争心理，使谈判者充分发表意见，互相启发，共同提高谈判水平。谈判者的才干有了表现的机会，每个人都会开动脑筋，发挥创造性思维，在集体思考的强制性刺激及压力下，产生高水平的策略、方法及谈判技巧。戏剧式模拟是指在谈判前进行模拟谈判，它和想象谈判不同。想象谈判主要是谈判者个人或集体的思维活动，而戏剧式模拟谈判则是真实地进行演出，每个谈判者都在模拟谈判中扮演特定的角色。随着剧情发展，谈判全过程会一一展现在每个谈判者面前。根据拟定的不同假设，安排各种谈判场面，从而增强每个谈判者的实际谈判经验。通过戏剧式模拟，能够使谈判的准备更充分、更准确，能使每个谈判者找到自己在谈判中的最佳位置，能够为分析己方谈判动机、思考问题方法等提供一次机会，最终将有助于商务谈判的成功。

(三)模拟谈判的拟定假设

要使模拟谈判做到真正有效，还有赖于拟定正确的假设条件。拟定假设是指根据某些既定的事实或常识，将某些事物承认为事实。不管这些事物现在或将来是否发生，但仍视其为事实进行推理。依照假设的内容，可以把假设条件分为三类，即对客观世界的假设、对谈判对手的假设和对己方的假设。

对外界事物的假设包括对环境、时间、空间的假设，通过拟定假设，目的是要找出外在世界真实的东西。在商务谈判过程中，要通过对外界事物的假设进一步摸清事实，知己知彼，找出相应的对策。比如，在一次贸易洽谈中，若对方捧着许多材料进入谈判场所，我们需要判断出对方的材料与今天的谈判是否有直接关系。这需要我们在谈判时采取一定方式摸底，同时，我们要假设，如果对方通过调查已经摸清了己方的底细，我们应如何对付；如果对方没有摸清己方的底细，仅是虚声恫吓，我们又应如何对付。对对方的准确假设常常是商务谈判的制胜法宝，对方在谈判中愿意冒险的程度，对商品价格、运输方式、商品质量等方面的要求都需要我们根据事实加以假设，准确的假设能使己方在谈判中居于主动地位。对己方的假设包括谈判者对自身心理素质、谈判能力的自测与自我评估以及对己方经济实力、谈判实力、谈判策略、谈判准备等方面的评价。

无论是哪一种假设，都有可能出现偏差，不能把假设等同于事实。要对假设产生的意外结果有充分的心理准备，对于假设的事物要小心求证，不能轻易以假设为根据采取武断的做法，否则，会使己方误入谈判歧途，给自己带来重大损失。如当我们假设只要出钱就可买到东西时，如果对方无货或者对方展示的是样品，或者对方的产品质量、规格不对路，那么上面的假设就不正确。当我们假设十字路口的交通标志为绿灯，车子就会往前开动。如果道路前方发生车祸不能通行，那么上述假设也会落空。因此，拟定假设的关键在于提高假设的精确度，使之更接近事实。提高假设的精确度必须明确区分哪些是事实，哪些是主观臆测。一般来说，事实有以下四种：能够经过验证的东西，如物品重量、有光泽、食品可以吃等；能够共同感受到的东西，如食品要经过生产才能制造出来等；人们共同信仰的理论、真理，如某些自然科学和社会科学方面的理论知识；根据真理能够加以推理并验证的东西，人们经过长期的生活实践，总结出了许多经验，经过反复验证证明了这些经验是事实。因此，人们往往就在大脑中形成了固定的看法，把这些经验和事实等同起来，犯了经验主义的错误。事实上，这些经验仍然是假设，不是事实。如经过多次验证，证明了铅笔是木头制造的，机器是钢铁制造的，面包是面粉制造等，但面对未加验证的铅笔、机器及面包等，上述结论仍是假设。在商务谈判中，心理学家利用人们的这种错误观念，诱使别人犯错的事例比比皆是。因此，必须谨慎地调查了解，验证假设，不要轻易相信任何一个未加验证的事情或结论。提高假设的精确度，还要以事实为基准拟定假设，所根据的事实越多，假设的精确度就越高。

小贴士 3－4

拟定假设条件应注意的事项

在谈判中，常常由于双方误解事实真相而浪费大量的时间，也许曲解事实的原因就在于一方或双方假设的错误。因此，谈判者必须牢记，自己所作的假设只是一种推测。如果把假设奉为必然去谈判，那将是非常危险的。拟定假设的关键在于提高假设的精确度，使之更接近事实。为此，在拟定假设条件时要注意：一是让具有丰富谈判经验的人作假设，这些人身经百战，提出假设的可靠度高；二是必须按照正确的逻辑思维进行推理，遵守思维的一般规律；三是必须以事实为基准，所拟定的事实越多、越全面，假设的准确度就越高；四是要正确区分事实与经验、事实与主观臆断，只有事实才是靠得住的。进行正确的想象练习，首先要拟定正确的假设或臆测，拟定假设是根据某些既定的事实或常识将某些事物予以承认，即臆测为事实，例如，根据有钱总可以买到东西的常识，可以假设去商店买东西，只要出钱，对方就总会卖；根据车子可以在绿灯时自由前进的常识，可以假定在十字路口，当交通标志转变为绿灯时，车子就会往前开动。

小案例 3－7

某家工厂的收益已连续 4 年越来越低(事实 A)，这 4 年内该工厂始终维持着原有的管理体制(事实 B)，同时，该工厂一直没有开发新产品、开拓新市场(事实 C)。立足这三个事实，我们可假设如下：第一，假如事实 B 和事实 C 不变，该工厂明年的收益仍可能降低；第二，为扭转这种局面，该工厂可能迫切需要技术人才、资金及开发新产品、新技术，需要转产或开拓新市场；第三，如果我方与这家工厂进行谈判，由于对方对上述各方面有迫切需求，我方可提高要价，采取强硬立场，可能会取得成功。

假设的基石是假设，这种假设是十分靠不住的。如上述例子，这家经营不善的工厂可能明年收益会继续降低，立足这个假设还可以继续拟定下列假设：第一，明年经营恶化，可能无法偿还债务；第二，因为无法偿还债务，可能会不履行契约；第三，企业可能会破产，使债权人蒙受重大损失；第四，结论，根据上述假设，我方不能和这家工厂做交易，应取消谈判。

显然，上述拟定出来的假设是不足为信的，这种假设会使我方失去许多贸易机会。

(四)模拟谈判的方式

1. 组成代表对手的谈判小组

如果时间允许，可以将自己的谈判人员分成两组，一组作为己方的谈判代表，另一组作为对方的谈判代表，也可以从企业内部的有关部门抽出一些职员，组成另一谈判小组。但是，无论用哪种办法，两个小组都应不断地互换角色，这是正规的模拟谈判。此方式可以全面检查谈判计划，并使谈判人员对每个环节和问题都有一个事先的了解。

2. 让一位谈判成员扮演对手

如果时间、费用和人员等因素不允许安排一次较正式的模拟谈判，那么，小组负责人也应坚持让一位人员来扮演对方，对企业的交易条件进行磋商、盘问，这样做也有可能使谈判小组负责人意识到是否需要修改某些条件或者增加一部分论据等，而且会使企业人员提前认识到谈判中可能出现的问题。

(五)模拟谈判的总结

模拟谈判的目的在于总结经验，发现问题，提出对策，完善谈判方案，所以，模拟谈判的总结是必不可少的，模拟谈判的总结应包括以下内容：对方的观点、风格、精神；对方的反对意见及解决办法；自己的有利条件及运用状况；自己的不足及改进措施；谈判所需情报资料是否完善；双方各自的妥协条件及可共同接受的条件；谈判破裂与否的界限等等。

可见，谈判总结涉及各方面的内容。只有通过总结，才能积累经验，吸取教训，完善谈判的准备工作。

小　结

商务谈判的成功与否在很大程度上取决于谈判准备工作做得是否充分。谈判准备工作做得很充分，可以使己方增强自信，从容应对谈判中出现的各种问题，甚至掌握谈判主动权，尤其是在谈判人员缺乏经验的情况下，可以弥补经验和技巧的不足所带来的不利影响。商务谈判准备工作主要包括商务谈判目标的确定，商务谈判信息的收集、整理与分析，商务谈判方案的制定和模拟谈判等。

练　习

一、名词解释

1. 实际需求目标
2. 谈判信息
3. 谈判议程
4. 模拟谈判
5. 商务谈判计划

二、选择题

1. 根据谈判过程及其难易程度，谈判目标可有(　　)等层次。

A. 最优期望目标　　B. 实际需求目标　　C. 可接受目标　　D. 最低目标

2.(　　)是指在谈判中可争取或作出让步的可交易范围，是经过综合权衡、满足谈判方部分需求的目标，对谈判双方都有较强的驱动力。

A. 最优期望目标　　B. 实际需求目标　　C. 可接受目标　　D. 最低目标

3. 一个好的谈判方案有(　　)等特点。

A. 简明扼要　　B. 明确具体　　C. 富有弹性　　D. 全面性

4. 模拟谈判的目的在于(　　)。

A. 总结经验　　B. 发现问题　　C. 提出对策　　D. 完善谈判方案

5. 谈判方案的弹性表现在(　　)。

A. 多个可供选择的谈判目标　　B. 指标有上下浮动的余地

C. 人员可任意变更　　D. 时间可调整

三、判断题

1. 最低限度目标是谈判方的机密，一定严格防护。(　　)

2. 在设计谈判方案时，应尽量把困难考虑得多一些，把谈判过程考虑得复杂一些，把谈判时间考虑得长一些。(　　)

3. 如果时间、费用和人员等因素不允许安排一次较正式的模拟谈判，那可以省掉。(　　)

4. 拟定假设的关键在于提高假设的精确度，使之更接近事实。(　　)

5. 戏剧式模拟谈判主要是谈判者个人或集体的思维活动，而想象谈判则是真实地进行演出，每个谈判者都在模拟谈判中扮演特定的角色。(　　)

四、简答题

1. 在确定谈判目标时，应该注意哪些问题？

2. 制定商务谈判策略前,应考虑的影响因素有哪些?

3. 模拟谈判有何意义?

4. 拟定谈判议程时,应注意什么问题?

案例分析

法律制度在商务谈判中的作用

中国某工程承包公司在加蓬承包了一项工程任务。当该项工程的主体建筑完工之后,因为工程的任务量大量减少,中方就不需要原来那么多的劳动力,便贸然决定把原先从当地雇用的大批临时工给解雇了。中方公司万万没有想到此举导致了被解雇工人坚持了 40 天的大罢工。中方公司不得不同当地被解雇的工人举行艰苦的谈判,被解雇的工人代表让中方公司按照当地的法律赔偿被解雇工人一大笔损失费。

此时,中方公司人员才意识到他们对加蓬的法律太无知了。根据加蓬的劳动法:如果一个临时工持续工作一周以上未被解雇,则自动转成长期工,有权获得足够维持两个妻子和三个孩子生活的工资。此外,还有交通费和失业补贴等费用。如果一个非熟练工连续工作一个月以上,则自动转成熟练工;如果连续工作三个月以上,则提升为技术工人。工人的工资应随着技术的提升而提高。

而中方公司管理人员则习惯性地按照中国国内形成的对临时工、长期工、非熟练工、熟练工以及技工的理解来处理在加蓬解雇当地劳工的情况,那么谈判结果可想而知:中方公司不得不向被解雇的工人支付了一大笔失业补贴,由公司自行支付。

问题:

1. 从上述案例中,你认为法律制度在商务谈判中有何重要性?

2. 从该例的商务活动中,你认为该吸取什么教训?

实训操作

制定谈判计划

1. 实训目的

通过本次实训,掌握商务谈判计划的内容。

2. 实训要求

掌握制定跨专业综合实训软件购买谈判计划的内容及技巧。

3. 实训材料

纸张、笔、学院及学校有关软件购买所要实现的目标等资料。

4. 实训步骤

(1)分组,仍以原先分组为单位。

(2)分析学院及学校有关软件购买所要实现的目标。

(3)根据所要达成的目标,分析所需的信息资料及其收集方法。

(4)分析所收集的信息资料。

(5)根据商务谈判计划的内容结构，设计软件谈判方案。

(6)模拟软件购买谈判实训。

5. 成果与检验

每位学生的成绩由两部分组成：学生实际操作情况(50%)和分析报告(50%)。

实际操作主要考查学生制定商务谈判计划的实际动手操作能力；分析报告主要考查学生根据资料分析，设计商务谈判方案的合理性，运用所学知识的正确性，分析报告建议制成PPT。

项目二　商务谈判的实施

通过对商务谈判的前期准备，基本对商务谈判有了一个初步认识，心中有了一定的谈判底气，下面就可以开始实施针对某项目或某交易的谈判工作。一般来说，一个正式的、完整的商务谈判都有特定的程序和内容，一般包括开局阶段、报价阶段、磋商阶段、成交阶段等。

本项目包括熟悉商务谈判过程、处理商务谈判僵局等二个任务，通过具体任务的学习，培养学生组织商务谈判的过程意识，初步具有根据商务谈判方案具体安排谈判活动的各环节，保证商务谈判活动有条不紊地进行，达成谈判目标的能力。

任务四　熟悉商务谈判过程

【任务目标】

1. 掌握开局气氛的营造以及开局的陈述技巧；
2. 理解报价的方式与顺序；
3. 掌握磋商方法；
4. 掌握成交技巧。

【任务导入】

经济管理学院的耿院长通过对购买跨专业实训软件的前期准备，对购买软件要达成的目标与内容有了一个大致的理解与把握，同时，也做好谈判组织的准备工作。在实验室建设日期日趋临近下，耿院长就分别通知了三个软件厂家的销售负责人，确定了相关洽谈的时间、地点等。根据谈判需要，耿院长也组织好了学校内部的谈判团队。无疑，耿院长就是此次谈判的团队负责人和主谈人，他为了做好谈判工作，也制定好购买软件谈判计划。可以说"万事俱备，只欠东风"，可以实施具体的软件购买谈判工作了。

【任务分析】

实施商务谈判，就是在谈判准备阶段之后，谈判双方进行面对面谈判的过程。开局阶段的主要任务是营造和谐的谈判气氛、做好意见交换和开场陈述。为此，谈判人员需要掌握谈判气氛的类型与特点、影响谈判气氛的因素与营造积极热烈气氛的技巧、交换意见的内容与注意事项以及开场陈述的内容、原则和顺序等相关知识。

报价阶段的任务是谈判者应在谈判前做好充分准备的基础上进行科学报价，这需要谈判者掌握报价的依据、报价的原则、报价的顺序、报价的做法以及价格解释遵循的原则等相关知识。

磋商阶段是谈判各方为了实现其目的而运用智慧、使用各种策略的过程。该阶段谈判策略和技巧主要体现在讨价还价、让步的原则、让步的技巧等方面。这就需要谈判者掌握讨价还价的含义、讨价的程序与方法、还价的主要依据、还价的时机与次数、还价的方式与要求、让步的一般原则、让步的方式等相关知识。

成交阶段谈判者能够发出相应的成交信号，正确把握最后一次报价，进而达成协议并签订合同。为此，谈判者需要掌握发出成交信号的方式、最后让步注意的问题、签订合同等内容。

【知识精讲】

一、商务谈判的开局

经过深入细致的准备，谈判者确立了谈判目标，拟定了谈判计划，接下来便是谈判双方进入面对面谈判的开始阶段，即谈判开局阶段。

谈判的开局，又称非实质性谈判阶段，是指从谈判人员见面到进入具体交易内容的讨论之前，彼此介绍、寒暄，以及谈判一些非实质性的问题。从时间上看，它只占整个谈判过程中极小的一部分，在大型的谈判中，其控制在谈判总时间的5%以内；从内容上看，与谈判的主题关系不大，但它却非常重要。

（一）谈判气氛及类型

谈判气氛就是谈判双方人员进入谈判场所的方式、目光、姿态、动作、谈话等一系列有声和无声的信号，在双方谈判人员大脑中迅速得到的反映。在开局阶段，谈判人员的首要任务就是要为即将开始的谈判创造出一个合适的气氛。谈判实践表明，在谈判初期所要营造的气氛，会对谈判的全过程产生持续的影响，作为第一印象，它为整场谈判确定了基调。谈判气氛大体有以下几种类型：

1. 热烈、友好的谈判气氛

在这种气氛下，谈判双方态度诚恳、真挚，见面时，态度积极、口气轻松、情感愉快，双方都对谈判的成功充满热情、充满信心。

2. 严肃、严谨的谈判气氛

通常双方已不是谈判生手，也非初次见面，双方自信而检点，平静如水而不声张，进入谈判场所速度适中，默默缓缓而行，双方态度都极其认真严肃，每一方讲话、表态都思考再三，决不盲从。会谈有秩序、有效率。

3. 冷淡、对立的谈判气氛

在冷淡、对立的谈判气氛下，双方见面不关心、不热情，谈判人员在谈判中表现出漫不经心、东张西望、私下交谈、打瞌睡、吃东西等。这种谈判进展缓慢，效率低下，会谈也常常因故中断。

4. 松弛、缓慢的谈判气氛

在这种气氛中，谈判人员精神不振，或入座时左顾右盼，显出一种可谈可不谈的无所谓的态度；谈判双方的关系不融洽，互相表现出的不是信任、合作，而是较多的猜疑与对立。

总的来说，热烈、友好的谈判气氛有着诚挚、合作、认真的特点，适合发展商务关系，谈判气氛良好。

（二）谈判开局气氛营造

1. 营造高调气氛

高调气氛是谈判情势比较热烈，谈判双方情绪积极、态度主动、愉快等因素成为谈判情势主导因素的谈判开局气氛。通常在以下情况下，谈判一方应努力营造己方占有较大优势，价格等主要条款对自己极为有利，己方希望尽早与对方达成协议等高调气氛。在高调气氛中，谈判对手往往只注意到自己的有利方面，而且对谈判前景的看法也倾向于乐观。因此，高调气氛有利于促进协议的达成。营造谈判开局高调气氛通常有以下几种方法：

(1)感情攻击法。感情攻击法是指通过某一特殊事件来引发人们心中的感情因素，使这种感情迸发出来，从而达到营造热烈、积极气氛的目的。

小案例 4－1

由法国、德国和英国合资经营的空中客车飞机制造公司成立于20世纪70年代，由于当时世界经济萧条，各国航空公司营业均不景气，而空中客车公司是一个刚起步的新公司，要想打开局面，搞好外销工作，更是难上加难。公司想向印度销售一批飞机，但印度政府初审后未予批准。能否挽回局面，改变印度政府的决定，就要看谈判人员的技巧了。贝尔那·拉弟埃受命于危难之机，他稍做准备就飞往印度首都新德里。面对接待他的印航主席拉尔少将，拉弟埃开口第一句话是“我真不知道该怎么样感谢您！因为您给了我这样的机会，使我在生日这一天又回到了我的出生地”。通过开场白，他告诉拉尔少将，他出生于印度并深爱这片国土。随后拉弟埃解释，他出生时，父亲是作为法国企业家的要员被派驻印度的。这些话拉近了他与拉尔少将的距离，削弱了对手的敌对情绪，逐渐创造出和谐、融洽的谈判气氛。紧接着，拉弟埃又从包中取出一张珍藏已久的照片，神色庄重地呈给拉尔少将。“少将请看这张照片”，“啊！这不是圣雄甘地吗?”拉尔少将无限崇敬地感叹道。

众所周知，甘地是印度人民衷心爱戴的一代伟人，在印度可说是妇孺皆知。拉弟埃正是投其所好，一步一步赢得拉尔少将的好感，以营造良好的谈判气氛。“请少将再看看圣雄甘地旁边的小孩是谁?”少将注意到伟人身边那个天真的小男孩，但他端详许久，未能认出。“那就是我呀!”拉弟埃满怀深情地说，“那时我才3岁半，随父母离开贵国返回欧洲。途中，有幸与圣雄甘地同乘一艘船，并合影留念。”拉弟埃无限幸福地回忆着往事。拉尔少将完全被感动了。至此，拉弟埃成功地营造起积极、和谐、融洽的谈判气氛，最终水到渠成，难题不攻自破，圆满完成了此行谈判任务，这笔生意顺利成交，达成协议。

(2)称赞法。称赞法是指通过称赞对方来削弱对方的心理防线，从而激发出对方的谈判热情，调动对方的情绪，营造高调气氛。采用称赞法时，应该注意以下几点：一是选择恰当的称赞目标，选择称赞目标的基本原则是投其所好，即选择那些对方最引以为豪的，并希望己方注意的目标。如东南亚某国的华人企业要为日本一著名电子公司在当地做代理商，双方几次磋商均未达成协议。在最后一次谈判中，华人企业的谈判代表发现日方代表喝茶及取放茶杯的姿势十分特别。于是他说：“从您喝茶的姿势来看，您十分精通茶道，能为我们介绍一下吗?”这句话正好点中了日方代表的兴趣所在，于是他滔滔不绝地讲述起来。结果，后面的谈判进行得异常顺利，那个华人企业终于拿到了其所希望的地区代理权。二是选择恰当的称赞时机，如果时机选择得不好，称赞法往往适得其反。选择恰当的称赞方式一定要自然，不要让对方认为你是在刻意奉承他，否则会引起其反感。

(3)幽默法。幽默法是指用幽默的方式来消除谈判对手的戒备心理，使其积极参与到谈判中来，从而营造高调谈判开局气氛。采用幽默法时，要注意选择恰当的时机，采取适当的方式，要收放有度等问题。

(4)问题挑逗法。问题挑逗法是指提出一些尖锐问题诱使对方与自己争论，通过争论使对方逐渐进入谈判角色。这种方法通常在对方谈判热情不高时采用，有些类似于激将法，但是，这种方法很难把握好火候，在使用时应慎重，要选择好退路。

2. 营造低调气氛

低调气氛是指谈判气氛十分严肃、低落。谈判的一方情绪消极、态度冷淡、不快等因素构成谈判情势的主导因素。通常在己方有讨价还价的砝码，但是并不占有绝对优势情况下，谈判一方应该努力营造低调气氛，会给谈判双方都造成较大的心理压力。心理承受力弱的一方往往会妥协让步，因此，在营造低调气氛时，己方一定要做好充分的心理准备，并要有较强的心理承受力。营造谈判开局低调气氛通常有以下几种方法：

(1)感情攻击法。这里的感情攻击法与营造高调气氛的感情攻击法性质相似，即都是以情感诱发作为营造气氛的手段，但两者的作用方向相反。在营造高调气氛的感情攻击中，是激起对方产生积极的情感，使得谈判开局充满热烈的气氛。而在营造低调气氛时，是要诱发对方产生消极情感，致使一种低沉、严肃的气氛笼罩在谈判开局阶段。

(2)沉默法。沉默法是以沉默的方式来使谈判气氛降温，从而达到向对方施加心理压力的目的。注意这里所讲的沉默并非是一言不发，而是指己方尽量避免对谈判的实质问题发表议论。采用沉默法要注意以下两点：一是要有恰当的沉默理由，通常人们采用的理由有假装对某项技术问题不理解；假装不理解对方对某个问题的陈述；假装对对方的某个礼仪失误表示十分不满等。二是沉默有度，适时进行反击，迫使对方让步。

(3)疲劳战术。疲劳战术是指使对方对某一个问题或某几个问题反复进行陈述，从生理和心理上疲劳对手，降低对手的热情和谈判情绪。采用疲劳战术应注意以下两点：一是多准备一些问题，而且问题要合理，每个问题都能起到疲劳对手的作用；二是避免激起对方的对立情绪，致使谈判破裂。

3. 营造自然气氛

自然气氛是指谈判双方情绪平稳，谈判气氛既不热烈，也不消沉。自然气氛无需刻意地去营造，许多谈判都是在这种气氛中开始的。这种谈判开局气氛便于对对手进行摸底，因为谈判双方在自然气氛中传达的信息比在高调气氛和低调气氛中传出的信息要准确、真实。当谈判一方对谈判对手的情况了解甚少，对手的谈判态度不甚明朗时，谋求在平缓的气氛中开始对话是比较有利的。营造自然气氛要做到以下几点：一是注意自己的行为、礼仪，要多听、多记，不要与谈判对手就某一问题过早发生争论。二是要多准备几个问题，询问方式要自然。三是要想获得信息，你就应当提问，但在实际谈判中，谈判者可能往往只顾陈述自己的观点，而完全忘记提问。专业谈判者听的时间比说的时间要长。四是运用中性话题开场，缓和谈判气氛，尽可能正面回答对方的提问，如果不能回答的，要采用恰当方式进行回避。

(三)合理运用影响开局气氛的各种因素

谈判应是互惠的，一般情况下双方都会谋求一致。为了达到这一目的，洽谈的气氛必须具有诚挚、合作、轻松和认真的特点。要想营造这样一种洽谈气氛，需要有一定的时间，不能在洽谈刚开始不久就进入实质性谈判。因此，要花足够的时间，利用各种因素，协调双方的思想或行动。

1. 气质

一个人具备什么样的气质，对其精神面貌有很大的影响。在现实中，有相当多的人只注意穿着打扮，并不注意文化素养和思想品质，所以，往往精心打扮却不能给人以美感，反而显得庸俗做作。气质美首先应当表现在丰富的内心世界上，理想则是内心世界的一个重要内容，品德是气质美的又一重要方面，为人诚恳，心地善良是不可缺少的。文化水平在一定程度上对气质起着很大的影响作用。气质美看似无形，实为有形。它通过一个人的态度、个性、言语和行为等表现出来，举手投足、待人接物皆属此列。

2. 风度

风度是气质、知识及素质的外在表现。风度美包括饱满的精神状态、诚恳的待人态度、受欢迎的性格、幽默文雅的谈吐、洒脱的仪表礼节、适当的表情动作等。

3. 服饰

服饰包括配色、款式等方面的内容，如服装配色、服装款式等。一般来说，谈判人员的装束应当美观、大方和整洁。但由于服饰属于文化习俗范围，不同的文化背景也就会有不同的要求。如在法国谈判或对方是法国人，就应穿着整洁的深色服装；如果是在丹麦或美国谈判，衣着的问题就无足轻重了，只要干净整洁即可，穿便服或运动装也未尝不可。

4. 姿态

在闲谈中，双方就已经开始传递无声信息了。人的姿态作为人体语言的一种重要形式，与有声语言一样，具有很强的感染力。它可以反映出人是信心十足还是优柔寡断，是精力充沛还是疲惫不堪，是轻松愉快还是剑拔弩张等，反映这些情绪的敏感部位是头部、背部和肩膀。姿态运用要特别注意脸上的表情，如面无表情，会使魅力与信用降低。脸上的表情，只有善变和用得恰当，才可能产生正确的交流作用。脸上的表情务必率真、自然，脸上表情的表达关键在于眼睛的变化。当然除了眼睛之外，唇部的变化，脸部肌肉变化，也自然会改变脸上的表情。

除了上述因素之外，座位安排、食住、交通等因素也会影响开局气氛。

小案例 4－2

克莱斯勒巧妙争取银行贷款

在克莱斯勒破产风波中，虽然公司获得了政府的支持和贷款担保，但银行界却一直持否定态度。要想争取贷款给公司的400家银行同意延期收回6.55亿美元的到期债款，十分困难。公司董事会委托杰里·格林沃尔德和史蒂夫·米勒与各银行协调处理这一问题。同银行的谈判十分复杂，起初，史蒂夫分别找一家家银行谈。后来，他发现这个办法行不通。于是，改成把大家召集在一起谈，效果好一些。如果银行家们在这次会议上还达不成协议，那么，后果将不堪设想。因为，当时全国经济衰退形势已很严重。如果克莱斯勒宣布破产，很可能意味着一个更为可怕的经济灾难即将来临。当4月1日，全体成员都到会时，史蒂夫宣布会议开始。他的开场白实在让人震惊："先生们，昨天晚上，克莱斯勒董事会举行了紧急会议，鉴于目前的经济衰退，公司的严重亏损，利率的节节上升，更不要说银行家的不支持态度，公司决定今天9点30分宣布破产。"整个会议室里鸦雀无声，空气异常沉闷。这时，杰里目瞪口呆。他是董事会成员之一，他到现在才知道这件事。这么重要的会议，怎么没有让他参加呢？接着，史蒂夫补充说："也许我应提醒诸位，今天是4月1日。"大家大大松了口气。这是史蒂夫在开会前5分钟想出来的一条奇谋，它有很大的冒险性，但结果证明很灵验，它使会场中的每一个人都把焦点集中在一幅更大的可怕图景中，想象不达成协议可能产生的后果。而史蒂夫制定的让步计划也终于为全体与会者所接受，6.55亿美元到期贷款延期收回，克莱斯勒在4年内以5.5%的利率支付40亿美元贷款的利息。

(四)创造良好的谈判气氛应注意的问题

要想创造良好的谈判气氛,要把谈判的时间、环境等客观因素与谈判者自身的主观努力相结合,应该注意以下几方面的问题:

1. 谈判者积极、主动引导

创造良好谈判气氛的关键因素是谈判者的主观态度,谈判者要积极主动地与对方进行思想上的沟通,而不能消极地取决于对方的态度。例如,当对方严肃、冷淡时,应该率先露出笑容,主动地握手,主动地关切,主动地交谈,这都会有利于创造良好的谈判气氛。

2. 心平气和,以诚相待

谈判之前,双方无论是否有成见,身份、地位、观点、要求等有何不同,一旦坐到谈判桌前,就意味着双方共同选择了磋商与合作的方式解决问题。因此,谈判之初就应心平气和、以诚相待,这才能使谈判在良好的气氛中开场,这就要求谈判者抛弃偏见,全心全意地致力于谈判,决不能在谈判之初就抱有对抗的心理。只有这样,才能有利于谈判工作顺利展开。

3. 从中性话题入题

谈判刚开始,良好的气氛尚未形成,最好先谈一些友好的或中性的话题,如询问对方的问题,以示关心;回顾以往可能有过交往的历史,可以简单地聊一聊双方过去的业务往来及人员交往,以密切关系;谈谈共同感兴趣的新闻,亦可说一说双方人员在日常生活中的兴趣和爱好;幽默而得体地开开玩笑,等等。这些都有助于缓解谈判开始的紧张气氛,达到联络感情的目的。在此基础上,再选择适当的时间,自然地将话题引入实质性谈判。中性话题内容丰富,可以根据谈判的时间和地点,以及双方谈判人员的具体情况,信手拈来,脱口而出,显得亲切自然。不过,中性话题也有积极、消极之分。谈判者应当设法避免谈论令人沮丧的话题,如:"今天早上出门,十字路口出了车祸,那个司机受了重伤,交通堵塞了一个钟头,差点误了时间。"这无形中令人情绪低落。

4. 不要一开始就提出要求

如果一开始就提出要求,很容易使对方的态度马上变得比较强硬,谈判的气氛随之恶化,双方唇枪舌剑,寸步不让,易使谈判陷于僵局。由此可见,谈判尚未达成必要的气氛之前,不可不讲效果地提出要求,这不仅不利于培养起良好的谈判气氛,还会使得谈判基调骤然降温。

5. 以幽默的语言表达

借助形象生动的媒介,风趣诙谐的语言风格与对方交谈,以打破对方的戒备心理,引起对方的好感和共鸣。

(五)正确处理开局阶段的"破冰"期

开局阶段通常被称为"破冰"阶段。谈判双方在这段时间内相互熟悉、了解,对于正式谈判的开始起到了铺垫作用和充分的准备。那么到底"破冰"期应该控制在多长时间才比较合适呢?这要根据谈判性质和谈判期限的长短来区别对待。一般说来,"破冰"期控制在谈判总时间的2%到5%是比较合适的。比如,长达4个小时的谈判,那么用10分钟的时间来"破冰"就可以了。如果谈判要搞好多轮,并要持续数日,则"破冰"的时间相应也要增加,可用整天的时间组织观光或去娱乐场所,以沟通感情,增进彼此之间的了解。

"破冰"期是走向正式谈判的桥梁。如何掌握好"破冰"期的"火候",也是谈判者的一种艺术。成功的谈判者无一不从正确处理好"破冰"期开始。"破冰"期长了,会降低谈判效率,增大成本投入,甚至会导致谈判者感觉单调乏味,产生适得其反的后果;"破冰"期短了,会使谈判者感到生硬、仓促,谈判起来,没有"水到渠成"的感觉,达不到创造良好开端的目的。至于"破冰"

期究竟进行到何种状态才算适宜，这不仅要以时间的长度加以考虑，更重要的是靠谈判双方的经验、直觉。

小贴士 4－1

在“破冰”期应注意的问题

1. 行为、举止和言语不要太生硬。谈判“破冰”期应是感情自然流露。谈判双方的言行、举止，都应当是随和而流畅的，切不可语言生硬、举止失度，如说话粗俗等不良行为。

2. 克服紧张情绪。许多性格内向或没有经验的谈判者，由于心情紧张，在面对谈判对手时，手足无措，不知说什么好，结果使对方也很不自然。谈判者必须克服紧张情绪，不可唯唯诺诺，缩手缩脚。

3. 说话简洁、精练，不要啰嗦。有些谈判者啰里啰嗦，一句话重复很多遍，这在惜时如金的谈判桌前是最让人反感的，特别在谈判的一开始，会给人留下不好的印象。谈判者在“破冰”期内的用语必须注意效果，要简洁、精练。

4. 不要急于进入正题。在创造气氛中，我们已经谈到，谈判者初见面时不宜急于切入正题，而应首先沟通感情、增进了解。否则，便犯了“破冰”期之大忌。俗话说“欲速则不达”，谈判要循序渐进，不可心急。

5. 不要与谈判对方较劲。“破冰”期内的交谈，一般都是非正式的，通常采用漫谈的形式。因此，语言并不严谨。谈判者不可对对方的每一句话都斤斤计较，这会影响感情交流。不能一言不合，就立即回敬、反唇相讥甚至拍案而起，这只能弄巧成拙、招致蔑视。

6. 不要举止轻狂。“破冰”期是展示双方气质、修养的第一回合。谈判是一种文明竞争的方法。你一开场的言谈、举止，形成对方对你的第一印象的判断，如果谈判者在谈判的一开局就举止轻狂，甚至锋芒毕露地炫耀自己，就会给对方留下非常差的印象，甚至招致对方的反感。

（六）商务谈判开局阶段的方式

1. 谈判开局的基本方式

（1）协商式开局。协商式开局是指以协商、肯定的语言进行陈述，使对方对己方产生好感，创造对双方谈判的理解充满“一致性”的感觉，从而使谈判双方在友好、愉快的气氛中展开谈判工作。

（2）坦诚式开局。坦诚式开局是指以开诚布公的方式向谈判对手陈述自己的观点或意愿，尽快打开谈判局面，如：“××先生，您好，我们今天来主要是想就您关心的问题，谈一下自己的想法，同时征求您的意见。”开宗明义，直截了当。

（3）慎重式开局。慎重式开局是指以严谨、凝重的语言进行陈述，表达出对谈判的高度重视和鲜明的态度，目的在于使双方放弃某些不适当的意图，以达到把握谈判的目的。如：“××先生，您好，对于您昨天提出的土地价款能否再少一点的问题，我们进行了认真的研究，感到在这方面我们还不能答复您，因为这涉及到开发区的很多企业，我们是否采取另一种方式，先交50%，其余的等企业投资见效后用税款进行补交？您看如何？”

2. 谈判开局阶段的两种倾向

在谈判开局时，要把握竞争与合作的分寸。过分强调竞争的人寸土必争，使谈判开局就陷入尴尬；过分强调合作的人，由于迁就对方而使利益失衡，难以达到谈判目标。因此，谈判开局的竞争与合作问题，就成为首要问题，要防止保守与激进两种倾向。

(1)防止保守。开局阶段的保守，将会导致两种局面：一是一拍即合，轻易落于对方大有伸缩的利益范围，失去己方原来应该得到的利益；二是谈判一开始就迁就对方，使对方以为你的利益要求仍有水分，而把你的低水平的谈判价值保守点作为讨价还价的基础，迫使你做出更多的让步。

(2)防止激进。谈判一方单纯考虑自己的利益，而忘记了谈判是双方或多方的合作。由于自己的要求过高而损害别人的利益，则会出现两种不利的局面：一是对方会认为你没有诚意以至破坏了谈判的必要性，因此，谈判者在开局阶段，不仅要力戒保守，而且也要防止因提出过高的要求而破坏谈判的气氛；二是对方为了抵制过高的要求，也会"漫天要价"，结果只能导致徒劳无功浪费时间。因此，在谈判的开局阶段，谈判者既要有一个高目标，又要防止不切实际地"漫天要价"。

(七)开场陈述

开场陈述是指在开始阶段双方就本次洽谈的内容，陈述各自的观点、立场及其建议。它的任务是让双方能把本次谈判所要涉及的内容全部提示出来。同时，使双方彼此了解对方对本次谈判内容所持有的立场与观点，并在此基础上，就一些原则性分歧发表建设性意见或倡议。

1. 开场陈述的内容

开场陈述的内容是指谈判双方在开始阶段应表明的观点、立场、计划和建议，主要包括：

(1)己方的立场。即己方希望通过洽谈应取得的利益，及准备采取何种方式为双方共同获得利益做出贡献，今后双方合作中可能会出现的成效或障碍，以及己方洽谈的方针等等。

(2)己方对问题的理解。即己方认为本次会谈应涉及的主要问题以及对这些问题的看法、建议或想法等等。

(3)对对方各项建议的回答。如果对方开始陈述或者提出某些建议，我们必须对其建议或陈述做出应有的反应。

小案例 4-3

一桩土地买卖的开场陈述

甲乙双方就土地买卖进行谈判，双方所做的开场陈述内容如下：

甲方(买方)：这块地皮对我们很有吸引力。我们打算把原有建筑拆掉后盖商店。我们已经同有关部门打过交道，相信他们会同意的。现在关键的问题是时间，我们要以最快的速度在这个问题上达成协议。为此，我们准备简化正常的法律和调查程序。以前我们从未正式打过交道，不过据朋友讲，你们一向很合作的，这就是我们的立场，我是否说清楚了？

乙方(卖方)：我们非常愿意出售这块土地。但是，我们还承诺别的单位在这块地皮上保留现存建筑物。当然，这一点是灵活的。我们关心的是价格是否适当，反正我们也不急于出售。

2. 开场陈述的技巧

在开场陈述时，双方都不想把话说绝，也不会单方面让步。在这一阶段应该注意：

(1)说话要谨慎,不能把不想让对方知道的情况,暴露在对方面前。谈判人员应注意言辞和态度,不要因出言不慎或态度欠佳引起对方的反感。这样就会在谈判双方间筑起无形的墙,失去对方的配合。

(2)内容要把握要点,集中阐述己方想法。己方认为谈判控制在哪些范围合适;认为哪些问题较重要,应优先考虑;己方有什么希望,基本态度怎样;比较关心哪些问题;愿为谈判做哪些努力等等。

(3)己方开场陈述后,应留时间给对方陈述。在对方陈述时,应注意倾听,并对对方的观点和意见进行整理,分析对手的谈判目的和意图,找出双方的共同点与不同点,以确定己方策略。

(4)陈述内容要得到对方的首肯。对方同意陈述内容就意味着在最初谈判阶段双方意见相合。

(5)在对方陈述时,通过己方的提问,探知对方在谈判中所持立场的坚定程度,以便磋商中有的放矢地讨价还价。因此,要把对方陈述中的要点搞清,即使是再三询问也没关系。

(6)陈述既要简明扼要,内容要尽可能广泛,又要注意内在联系,以利于创造合作机会。

二、商务谈判的报价

(一)报价基础分析

报价是指谈判过程中一方或双方提出自己的价格和其他交易条件。报价得当与否对实现己方的谈判目标起着极其重要的作用。

1. 分析产品成本对报价的影响

产品的生产成本和销售成本是销售价格的决定性因素,质优价廉的原材料、先进的生产工艺、较高的生产效率和物流效率都会大大降低生产成本,为报价谈判增加更大的空间。

2. 分析市场行情和竞争态势

市场行情是指该谈判标的物在市场上的一般价格及波动范围,是对市场供求状况的反映,是价格磋商的主要依据。如果谈判的价格偏离市场行情太远,谈判成功的可能性就很小。因此,谈判者必须掌握市场信息,了解市场的供求状况及趋势,从而了解商品的价格水平和走向。只有这样,才能取得价格谈判的主动权。竞争态势是指谈判标的物在市场上或者行业中的现有竞争对手、潜在进入者等诸多因素组成的动态环境,价格谈判的目标体系的制定必须充分考虑到现有国内外市场环境中的主要竞争因素。

3. 多渠道了解判断谈判对手的战略意图和报价目标

由于谈判者的战略意图与利益需求不同,他们谈判时的底线也就不同。如某公司从国外某厂商进口一批货物,由于价格目标不同,则谈判结果有三种可能:国外厂商追求的是盈利最大化,某公司追求的是填补国内空白,谈判结果可能是高价;国外厂商追求的是尽快占领我国市场,某公司追求的是盈利最大化,谈判结果可能是低价;双方都追求盈利最大化,谈判结果可能是妥协后的中间价,也可能是谈判失败。

4. 考虑交货期因素对报价谈判的影响

商务谈判中,如果买方迫切需要购进或者卖方急于出售都可能会导致在谈判中忽视价格的高低。另外,如果某一方只注重价格的高低,而不考虑交货期的长短,也会对价格谈判的最终结果产生影响。所以,在价格谈判中充分了解对手对于交货期的敏感程度将有利于谈判者灵活运用谈判技巧,增加谈判成功的砝码。

5. 分析产品的内在因素对报价的影响

(1)产品整体价值。形式产品价值和外延产品价值是顾客购买产品时所获得的全部附加服务和利益,属于产品整体概念的一部分。在价格谈判中,产品整体价值指谈判标的物可以给顾客带来的附加利益和心理满足感,主要有售后服务、质量保证、品牌信誉、企业形象等。人们往往愿意多花钱买放心,或多花钱买便利,因此,这些附带条件和服务能够淡化标的物整体价格水平在人们心目中的地位,起到缓冲价格谈判阻力的作用。

(2)产品的复杂程度。产品结构、性能越复杂,制造技术和工艺要求越高和越精细,成本、价值及其价格就会越高,而且,该产品核算成本和估算价值就越困难。同时,可以参照的同类产品也越少,卖方价格标准的伸缩性也就越大。

6. 分析交易性质对谈判结果的影响

交易性质主要指的是特定的交易商品的交易规模、期限和范围对谈判结果的影响。大宗交易、长期交易、一揽子交易等往往比小笔生意或单一买卖更能减少价格在谈判中的阻力。在规模较大、期限较长和范围较广的交易中,基于巩固长期供需关系的目的,或是为了促使一揽子贸易的各个子项目都能够顺利达成,交易双方往往忽略价格核算的精确性或不便提出异议。对于买卖双方而言,该因素到底对哪一方有利,取决于哪一方的成交欲望更加迫切。一般来说,成交欲望越迫切,在谈判中越容易处于不利的地位。如买方急需要货填补市场空白,寻找稳定的货源,或者卖方产品积压,急需销货回款等。

7. 不同支付方式对价格谈判的影响

商务谈判中,货款的支付方式往往会对最终的谈判结果产生较大的影响。如在国内贸易中,是现金结算还是支票转账,是货到付款还是款到发货,是一次性付款还是分期付款或延期付款等;又如在国际贸易中,是一般贸易还是易货贸易等。这些因素都对价格谈判的结果有着重要影响,如能提出易于被对方接受的支付方式,将会使己方在价格谈判上占据优势。同理,如果对方提出了较为苛刻的支付方式,而己方为了货款的安全回收,则有可能在价格上做出让步。

8. 确定价格谈判的目标体系

无论何种形式的价格谈判,买卖双方都应该设立由最优期望的价格目标和最低限度的价格目标组成的价格目标体系。具体来说,卖方应事先确立一个可以承受的价格底限,同时确立一个最优期望的价格上限。而相应的买方也应设立一个可以承受的价格上限,同时确立一个最优期望的价格下限。对于买卖双方而言,这个界限不应该只是停留在主谈人意识中的模糊印象,应该事先将其具体化、数量化、目标化。必须指出的是,买卖双方必须以商品成本为基础,综合考虑上述各类影响因素后制定出合理的价格目标体系,过分脱离实际,一厢情愿的报价得不到对方的响应。

小案例 4－4

某机械厂老板准备出售他的三台更新下来的同型号旧数控机床,有一家公司前来洽谈,该老板十分高兴,准备开价每台 50 万元,共 150 万元即可成交。当谈判进入实质性的报价阶段,该老板正欲先报价,却突然停止,暗想:“还是先听听对方的想法为妙!”结果,对方在对这三台机床的磨损、故障、配件、附件及运行状态逐一分析评价后,以宽厚的口吻说:“我公司最多只能以每台 65 万元买下这三台机床,共计 195 万元,多一分都不行。”该老板窃喜,却表现得直皱眉头,还与其讨价还价一番,最后表现得很无奈地与对方成交,买方却非常满足。

(二)报价的形式

1. 书面报价

书面报价通常是指谈判一方事先提供了较详尽的文字材料、数据和图表等，将本企业愿意承担的义务，以书面形式表达清楚，使对方有时间针对报价作充分的准备，使谈判进程更为紧凑。但书面形式在客观上易成为该企业承担责任的记录，限制了企业在谈判后期的让步和变化。况且文字形式缺少口头表达的"热情"，在翻译成另外一种文字时，精细的内容不易翻译。因此，对实力强大的谈判者，书面报价是有利的；双方实力相当时，也可使用书面报价；对实力较弱的对手则不宜采用书面报价。

2. 口头报价

口头报价具有很大的灵活性，谈判者可以根据谈判的进程，来调整变更自己的谈判战术，先磋商，后承担义务，没有义务约束感。但一些复杂的要求，如统计数字、计划图表等，难以用口头阐述清楚。另外，如果对方事先对情况一无所知，他可能一开始并不急于展开谈判，直到他了解了基本情况才进行谈判，从而影响谈判进度。

(三)报价时一般应注意的问题

1. 报价要非常严肃、明确，切忌含糊其词

报价方必须要让对方准确无误地了解并相信己方报价的正确性以及他期望实现的可能性，尽量避免产生异议与误解(在一些重大的商务谈判中，有必要采用书面报价的形式)，这样才能达到提出报价的目的。

2. 报价要非常干练，不必做过多的解释或说明

如果你要使对方相信你的报价是符合情理的话，你就没有必要做过多的解释和说明。如果你主动向对方解释、评论你的报价，不仅会暴露你的意图、实力等秘密，而且会流露出你的信心不足。如果对方对你的报价有不清楚或不满意的地方，你不必担心，他会主动质疑的。

3. 报价要非常果断

只有报价果断，毫不犹豫，才有可能给对方一种诚实而又认真的伙伴形象。

小贴士 4－2

常用报价方法

1. 西欧式报价术

西欧式报价术又称发盘，按照发盘人的不同，西欧式报价可以分为两个类型。(1)卖方西欧式报价术。卖方报出较高的，有一定伸缩余地的销售价格，这个价格就卖方的最优期望的价格目标。买卖双方以此为依据，结合其他交易条件，如付款方式、品质售后保障、佣金折扣等条件作为平衡价格谈判的砝码进行反复磋商，其特点和一般规律是价格越谈越低，直至最终达成交易。卖方西欧式报价是该种报价术的主要形式。(2)买方西欧式报价术。买方提出较低的，但有一定伸缩余地的采购价格，也就是买方的最优期望的价格目标。买卖双方以此为依据，结合其他交易条件，如付款方式、品质售后保障、佣金折扣等条件作为平衡价格谈判的砝码进行反复磋商，其特点和一般规律是价格越谈越高，直至最终达成交易。实践证明，西欧式报价术适合大多数国家商人的商业习惯和商业思维，谈判成功率较高。在国际商务谈判中，西欧式报价术是最为常见的报价方法。

2. 日本式报价术

日本式报价术的特点和西欧式报价术正好相反。一般是报价人先报出一个令受盘人感到十分有吸引力的价格,以此为诱饵吸引受盘人的注意。同时附加一些有利于报价人的其他交易条件,如提出对报价人最为有利,而同时对受盘人最为不利的付款方式等。受盘人在接到此类报价后,一般会为了改善于己不利的其他交易条件而同意在价格上做出适当让步。(1)卖方日本式报价术。卖方报出最低的销售价格吸引买家注意,同时规定买方获得该优惠价格的前提条件——对卖方最为有利的其他交易条件。若买方要求改善这些较为苛刻的交易条件,则卖方就会相应提高销售价格。卖方日本式报价术的特点和一般规律是价格越谈越高,直至最终达成交易。卖方日本式报价是该种报价术的主要形式。(2)买方日本式报价术。买方报出最高的采购价格吸引卖方注意,同时规定卖方获得该价格的前提条件是同意对买方最为有利的其他条件。若卖方要求改善这些较为苛刻的交易条件,则买方就会相应压低采购价格。买方日本式报价的特点和一般规律是价格越谈越低,直至最终达成交易。这种报价方法在实践中较为少见。日本式报价术不是当前主流的报价方法,因为它看上去更像一个价格阴谋。这种报价方法不太符合商人的商业思维和习惯,并且在遇到业内行家或是谈判高手时,很容易被对方看穿。但是日本式报价术也并非一无是处。在竞争激烈、竞争对手众多时,采用日本式报价术很容易吸引对方的注意,能够为最终的成交增加机会。

(四)报价基本原则

1. 首次报价的原则

从法律意义上讲,在接到了洽谈邀请之后,买卖双方中的任意一方都可以进行首次发盘报价。但是在大多数交易洽谈中,由卖方发出的首次报价较为常见。对于首次报价而言,发盘者应该注意以下几点:

(1)如果是由卖方开始报价,则首次发盘通常应报出最高价,也就是上述的卖方最优期望的价格目标。一般而言,除非报价发出之后买方针对其他交易条款提出较为苛刻的额外要求,导致卖方迫不得已地提价来平衡己方应得利益,或者是卖方一开始就准备采用日本式报价术,否则卖方的首次报价在报出之后不得随意提高。

(2)如果是由买方开始报价,则首次的报价一般来说应该是事先确定好的最低价,即买方的最优期望的价格目标。同样道理,除非卖方针对其他交易条款提出较为苛刻的额外要求,导致买方迫不得已采取压价来平衡己方应得利益,或者是买方一开始就准备采用日本式报价术,否则,买方在价格报出后一般不应随意反悔压价。

2. 报价必须合乎情理

卖方的首次报价应该高一些,而买方的首次报价应该低一些,但是必须结合产品的实际成本和影响价格的其他主要因素进行合理定价。买卖双方的最终成交价格一般来说应该在双方的价格目标体系的重叠区段,也就是说双方对成交价格的期望值至少应该有一个交汇点,“漫天要价,就地还钱”势必会导致成交概率下降。

3. 报价内容应该明确、完整、无保留

报价态度要坚定,报价内容要清晰完整,不要吞吞吐吐,导致对方产生不信任感。一份明确、完整、无保留的报价能够体现发盘人的专业素质,比起含混不清、态度暧昧的报价更容易引起受盘人的信赖和关注。报价时不要对己方所报价格做过多的解释和说明,因为不管己方报价多少,对方都会提出质疑。如果在对方还没有提出问题之前,己方便主动加以说明,可能会使对方意识到己方最关心的问题，而这些问题有可能对方尚未考虑过。因此，有时过多地说明和解释，会使对方从中找出破绽或突破口。

上述是就一般情况而言的报价原则和策略，必须指出的是，报价在遵循上述原则的同时，必须考虑具体的谈判环境以及与对方的关系状况。如果对方为了自己的利益而向己方施加压力，则己方就必须以高价向对方施加压力，以保护本方的利益。如果双方关系比较友好，特别是有过较长时间的合作关系，那么报价就应当稳妥一点，出价过高会有损双方的关系。如果己方有很多竞争对手，那就必须把报价压低到至少能受邀请而继续谈判的程度，否则会失去继续谈判的机会。因此，实际谈判中应针对报价原则灵活地加以运用。

小案例 4－5

快餐店易主

刘先生经营一家快餐店，但他要移民了，打算把快餐店卖出去。于是在报纸上刊登了广告。一天，来了位张先生，张先生仔细地看了快餐店，很有兴趣，想和刘先生把价格给定下来。刘先生先报了价，要价 20 万元。张先生觉得太贵了，希望刘先生把价格减少一些。“张先生，您先听我和你介绍一下我这家店的情况。”刘先生笑着说，“我厨房的设备是前年更新的，买的时候花了 5 万元，现在就算折价也能值 2.5 万元，其他的餐厅设备是去年买的，也花了 3 万元。我的店正对面是大型商场，每天的人流量很大，而离我这最近的同业店在街尾。在商场的另一头，每天都有很多人到我的店消费的。”刘先生顿一顿，“去年的营业额是 20 多万元，利润大概是 8 万多元。你接手下来做，也就 2 年左右就能收回本了。如果不是我移民，你很难能用这个价格买到像我这样的铺子。”张先生在周边观察了一下，最终决定和刘先生签订交易合同。

三、商务谈判的磋商

(一)商务谈判磋商准则

磋商是谈判各方就价格解释、评论、讨价、还价和妥协的过程，磋商作为一个过程，有其准则。一般而言，磋商的准则包括逻辑次序、客观、礼节、沟通和重复。

1. 逻辑次序准则

逻辑次序，即磋商中内含的议题先后的客观逻辑。逻辑次序决定着谈判目标启动的先后次序与谈判进展的层次。

(1)启动的先后次序。谈判内容具有整体性与个性，整体性要求纵观全局，个性则要求区分差异。个性是体现在整体性中的个性，而不是孤立的个性。两者之间相互依存，相互影响。在磋商阶段，如果不注意区分整体性与个性之间的关系，不分先后次序，想起什么就说什么，就会混乱不堪。

(2)进展层次。在逻辑次序中含有逻辑层次，因而在磋商过程中，谈判者既要在整体上注意逻辑次序，又要在次序上，注意进展的层次。

2. 客观准则

客观准则指对磋商条件说理与要求具有一定的真实性。只有具备真实性的说理才会有说服的效果，只有符合实际的要求才会有回报的可能。

(1)说理的真实性。说理的真实性,即说出的道理有真实感和可靠性。在磋商中一般通过推理与实证这两种方式来表明。推理是指从分析表面现象及内部联系出发,归纳出对事物本质的判断和认识。当对手不配合,不提供足够资料让谈判者了解真实情况时,推理就是解开真实情况的金钥匙。实证是利用一切可供运用的真实资料说明问题。资料可以是文字、图片,也可以是众所周知的事实。事实胜于雄辩,谈判对手在实证面前一般会承认说理的实际性。

(2)要求的真实性。磋商过程中的任何要求应具有合理与可能性。这一原则集中体现在"量"的兼顾性和客观性上。具体地说,任何文字、立场、数字反映的要求均为"量"的要求,但是对"量"的要求,谈判双方各有其不同的衡量标准,"量"的合理性在谈判中融合了谈判双方的立场与要求,所以"量"有兼顾性。同时,"量"要有其客观性,不客观的量是不实际的。

3. 礼节准则

谈判磋商既是争论也是协商,在激烈争论的同时,应有相互尊重、谅解妥协。这就要求谈判者保持礼貌的行为准则。既要约束个人性格,严格要求自己,又要在态度上、用语上具有礼貌,且让对方感到受到尊重,即便观点有分歧,也要不失风度与分寸。

4. 沟通准则

磋商过程实质上是谈判双方相互沟通的过程。没有充分的沟通,谈判就很难顺利进展下去,也就不会产生积极的成果。没有充分的沟通,就会在误解与成见中产生对立情绪。谈判者要善于沟通,既要善于传播己方的信息,又要善于倾听对方的信息。谈判者要注意维护自尊,加强自信,善于将理解传达给对方并且相互信任,才能达到良好的沟通效果。

5. 重复准则

对于问题的解决,或者磋商中针对对方尚未改善的条件,反复申诉自己的观点,以促使对方改变立场或做出妥协。

(二)磋商阶段的起始分析

不同类型的商务谈判,磋商阶段开始的时间也是不同的。有的谈判在初始询价阶段结束之后顺理成章地进入磋商阶段,有的谈判可能在双方还未见面之时,暗中较量阶段就已经开始了。因此,那种认为谈判只有到了中后期才出现磋商阶段,才开始使用谈判策略的观点是不正确的。如果想在谈判的磋商阶段很好地使用相应的谈判策略,并取得良好谈判效果,则需要在谈判的准备阶段就开始做好铺垫,设立好具体的谈判目标。

1. 战略角度的谈判目标分析

从战略角度,谈判目标可以分为企业总目标、谈判目标和谈判某一阶段的具体目标。企业总目标一般会规定谈判的主要任务,也会对主谈人员造成一定的心理压力,即如果实现不了合作,则企业的经营可能会受到影响。

谈判目标要素主要针对谈判的具体细节内容,涉及的面较广,也是谈判耗时耗力的主要胶着点。

谈判进程根据时间进展还可以分为多个不同的小阶段,每个阶段需要根据谈判战略、谈判目标要素设定不同的小的具体目标。总体来说,初始阶段的目标是询价、报价、提出条件;磋商阶段的目标是讨价还价以及谈判目标要素的协商;收尾阶段的目标是审议合同条款、复查协商所有内容、商谈履行合同事宜。

2. 可行性角度的谈判目标

从可行性角度,谈判目标可以分为三个层次:最优期望目标、可接受目标和最低限度目标。最优期望目标实现的可能性较小,所执行的报价策略是喊价要狠,其目的是为了造势,为实现可接受目标创造条件；可接受目标是谈判方最基本、最主要的利益所在，更为接近实际，有一定的弹性和伸缩性，其定价即在此区间才能为广大潜在客户所接受；最低限度目标是指谈判者所指定的能够接受的最低条件。

（三）讨价还价

1. 讨价还价理念

讨价还价是谈判的必经过程。那种认为不用讨价还价就可以达成协议的合作，是没有持续效果的。使用一定的谈判策略进行讨价还价，不但可以为己方在谈判的可接受区间内争取到更多的利益，而且可能为谈判对方创造一定的心理剩余价值，有利于将来的再次合作，也有利于口口相传的营销。总之，一个能创造双赢价值的谈判，就一定要经过一番劳神费心的迂回曲折的讨价还价过程。

2. 讨价

讨价是指报价评论方在向报价解释方所做的各种解释说明进行批评之后，针对性或笼统性地向其提出改善技术或商业条件要求的行为。讨价方式有笼统讨价与具体讨价两种。笼统讨价是指从总体条件上或从构成技术或商业条件的所有方面提出重新报价要求的做法。该方式多用于第一次要价，一般在价格评论之后，或交易复杂而又缺乏足够的可比资料时。具体讨价则为针对分项报价内容，逐一要求对方重新报出改善价格条件的做法，常用于对手第一次或第二次改善价格之后，以及不易采用笼统讨价方式的报价，且对手坚持听取具体讨价的情况。

小贴士 4－3

商务谈判讨价规则

商务谈判中价格占有很重要的地位，但除此之外，报价还包括交货期、运输、付款方式、数量、质量、保证条件、服务条件等。所以讨价还应注意以下规则：

1. 永远不要接受对方最初的价格。有些谈判者看到对方第一次出价超出自己的期望值，常会立刻接受。但是这样做的结果会使对方有一种摸不着头脑的感觉，想到自己出价太低了，而在其他交易条件上苛求你，或者丧失了使对方进一步做出让步的可能性。总之，过快地接受对方的最初价格是极不明智的。

2. 没有得到对方的交换条件，永远不要轻易让步。每个谈判者必须牢记，做免费让步或未经讨论的轻率让步是谈判之大忌。轻易地做出让步，对方往往不珍惜，反而会助长对方的贪欲，从而提出更加苛刻的要求。

3. 不要轻信对方的话。如果对方声称由于某个原因，某个问题不能不妥协，就不要轻信他的话，要设法试探他所说的话是否确实，并以此权衡利弊，再作决断。

4. 最好不要在重要问题上先做让步。除了必要做出的让步以外，应先在较小的、不太重要的问题上做出让步，以争取对手在较大问题上做出让步来回报自己。最好不要在重要问题上先做让步。实践证明，在重要问题上先作让步的一方，往往是谈判终局的失败者。接受对方的让步时，不要感到不好意思或者有罪恶感，要先控制住情绪，了解对方让步的真实目的，告诉对方做出这个让步是何等聪明。

5. 不要一开始就接近最后的目标。谈判者总是最先提出最高要求，只有傻瓜才会一开始就提出最低要求。

6. 不要以为你的期望值已经很高了。你的要求可能会太容易达到，对方很可能有一套与你不同的标准价值。

7. 不要以为已经了解了对方的要求。应谨慎地假定你不了解对方的要求，然后耐心地试探和发现事情的真相，要对谈判将涉及的每个问题预先建立自己的期望目标。如果对谈判的所有问题没有作好充分的准备，不要急于开始谈判，否则，可能会犯严重的错误。

8. 不要忘记自己的让步次数和幅度。因为让步次数和速度是你进一步谈判的力量。因此，要保持一份完整的记录，记下自己全部让步的次数和幅度。让步的形态不要表现得太明显，每个让步都应指向可能达成的协议，但不能让对方看清你真实的目标所在。

9. 要懂得让步的辩证法。前面所讲的让步形态也好，让步技巧也好，所举的具体数字也好，都要根据具体情况，作具体分析，不能一概而论，生搬硬套。必须知彼知己，依据谈判进展情况等，选择不同的让步方式，心中要牢记谈判的目的，即争取最好的利益。

3. 还价

还价是评论与讨价之后，被讨价人向讨价人要求给出具体价格意见，而讨价人对此要求做出具体回应的行为。还价可分为从动式与主动式，从动式还价是指根据讨价方式而给出还价，主动式还价即按还价人的谈判策略而制定还价方式。还价方式也可分为总体还价与具体还价，总体还价即对全部价格条件的总和进行还价，具体还价则对所有价格内容逐项做出价格回应的做法。

小案例 4－6

爱迪生的胜利

爱迪生发明了电报以后，西方联合公司表示愿意买下爱迪生的这个新发明。爱迪生对这个新发明究竟应该要多少价疑惑不决，他的妻子建议开价 2 万元。“这么高?”爱迪生听了目瞪口呆，他觉得妻子把这个新发明的价值看得太高了。不过，到了谈判的时候，他还是打算照妻子的建议要价。谈判是在西方联合公司的办公室进行的。“爱迪生先生，你好!”西方联合公司的代表热情地向爱迪生打招呼，接着就直率地问爱迪生，“对你的发明，你打算要多少钱呢?”爱迪生欲言又止，因为 2 万元这个价格实在高得离谱，很难说出口。但究竟开个什么价比较好呢？他陷入了思考。办公室里没有一点声响，对方在等待。爱迪生虽然有点着急，但还是沉默着。随着时间的推移，沉默变得十分难熬。西方联合公司的代表急躁起来，然而爱迪生仍然没有开口。场面十分尴尬，西方联合公司的代表失去了耐心，终于按捺不住试探性地问:“我们愿意出 10 万元买下你的发明，你看怎么样?”这大大出乎爱迪生的意料，因为他和妻子在讨论时觉得能卖 2 万元已经很不错了，于是爱迪生当场答应交易。

4. 议价

商务谈判的讨价还价之后，谈判者就要进行磋商议价。商务谈判议价的原则如下：一是判断价格危机，灵活弹性处理。如果对方口头上要求降价，却讲不出理由，那么这只是对方想探探你的底价而已。可是如果对方以竞争对手的底价比较，甚至拿出意向书给你瞧，在对手如此坦诚的情况下，你至少得象征性地降价了。二是要求对方出价，找出差距，采取相应措施。三是报价议价的次数不要超过三次。价格频繁地降落与直线下跌都会使对方要求越来越多，恨不得挤干你所有的利润。四是注意落价比率，宜越来越小。这会使对方意识到这已接近底价了。五是当对方希望了解己方的报价理由时，原则上只告诉对方最基本的内容，不必过多地解释和说明，因为言多必失。六是降价要有要求，促进交易快捷圆满地成交。不要因为对方要求降价而降价，这样并不会增加对方对你的好感。

小案例 4－7

有一个走江湖的相士，一日，忽蒙县官召见。见面时，县官对他说："坐在身旁的三人当中，一位是我的夫人，其余是她的婢女。你若能指出哪一位是夫人，就可恕你无罪。否则，你再在本县摆相命摊，我必按'妖言惑众'惩处你。"相士将衣饰发型一致、年龄相仿，同样面无表情的三位女子打量一遍，就对县官说："这么简单的事，我徒弟都办得到了。"他的徒弟应师父之命，将三位并排端坐的女子从左往右看，从右往左看，看了半天，仍然一头雾水。他满脸迷惘地对相士说："师父你没有教过我啊？"相士一巴掌拍在徒弟的脑袋上，同时，顺手一指其中一位女子说："这位就是夫人。"在场之人全部傻住了，没错，这人还真会看相。

事实上，相士一巴掌拍在徒弟脑袋上时，师徒二人的模样颇为滑稽。少见世面的两个丫环忍不住掩口而笑。那位依然端坐，面无表情的女子当然是见过世面而又有教养的夫人啦。

四、商务谈判终结

（一）商务谈判终结的判定

商务谈判何时应该终结，这是谈判者在商务谈判结束阶段要考虑的重要问题。因为过早或过晚结束谈判可能都要付出相当大的代价。谈判者必须正确判定谈判终结的时机，谈判双方才能减少谈判损失，增大谈判收益。

1. 以谈判所涉及的交易条件来判定

以谈判所涉及的交易条件，诸如商业、法律、技术、数字的等条件解决的状况，来衡量全场谈判是否终结。

（1）分歧量。指以双方交易条件中尚余留的分歧量为判断根据。如从交易条件看，所剩的分歧量极少时，无论是关键性条件，还是次要条件，均可视谈判已进入终结阶段。

（2）成交底线。即以谈判条件是否进入成交底线，来判定谈判是否进入终结阶段。成交底线是指可以接受的最低交易条件，是达成协议的下限。交易涉及的各方面均存在下限、中限和最佳交易条件的具体要求。谈判者所做的一切努力就是力保下限、争取中限和最佳交易条件。当对方已同意的条件已经进入己方内定的成交底线时，谈判自然进入终结阶段。

（3）一致性。指交易条件全部或基本上达成一致，尚余个别问题需要作技术处理的情况。当谈判达到这种状态时，可以判定谈判终结就要到来。例如，有的交易涉及到高技术限制问题。在其他交易条件达成一致后，交易双方要对这个十分敏感的问题做技术处理。首先应由双方专家以双方认可的文字，共同拟定具约束力的文件，然后上报双方上级签字。其时间应在达成文字协议之时，其保密程度要高于其他相关的协议文件。这些问题如不适时适当处理，势必会在其他内容签约后，成为严重问题。

2. 以时间来判定

谈判的过程必须在一定时间内终结，当谈判时间即将结束，谈判自然也就进入终结阶段。时间判定准则有如下三种标准：

(1)双方约定的谈判时间。在谈判开始前，谈判双方就确定了所需的时间。整个谈判的人员及程序安排均依此而行，当谈判已经接近所定的时间时，谈判自然也就进入终结阶段。

(2)单方限定的谈判时间。单方限定谈判时间的长短是判定谈判终结的另一标准。单方限定时间的动机是多方面的。这些动机有可以明示的，也有不可明示的，故单方限定时间内，不一定都要说出原因，只是以请求、通告形式明示即可。单方限时的谈判一般情况下按照时限而结束谈判，有时在尚未达成协议，而双方又有诚意继续谈判时，终结也可视为暂时告一段落。

(3)第三者给定的时间标准。在竞争性的谈判中，谈判有第三方参与，此时谈判的时间除了双方的需要外，还受第三者的影响，此即为第三者给定的谈判时间。第三者谈判的进度是自己判定交易成败的参考因素。应该指出的是，第三者给定谈判时间是间接给定时限，因为第三者无权对你限制谈判时间，而是通过你的对手反映它的要求。如你的对手说，某某即将给己方最终报价。贵方何时报出最优惠的条件。一般来讲，具有诚意的谈判对手会明示第三者最后阶段的时间，即明示最后谈判期限。总之，第三者的竞争对谈判终结会有影响，有时甚至是决定性影响。

3. 以谈判策略来判定

由于谈判策略实施后决定谈判必然进入终结，即为谈判终结策略。谈判终结策略对终结具有特殊的影响力。它表现为一种最终冲击力量，具有终结的信号作用。常见的终结性策略有边缘政策、折中进退、一揽子交易和冷冻政策。

(1)边缘政策，即在谈判中以谈判破裂相威胁，从而达到向对手施压的目的。其特征是凶、狠、分量重，孤注一掷，成败在此一举。故边缘政策可以作为谈判终结的标志。

(2)折中进退，即根据双方立场和条件的差距之和取中间条件作为双方共同进退或妥协以解决最后谈判的策略。如谈判双方经过多次磋商互有让步，但还存在残余问题，而谈判已费时日久，为了尽快达成一致，谈判的一方提出一个方案，即各自相同的幅度做出退让，如果对方也赞成这一建议，即可判定谈判终结。

(3)一揽子交易，就是为双方谈判至最后或临近预定谈判结束时，以各自坚持的条件做整体的进退交换，以求达成协议的策略。总体条件的交换具有决战的味道，所以，可视其为判定谈判终结的标志。

(4)冷冻政策，即暂时中止谈判的做法。在谈判中，或者由于条件差距太大，但双方又有成交的需要而不愿破裂谈判，或者由于谈判标的还有可比较、可选择的其他机会，而需腾出人手来加以利用，或者由于特殊困难，而谈判双方又有成交诚意，此时，谈判双方可采用冷冻政策来暂时中止谈判。

(二)商务谈判结束的方式

1. 成交

即谈判双方达成协议，交易得到实现。其前提是谈判双方经过多次磋商达成共识。成交本身一般有两种情况：

(1)完全成交，相对原谈判内容而论的全部成交，即凡对供货量、范围不做修改，仅就交易的条件进行谈判、达成成交协议的为完全(全部)成交。

(2)部分成交，相对原谈判的交易标的而言，经过谈判，仅就其中部分内容达成成交协议，即为部分成交。实际上，在成套项目或大宗交易谈判中，经谈判，双方常常对供货内容或数量、交货期，根据双方的可能做出调整，当达成交易时，已非原来标的全部内容。

2. 中止

即双方因某种原因未能达成全部或部分成交协议，而由双方约定或单方要求暂时终结谈判的方式。在解决最后分歧时发生中止，就是终结性中止。中止可以分为有约期中止与无约期中止。

(1)有约期中止，指双方对中止谈判的时间予以约定的中止方式。有约期中止的特点是双方给了一个约期，因此，是一种谈判终结的积极手法，其目的是促使双方创造条件最后达成协议。

(2)无约期中止，即在中止谈判时，双方对恢复谈判的时间无任何约定。无约期中止最典型的是冷冻政策。此外，因双方对造成中止的原因不能控制时，也会采取无约期中止的做法，如涉及国际协议的批准，国家政策突变，经济形势恶化等超越谈判者意志之外的重大事件时，谈判双方就难以约定具体恢复谈判的时间了。

3. 破裂

指双方经过最后的努力仍然达不成协议，或友好而别，或愤然而去，从而结束谈判。谈判破裂的前提是双方已无任何磋商余地，至少在谈判范围内的交易已无任何希望，谈判再进行下去已经毫无意义了。谈判破裂是谈判中不可避免的现象。从某种意义上讲，谈判的破裂次数比成交的次数更多，不过，明智的谈判者在失败时，力求将损失减少到最低程度。谈判破裂可分成友好破裂结束谈判和愤然破裂结束谈判两种破裂方式。

(1)友好破裂结束谈判。友好破裂结束谈判是指双方互相体谅对方面临的困难，讲明难以逾越的实际障碍而结束谈判的做法。在友好破裂方式中，双方坚持的只是交易条件和利益，双方的态度始终是友好的。如甲方说："很抱歉，虽然己方经过许多努力，且贵方也反复研究，但双方差距仍然很大，看来，这笔交易很难成功。假如贵方有新的条件，我们还可以谈；若实在有困难，就不勉强贵方做这笔交易，我们可以在别的方面继续合作。""我十分愿意日后与贵方再度合作，为促进双方的交易进行新的谈判。"友好破裂结束谈判的特征是态度友好，分寸得当，尊重对方，立足长远。

(2)愤然破裂结束谈判。愤然破裂指双方或单方在一种不冷静的情绪中，结束未达成一致的谈判。造成愤然破裂的原因很多，如对对方的态度强烈不满、情绪激愤；根本不想再做这笔生意，出口恶气，图一时之快，轻视对手；在对待交易上，不注意利益等实质性内容，较多责怪对方言语、态度及行为；在个性上，自尊心太强，性格暴躁，处事直率等等。然而，不论是何种谈判破裂，毕竟不是好事。即便策略性破裂，也要慎之又慎。尤其是挑起谈判破裂者，更易被动。所以，在破裂情况下，首先要尽力使双方情绪冷静下来，尽量以友好破裂结束谈判；其次，要摆事实讲道理，要以理服人、以情感人、以礼待人。

小贴士 4－4

商务谈判终结的原则

谈判终结的方式可能各异，谈判终结的原则却基本相同。其基本原则如下：

1. 不二性原则

谈判终结的不二性原则，指当谈判结束时，双方达成的协议或破裂、中止的状态不得改变。不二性原则有两个特征：明确与不变。明确，即指与交易相关的一切条件，无论从听觉上、视觉上、感觉上，以及实际利益上，当事人或第三者不会产生任何不同的理解。不变，是指双方交易相关的一切条件达成协议后，绝不反悔，即承担信用约束、法律约束的义务。

2. 条法性原则

谈判终结的条法性原则指双方所达成的各种交易条件，以相应的法律形式表达，使之具有法律的约束力。为确保谈判终结达到条法性原则要求，必须满足三个条件，即口头协议文字化、文字协议格式化、文本一体化（对文本进行逻辑整理、排序、穿插引证，使之成为合约不可分割的有效组成部分，并使双方不同文字的文本从格式到文字意思完全一致）。

3. 情理兼备性原则

谈判终结的情理兼备原则是指终结谈判不论其方式如何，都应具有友善与客观的效能。尽力创造友好气氛，尽力阐明理由，使对方感到深受尊重，成交固然可喜，破裂也要坦然面对。

4. 彻底性原则

谈判终结的彻底性原则是指结束谈判时所论及的交易内容要全面，各内容论及的深度要透彻，不能再出现未尽事宜。

（三）商务谈判成交

谈判经过一番艰苦的讨价还价，对所谈的每个问题都已经谈过并由于双方的妥协让步之后，双方的观点逐渐趋向一致，双方可以从各自的角度促使买卖成交，此时谈判就进入了成交阶段。成交阶段就是参与谈判的各方下决心按磋商达成的最终交易条件成交的阶段。这一阶段可以分为成交和正式签约两个过程，其主要目标有三个方面：一是力求尽快地达成交易；二是尽量保证已取得的利益不要丧失；三是争取获得最后的利益收获。

1. 成交过程

即谈判双方达成交易协议，包括全部达成协议和修改原谈判目标。在成交时，所谈判的内容已经彻底解决与明晰，不存在分歧，所达成的承诺绝不能模棱两可或含糊不清，谈判所达成的条款具有合法性，并可以在实际中履行，这时就可以确定成交并着手签订相关合同。在成交阶段，要注意以下问题。

（1）成交阶段的最后一次报价。在交易达成阶段之前，谈判双方都要做最后一次报价。谈判者可用如下方式传递成交信号：①用简短的语言表明自己的立场，如“这就是我最后的立场了，现在看你的了”；②谈判者在表明自己的立场时，完全是一种最后的决定的语调，坐直身体，双臂交叉，文件放在一边，两眼紧盯对方，不卑不亢，没有任何紧张的表现；③谈判者所提出的建议是完整的，没有含糊之处，回答对方的问题尽可能完整，常常只回答一个是或否，使用短词，少谈论据；④一再向对方表明，现在结束谈判对他是有利的，并告诉对方一些好的理由。一般而言，谈判一方通常发出这些信号，在于促使对方积极行动起来，尽快达成交易。但是要注意不能过分使用高压政策，否则有可能使对方退出谈判，导致出现谈判僵局或谈判破裂。当然，也不能过分表示出希望成交的热情，否则对方就可能会要求己方做出更大的让步。

（2）最后让步应注意的问题。一是不要过于匆忙地报价，否则会被对方认为是另一个让步，对方会希望再得到些东西。因此，最后的让步分两步走，主要部分在最后期限之前提出，次要的让步作为最后的甜头在最后做出。二是严格把握最后让步的幅度。一般来讲，最后让步的幅度大小必须足以成为预示最后成交的标志。在决定最后让步幅度时，一个主要因素是看对方接受这一让步的这个人在对方组织中的地位。合适的让步幅度是刚好满足较高职位的人维护其地位、尊严的需要，对较低职位的人来讲，以使对方的上司不至于指责他未能坚持为度。三是让步与要求同时进行。除非己方的让步是全面接受对方的现时要求，否则必须让对方知道己方做出最后让步之前或做出让步的过程中也要求对方做出相应的让步。例如，在提出己方让步时，示意对方这是谈判者个人的主张，很可能会受到上级的批评，所以要对方予以同等的让步或者指出己方愿意这样做，但要以对方的让步作为交换条件。

(3)谈判记录的整理。每一次谈判之后，重要的事情应写成一份简短的报告或纪要，并向参与谈判的各方公布，这样可以确保协议不致以后被撕毁。谈判者通常要争取自己一方记录，在最后阶段，检查、整理记录，双方共同确认记录正确无误。所记载的内容是起草书面合同的主要依据。在商务谈判中，尤其是一项长期、复杂，甚至需要若干次会谈的大型谈判中，每当一个问题谈妥，都需要通读双方的记录，查对一致，力求使达成的协议不存在任何含糊不清的地方。

2. 签约过程

谈判达成一致意见后，要形成书面文件，签订经济合同或协议书。合同的签订，不仅是衡量谈判成功与否和结果合法可行与否的重要标志，而且也是保证和实现商务谈判成功的重要形式。因为合同具有法律效力，双方签字并批准生效后，就成为约束双方的法律性文件，双方必须履行合同规定的应尽义务。

(1)合同的形式和注意事项。贸易合同是买卖双方为达到一定的经济目的，在自愿、平等、互利的基础上，经过谈判和协商，以符合国家法律规定的形式确定双方之间的权利和义务关系的书面文件。在签订合同之前，首先需以谈判记录为基础草拟合同。此时，不仅要反复核查书面承诺，也不能忽视核实对方的口头允诺。在签字之前重读协议，就达成的价格、条件、送货方式、品质等条款严格审阅。当交易双方意见协商一致时，合同便告成立。

①合同的形式。我国合同法规定，经济贸易合同应采用书面形式。书面合同的好处是可以在双方发生争议时起到证明作用。常见的正式书面合同一般采用两种形式：一种是正式合同，一般有印好的固定格式，条款较多，内容全面、完整，并且对交易双方的权利、义务以及出现争议后的解决方式都有明确的规定，买卖双方只要按谈好的交易条件逐项填写，经双方签署后即可。正式合同的正本一般一式两份，签署后双方各保留一份，作为履约和处理争议的依据。另一种是成交确认书，也称为简式合同，如销售确认书或订单，涵盖的内容比较简单，通过函电或口头谈判的交易成交后，双方可寄交给对方确认书，列明达成交易的条件，作为书面证明。

②合同主体的资格问题。合同主体的资格问题是指法律意义上的资格问题，即对方公司的签约能力和履约能力。根据公司法的规定，公司必须通过它授权的代理人才能订立合同，而且其合同范围不得超出公司章程的规定。在考察了对方的签约能力之后，还要考察其履约能力，即考察对手的负债与实际资产的状况。如果资不抵债或负债率过高，将是一个危险的信号。

③合同的效力问题。商务谈判成功的最终结果就是双方签订合同。依法订立的合同是受法律保护的，无效合同与可撤销合同则会导致谈判双方的合法权益得不到法律保护。了解合同的基本概念和各国法律中合同有效成立的要件，对于谈判人员来说非常有必要。

(2)合同文本的起草。通过合同起草，可以厘清谈判内容，推敲交易条件，审视操作实务。所以，谁起草合同文本，谁就掌握主动。因此，在谈判中应重视合同文本的起草，尽量争取由己方起草。合同起草应从实际出发，反映谈判所解决的实际需要，切忌照搬、照抄他人合同或标准格式。一般来讲，合同起草有如下基本要求：

①书写内容必须真实。合同的内容必须真实地反映谈判过程中所达成的各相关原始协议，合同内容如有疏漏或分歧，必须坚持双方补正或取得共识。

②书写方式必须规范。合同的文字不能像口头语那样即兴、随机，应当把双方口语化表达的意思用规范化的条文确定下来，使谈判的内容明确、具体，便于实际操作和履行。

③要使合同合法有效。合法性是合同的生命，书写合同要按照法律要求，整理加工成为符合法律要求的生效文件。除了内容合法外，合同形式也要符合法律规定。例如，正式合同要有双方谈判代表的签字，法人作为合同当事人要加盖公章，合同有附件的应注明合同的有效部分，书面合同的书写必须清楚、整洁，不得随意涂改或模糊不清等。

④书写合同的语言文字必须严密准确。合同的语言必须严密准确，意思表达清晰明确，且前后一致，合同用语不能笼统，要具体明晰，行文要简练，明白易懂。

⑤反映专业特点。合同书写要体现不同专业领域的特点、习惯和要求，合同不能不加鉴别地套用统一格式，搞得不伦不类，使合同难以发挥规范当事人之间权利与义务关系的作用。

(3)合同的签字。在合同签字前，对于用两种以上文字的合同，要核对其文本的一致性；用一种文字起草的合同，要核对谈判协议条件与文本的一致性。核对各种批件，主要是项目批件、许可证、用汇证明、订货单等是否完备，合同内容与批件内容是否相符等。对谈判中谈过而故意歪曲的问题，可明确指出审核中发现的问题，要及时互相通告，通告再谈判，达成谅解一致，并相应地调整签约时间。

在审核中格外应注意的问题有合同与谈判记录不吻合；故意犯错误，如数字、日期和关键概念等；合同文字含糊不清、模棱两可等。

小案例 4-8

深圳市曾经和澳大利亚的一个商人合营一个建筑材料的采石场，签订合同时只说明每运走一车石头，澳方给12澳元，但未注明多少载重的车。澳方就钻空子，一开始用载重5吨的汽车转运，后来派7吨的车也交12澳元，最后派12吨的车来还是12澳元。如果事先考虑周到，在合同上注明是载重5吨的车，那么就不至于吃此哑巴亏了。

(4)合同的变更、解除及纠纷的处理。合同的变更与解除既是商业行为，也是法律行为。从商务的角度看，在合同签订以后，谈判双方尚未完全履行之前，各方代表就合同内容协商增加或删减某些条款，就产生了合同变更。合同的解除是指合同履行前或者未完全履行时对合同提前终止。谈判合同变更或解除必须具备下列条件之一：合同当事人一致同意；宏观因素变动使合同的履行不可能；一方无法履行合同；一方严重违约；发生不可抗力事件；合同约定的解除条件出现导致合同无法继续履行。

对于合同纠纷的处理主要有协商处理、调解处理、仲裁、诉讼处理等方式。

协商处理是解决合同纠纷的一种有效方式，是指争议发生后，由争议双方自行磋商，各方都做出一定的让步，在各方都认为可以接受的基础上达成谅解，以求得问题的圆满解决。协商处理的优点是不用第三方介入，气氛比较友好，而且省事、省时、省钱、省力，所以被普遍采用。

调解处理是指合同纠纷发生后，由第三方从中调停，促进双方当事人和解。调解作为一种由第三方来说服双方的调停工作，目的是希望双方互谅互让，平息争端，自愿让步而达成协议。

仲裁是指发生争议的各方当事人自愿达成协议，将他们之间发生的争议提交一定的仲裁机构仲裁解决的一种办法，裁决结果对各方当事人均具有约束力。仲裁具有行政和司法的双重性质。

诉讼处理是指经济纠纷的一方当事人到法院起诉，控告另一方当事人的法律制度。法院的判决具有国家强制力。

3. 谈判总结

谈判结束后，不管是成功，还是失败，都要对谈判工作进行全面、系统的总结。总结从准备工作开始，直至结束，对整个谈判进程都要回顾、检查、分析和评定，吸取每次谈判的经验和教训，不断提高谈判水平。下面主要介绍商务谈判的价值评判标准、商务谈判总结的内容以及商务谈判总结。

(1)商务谈判的价值评判标准。什么是成功的谈判？有人认为自己在谈判中获得的经济利益越多，谈判越成功；也有人认为在谈判中气势越高，谈判越成功。这些说法都不全面，商务谈判的价值评判标准可归纳为以下几条：一是商务谈判目标的实现程度，这是评价谈判成功与否的首要标准；二是谈判的效率，指谈判所获收益与所费成本之间的对比关系，谈判成本包括为达成协议所做的所有让步之和、为洽谈所耗费的各种资源之和及机会成本；三是谈判后的人际关系，评价一场谈判成功与否，不仅要看各方的市场份额、出价高低、利润分配等经济指标，还要看谈判后双方人际关系如何，这也是商务谈判成功的重要标志。

综上所述，一场成功的谈判应当是通过谈判，双方的需求都得到满足，而且这种较为满足的结果是在高效率的节奏下完成的，同时双方的友好合作关系得以建立或进一步发展。

(2)商务谈判总结的内容。

①与谈判过程有直接关系的内容，谈判的准备工作情况、谈判的目标及实现情况、谈判的效率、谈判成果的综合分析、谈判过程的具体情况等，包括评价己方谈判程序的安排是否合理、控制是否适度、谈判日期和地点的选择对己方之利弊等内容。总结谈判成功的主要经验并对重大失误进行分析。

②客户情况，评价谈判对手包括对对方的印象、对方成员的工作作风及效率、对方关心和厌恶的问题等，对一些重要的或有长期合作关系的人员，要建立档案材料，将对方的谈判经验、谈判风格、策略及技巧、对方的长处及短处等都要整理成文，以便取他人之长、补己之短。

③其他情况，企业对谈判人员所确定的职责、给予的权利以及管理情况的适宜性、企业所要求的谈判原则与交易条件的合理性、企业给予谈判工作的后援、通讯联络等方面的保障情况。

(3)商务谈判的总结。

①回顾情况，整理记录。谈判的总结应在谈判结束后及时进行，这是因为参与谈判的人员此时正处在情绪激动的状态中，对谈判的感受深刻、记忆全面，此时对谈判工作进行回顾，能做到认真而准确。回顾总结谈判工作必须建立在事实的基础上，力求客观。对谈判过程中的记录、各种相关文件、资料都要按时间顺序或问题序列加以分类整理，形成一个真实反映谈判情况的完整材料。

②分析和评定谈判情况。应根据谈判的具体情况，找出经验教训，做出客观评价。对取得成功的谈判人员，要给予表彰和奖励。

④提出改进措施和建议。改进措施与建议要具体，并且要有科学性和说服力。

⑤写出总结报告。总结报告应形成书面材料，内容要简练，观点要明确。力求重点突出，

忌主次不分。

小 结

完整的商务谈判过程一般包括开局、报价、磋商和成交。开局阶段的主要工作是建立良好的洽谈气氛、选择开局方式和做开场陈述。报价阶段的核心是进行科学报价，对价格的基础、原则等做充分准备，采取科学的方法进行报价。在磋商阶段，谈判者应善于进行讨价还价，避免谈判冲突，进行让步和打破僵局。成交阶段是谈判的最后阶段，把握成交时机、审核交易条件、签订合同是这个阶段的主要任务。合同是谈判的成果，谈判者必须掌握商务合同的基本内容、编写方法以及违约处理办法等。

练 习

一、名词解释

1. 谈判气氛
2. 开场陈述
3. 书面报价
4. 磋商
5. 讨价

二、选择题

1.（　　）又称非实质性谈判阶段，是指从谈判人员见面到进入具体交易内容的讨论之前，彼此介绍、寒暄以及谈判一些非实质性的问题。

A. 开局　　B. 报价　　C. 磋商　　D. 成交

2. 商务谈判磋商准则包括（　　）。

A. 逻辑次序准则　　B. 客观准则　　C. 礼节准则　　D. 沟通准则

3.（　　）以谈判策略来判定谈判终结。

A. 折中进退　　B. 双方约定的谈判时间

C. 成交底线　　D. 冷冻政策

4. 商务谈判的价值评判标准有（　　）。

A. 商务谈判目标的实现程度　　B. 谈判的效率

C. 谈判后的人际关系　　D. 利润分配

5. 在交易达成阶段之前，谈判双方都要做最后一次（　）。

A. 报价　　B. 讨价　　C. 还价　　D. 议价

三、判断题

1. 在低调气氛中，谈判对手往往只注意到自己的有利方面，而且对谈判前景的看法也倾向于乐观。（　　）

2. 在谈判的开局，要把握竞争与合作的分寸。（　　）

3. 对于问题的解决，或者磋商中针对对方尚未改善的条件，反复申诉自己的观点，以促使对方改变立场或做出妥协，这体现了磋商的礼仪原则。（　　）

4. 笼统讨价是针对分项报价内容，逐一要求对方重新报出改善价格条件的做法，常用于

对手第一次或第二次改善价格之后，以及不易采用笼统讨价方式的报价，且对手坚持听取具体讨价的情况。（　　）

5. 谈判者所做的一切努力就是力保下限、争取中限和最佳交易条件。（　　）

四、简答题

1. 如何营造自然的开局气氛？
2. 简述谈判开局的基本方式。
3. 在开场陈述时，应该注意的事项有哪些？
4. 简述报价的基本原则。
5. 简述商务谈判议价的原则。
6. 在谈判让步时，应注意哪些问题？

案例分析

2017年7月下旬，中外合资重庆某房地产开发有限公司总经理张先生，获悉澳大利亚著名建筑师尼可·博谢先生在上海作短暂的停留。张总经理认为，澳大利亚的建筑汇聚了世界建筑的经典，何况尼可·博谢是当代著名的有许多杰出作品的建筑设计师！为了把正在建设中的金盾大厦建设成豪华、气派，既方便商务办公，又适于家居生活的现代化综合商住楼，必须使之设计科学、合理，不落后于时代新潮。具有长远发展眼光的张总经理委派高级工程师丁静副总经理作为全权代表飞赴上海，与尼可·博谢先生洽谈。既向这位澳洲著名设计师咨询，又请他帮助公司为金盾大厦设计一套最新方案。

丁静女士一行肩负重负，风尘仆仆地赶到上海。一下飞机，便马上与尼可·博谢先生的秘书联系，确定当天晚上在一家名为银星饭店的会议室见面会谈。

下午5点，双方代表准时赴约，并在宾馆门口巧遇。双方互致问候，彬彬有礼地进入21楼的会议室。

根据张总经理的指示精神，丁静女士一行介绍了金盾大厦的现状，她说："金盾大厦建设方案是在七、八年前设计的，其外形、外观、立面等方面有些不合时宜，与跨世纪建筑的设计要求存在很大差距。我们慕名远道而来，恳请贵公司合作与支持。"丁静女士一边介绍，一边将事先准备好的有关资料，如施工现场的相片、图纸，国内有关单位的原设计方案、修正资料等，提供给尼可·博谢一行。

尼可·博谢在我国注册了"博谢联合建筑设计有限公司"。该公司是多次获得大奖的国际甲级建筑设计公司，声名显赫。在上海注册后，尼可·博谢很快赢得了上海建筑设计市场。但是，内地市场还没有深入进来，该公司希望早日在大陆内地的建筑设计市场上占有一席之地。由于有这样一个良好的机会，所以尼可·博谢一行对该公司的这一项目很感兴趣，他们同意接受委托，设计金盾大厦8楼以上的方案。

可以说，双方都愿意合作。然而，根据重庆某公司的委托要求，博谢联合建筑设计有限公司报价40万元人民币。这一报价令人难以接受。尼可·博谢公司的理由是：本公司是一家讲求质量、注重信誉、在世界上有名气的公司，报价稍高是理所当然的。但是，鉴于重庆地区的工程造价，以及中国大陆的实际情况，这一报价已是最优惠的价了。

据重庆方面的谈判代表了解，博谢联合建筑设计有限公司在上海的设计价格为每平方米6.5美元。若按此价格计算，重庆金盾大厦25 000平方米的设计费应为16.26万美元，根据当天的外汇牌价，应折合人民币 136.95 万元。的确，40 万元人民币的报价算是优惠的了。“40 万元人民币，是充分考虑了内地情况，按每平方米 16 元计算的。”尼可·博谢说道。但是，考虑到公司的利益，丁静还价：“20 万元（人民币）”。对方感到吃惊。顺势，丁静女士解释道：“在来上海之前，总经理授权我们 10 万元左右的签约权限。我们出价 20 万元，已经超出了我们的权力范围……如果再增加，必须请示正在重庆的总经理。”双方僵持不下，谈判暂时结束。

第二天晚上，即 7 月 26 日晚上 7 点，双方又重新坐到谈判桌前，探讨对建筑方案的设想、构思，接着又谈到价格。这次博谢联合建筑有限公司主动降价，由 40 万元降为 35 万元。并一再声称：“这是最优惠的价了”。

重庆方面的代表坚持说：“太高了，我们无法接受！经过请示，公司同意支付 20 万元，不能再高了！请贵公司再考虑考虑。”对方谈判代表嘀咕了几句，说：“鉴于你们的实际情况和贵公司的条件，我们再降 5 万元，30 万元好了。低于这个价格，我们就不搞了。”重庆方面的代表分析，对方舍不得丢掉这次与本公司的合作机会，对方有可能还会降价，重庆方面仍然坚持出价 20 万元。过了一会儿，博谢公司的代表收拾笔记本等用具，根本不说话，准备退场。眼看谈判陷入僵局。

这时，重庆某公司的蒋工程师急忙说：“请贵公司的代小姐与我总经理通话，待我公司总经理决定并给我们指示后再谈，贵公司看这样好不好？”由于这样提议，紧张的气氛才缓和下来。

7 月 27 日，代小姐等人打了很多次电话，与重庆某公司张总经理联系。在此之前，丁静副总经理已与张总经理通话，向张总经理详细汇报了谈判的情况及对谈判的分析和看法。张总经理要求丁静女士一行：“不卑不亢！心理平衡！”所以当代小姐与张总经理通话时，张总经理作出了具体指示。

在双方报价与还价的基础上，二一添作五。重庆某公司出价 25 万元。博谢公司基本同意，但提出 8 月 10 日才能交图纸，比原计划延期两周左右。经过协商，当天晚上草签了协议。7 月 28 日，签订正式协议。

问题：

1. 谈判是如何开局和报价的？
2. 在谈判过程中，谈判代表会受到哪些限制？
3. 面对丁女士使用权力有限策略，如果你是尼可·博谢一方的代表，如何应对？

实训操作

制定谈判计划

1. 实训目的

通过本次实训，掌握商务谈判过程。

2. 实训要求

掌握跨专业综合实训软件购买谈判开局、报价、磋商与交易的内容及技巧。

3. 实训材料

纸张、笔、跨专业综合实训软件采购申报书、会议室等资料。

4. 实训步骤

(1)分组，仍以原先分组为单位，做好团队谈判分工。

(2)预习跨专业综合实训软件采购申报书。

(3)以两两为对，完成软件购买的开局、报价、磋商和结束交易四环节。

(4)对每个环节做好记录。

(5)拟定合同。

(6)签订合同。

5. 成果与检验

每位学生的成绩由两部分组成：学生实际操作情况(50%)和分析报告(50%)。

实际操作主要考查学生实施商务谈判过程的实际动手操作能力；分析报告主要考查学生根据资料分析，实施商务谈判过程的合理性，运用所学知识、策略的正确性，分析报告建议制成PPT。

任务五　处理商务谈判僵局

【任务目标】

1. 了解产生谈判僵局的原因；
2. 理解处理僵局的原则；
3. 掌握打破僵局的策略。

【任务导入】

在经济管理学院耿院长组织下，该院与F软件公司进行了三轮的谈判，整体上说，软件的模块内容符合学院专业人才培养的需要；实验室软硬件条件也能达到该软件运行的配置要求。任教该课程的实验员和实践教师对软件操作体验评价也比较好。但是，F公司报价120万元，而学校给的预算经费只有70万元，差距50万元，从学校现有经费渠道看，难以从其他渠道筹集50万元。而F软件公司认为自己软件还不错，有一定的特色，3年内免费升级，并对跨专业综合实训课程的教学团队进行3轮的培训，因此，对价格作出让步的空间也小，导致跨专业综合实训软件购买谈判进程受阻，一个月来，迟迟不能进展。

【任务分析】

在商务谈判过程中，当双方对所谈及问题的利益要求差距较大，各方又都不肯作出让步，导致双方因暂时不可调和的矛盾而形成对峙，谈判呈现出一种不进、不退的僵持局面。谈判中出现僵局并不可怕，重要是要正确地对待和认识，并能够认真分析产生僵局的原因，然后对症下药，可以使谈判继续进行。

【知识精讲】

一、谈判僵局产生的原因

(一)谈判僵局的概念及类型

1. 谈判僵局的概念

在谈判中谈判双方各自对利益的期望或对某一问题的立场和观点存在分歧，很难形成共识，而又都不愿做出妥协向对方让步时，谈判进程就会出现停顿，谈判即进入谈判僵局状态。谈判僵局出现后对谈判双方的利益和情绪都会产生不良影响。谈判僵局会有两种后果：打破僵局继续谈判或谈判破裂，当然后一种结果是双方都不愿看到的。一旦出现谈判僵局，如果能够运用科学有效的策略和技巧打破僵局，重新使谈判顺利进行下去，就成为谈判者必须掌握的重要技能。

2. 谈判僵局的种类

(1)狭义谈判中的僵局。多数人认为谈判就是交换意见、达成一致看法、签订协议的过程，这是对谈判所做的狭义上的理解。如果从这种角度来理解谈判，那么僵局的种类包括初期僵局、中期僵局和后期僵局三种。初期僵局是指在谈判初期，可能会由于一方在谈判前准备不够充分或沟通不够造成误会，使另一方在感情上受到很大伤害，导致谈判开局阶段陷入僵局，甚至使谈判草草收场。中期僵局是指在谈判实质性阶段，由于双方在合作背后存在利益冲突，这就可能使谈判难以取得一致，而形成僵局。中期僵局常常此消彼长，反反复复，而且形式多样。如果双方要求差距过大或都不愿在关键问题上让步，中期僵局经常导致谈判破裂。后期僵局是指谈判后期双方已就大多重大原则性问题达成协议，但仍有诸如付款条件、产品验收等执行细节问题需要商议。如果对这些问题掉以轻心，有时会因为出现重大问题而前功尽弃。当然，相对而言，后期僵局较易解决，只要某一方大度一点，稍做让步便可顺利结束谈判。

(2)广义谈判中的僵局。谈判不仅是从交换意见到签订合作协议的过程，而且是伴随整个合作过程自始至终的全过程。在商务谈判中，双方观点、立场的交锋是持续不断的，当利益冲突变得不可调和时，僵局便出现了。所以，从广义上讲，僵局伴随整个合作过程，随时随地都有可能出现。项目合作过程分为合作协议期和合作执行期，因此，谈判僵局就分为协议期僵局和执行期僵局两大类。协议期僵局是双方因在磋商阶段意见产生分歧而形成的僵局，执行期僵局是在执行项目合作过程中，双方对合作条款理解不同而产生的分歧或出现始料未及的情况而把责任有意推向他人，或者一方未能严格履行协议引起另一方不满等，由此而引起的责任分担不明确的争议。

(3)谈判内容中的僵局。按出现僵局时谈判的内容划分，可以将谈判僵局分为不同内容的谈判僵局。一般来讲，谈判双方要求的标准、技术、合作价格、验收标准、违约责任等方面是有不同的，如果双方不能很好地协调这些内容，都会产生谈判僵局。其中，价格僵局是产生僵局频率最高的一个方面。

(二)产生谈判僵局的原因

1. 立场观点的争执

谈判双方各自坚持自己的立场观点而排斥对方的立场观点，形成僵持不下的局面。在谈判过程中，如果双方对各自立场观点产生主观偏见，认为己方是正确合理的，而对方是错误的，并且谁也不肯放弃自己的立场观点，往往会出现争执，陷入僵局。双方真正的利益需求被这种立场观点的争论所搅乱，而双方又为了维护自己的面子，不但不愿做出让步，反而用否定的语气指责对方，迫使对方改变立场观点，谈判就变成了不可相容的立场对立。谈判者出于对己方立场观点的维护心理，往往会产生偏见，不能冷静尊重对方观点和客观事实。双方都固执己见排斥对方，而把利益忘在脑后，甚至为了捍卫立场观点的正确而以退出谈判相要挟。这种僵局处理不好就会破坏谈判的合作气氛，浪费谈判时间，甚至伤害双方的感情，最终使谈判走向破裂的结局。立场观点争执所导致的僵局是比较常见的，因为人们很容易在谈判时陷入立场观点的争执不能自拔而使谈判陷入僵局。

2. 面对强迫的反抗

谈判一方向另一方施加强迫条件，强迫另一方作出让步，而另一方认为越是受到逼迫，就越不退让，从而形成僵局。一方占有一定的优势，他们以优势者自居向对方提出不合理的交易条件，强迫对方接受，否则就威胁对方。被强迫一方出于维护自身利益或是维护尊严的需要，拒绝接受对方强加于己方的不合理条件，反抗对方强迫。这样双方僵持不下，使谈判陷入僵局。

3. 信息沟通的障碍

谈判过程是一个信息沟通的过程，只有双方信息实现正确、全面、顺畅的沟通，才能互相深入了解，才能正确把握和理解对方的利益和条件。但是实际上双方的信息沟通会遇到种种障碍，造成信息沟通受阻或失真，使双方产生对立，从而陷入僵局。

信息沟通障碍指双方在交流信息过程中由于主客观原因所造成的理解障碍。其主要表现为由于双方文化背景差异所造成的观念障碍、习俗障碍、语言障碍；由于知识结构、教育程度的差异所造成的问题理解差异；由于心理、性格差异所造成的情感障碍；由于表达能力表达方式的差异所造成的传播障碍等等。信息沟通障碍使谈判双方不能准确、真实、全面地进行信息、观念、情感的沟通，甚至会产生误解和对立情绪，使谈判不能顺利进行下去。

小案例 5－1

翻译导致的误会

某跨国公司总裁访问中国某著名制造企业，商讨合作发展事宜。中方总经理很自豪地向客人介绍说“我们是国家二级企业”，翻译人员将二级企业翻译为“Second Class Enterprise”。该跨国公司总裁闻此，原本很高的兴致突然冷淡下来，敷衍了几句立即起身告辞。在归途中，他抱怨道：“我怎么能同一个中国的二流企业合作呢？”其实，二级企业是我国企业的一种形式，并不是二流企业。

4. 谈判者行为的失误

谈判者行为的失误常常会引起对方的不满，使其产生抵触情绪和强烈的对抗，使谈判陷入僵局。例如，个别谈判人员工作作风、礼节礼貌、言谈举止、谈判方法等方面出现严重失误，触犯了对方的尊严或利益，就会产生对立情绪，使谈判很难顺利进行下去，造成很难堪的局面。

5. 偶发因素的干扰

在商务谈判所经历的一段时间内有可能出现一些偶然发生的情况。当这些情况涉及到谈判某一方的利益得失时，谈判就会由于这些偶发因素的干扰而陷入僵局。例如，在谈判期间外部环境发生突变，某一谈判方如果按原有条件谈判就会蒙受利益损失，于是他便推翻已做出的让步，从而引起对方的不满，使谈判陷入僵局。由于谈判不可能处于真空地带，谈判者随时都要根据外部环境的变化而调整自己的谈判策略和交易条件，因此，这种僵局的出现也就不可避免了。

6. 双方利益需求差距较大

从谈判双方各自的角度出发，双方各有其利益需求。当双方各自坚持其成交条件，而且这种坚持虽相去甚远，但却是合理的情况时，这时只要双方都迫切希望从这桩交易中获得所期望的利益而不肯做进一步的让步，那么谈判就很难进行，僵局也就不可避免了。如有一家百货公司计划在市郊建立一个购物中心，而这块土地使用权归某村所有。百货公司愿意出价200万元买下使用权，而该村却坚持要300万元。经过几轮谈判，百货公司的出价上升到240万元，该村的还价降到260万元，双方再也不肯让步了，谈判陷入了僵局。该村是为了维护村民的利益，因为村民以土地为生，失去了这片土地的使用权，他们就没有了选择。于是村里想要多集资一些钱来办一家机械厂，解决村民出路问题。而百货公司是为了维护国家利益，因为百货公司是国有企业，让步到240万元已经是多次请示上级后才定下的，他们想在购买土地使用权上省下一些钱，用于扩大商场规模。这时谈判已经陷入僵局，从各自角度看，双方坚持的成交条件也是合理的，只是双方要求的差距太大。

以上是造成谈判僵局的几种因素。谈判中出现僵局是很自然的事情，虽然人人都不希望出现僵局，但是出现僵局也并不可怕。面对僵局不要惊慌失措或情绪沮丧，更不要一味指责对方没有诚意，要弄清楚僵局产生的真实原因是什么，分歧点究竟是什么，谈判的形势怎样，然后运用有效的策略技巧突破僵局，使谈判顺利进行下去。

小案例5－2

我国浙江省一个玻璃厂就玻璃生产设备的有关事项与美国诺达尔玻璃公司进行谈判。在谈判过程中，双方就全套设备同时引进还是部分引进的问题发生分歧，双方代表各执一端，互不相让，导致谈判陷入尴尬的僵持局面。在这种情况下，为了使谈判达到预定的目标，我方玻璃厂的代表决定打破这个僵局。谈判代表思索了片刻后，主动面带微笑地换了一种轻松的语气，避开双方争执的尖锐问题，对对方说："你们诺达尔公司无论在技术、设备还是工程师方面，都是世界一流水平。用你们的一流技术和设备与我们合作，我们就能够成为全国最大的玻璃生产厂家，利润是非常可观的。我们的玻璃厂发展了，不仅仅对我们有好处，而且对你们公司的利益就更大，因为这意味着你们是在与中国最大的玻璃生产厂合作，难道你们不是这样认为的吗?"对方的谈判首席代表正是该公司的一位高级工程师，听到赞扬他的话，立即表现出很高兴的样子，谈判的气氛顿时豁然开朗。我方代表趁机将话题一转，强调资金的有限是客观现实，迫不得已才提出部分引进的想法。同时，还强调其他很多国家与我国的一些厂家进行合作。如果他们仅仅因为不能全部引进设备这一小问题而不能投入最先进的技术和设备，那么就将很快面临着失去中国市场的不利局面。对方代表听到这番话终于意识到双方合作的广阔发展前景，如果因为设备引进规模的问题而不能够顺利达成协议，不仅将损失暂时的经济利益，而且还有失去中国市场的严峻考验。

二、处理谈判僵局的原则

(一)正确认识谈判的僵局

许多谈判者把僵局视为谈判失败，企图竭力避免它。在这种思想指导下，不是采取积极的措施加以缓和，而是消极躲避。在谈判开始之前，就祈求能顺利地与对方达成协议，完成交易，别出意外，别出麻烦。特别是当谈判者负有与对方签约的使命时，这种心情就更为迫切。这样一来，为避免出现僵局，就事事处处迁就对方。一旦陷入僵局，就会很快失去信心和耐心，甚至怀疑自己的判断力，对预先制定的计划也产生了动摇。这种思想阻碍谈判者更好地运用谈判策略，可能会达成对己方不利的协议。应该看到，僵局的出现对双方都不利。如果能正确认识，恰当处理，会变不利为有利。谈判者不能把僵局视为一种策略，运用其胁迫对手妥协，但也不能一味地妥协退让。这样，不但避免不了僵局，还会使己方十分被动。只要具备勇气和耐心，在保全对方面子的前提下，灵活运用各种策略、技巧，僵局就不是攻克不了的堡垒。

（二）态度冷静、诚恳，语言适度

谈判者应冷静沉着，从容不迫地应对谈判中所遇到的僵局问题。尽量避免喜怒冲动于表，急躁心切于行。谈判者在处理僵局时，要态度诚恳，坦诚地表达己方的观点、意见以及与对方合作的诚意。语言适度指谈判者要向对方传播一些必要的信息，但又不透露己方的一些重要信息。同时，积极倾听，这样不但和对方进行了必要的沟通，而且可探出对方的动机和目的，形成对等的谈判气氛。

（三）决不为观点分歧而发生争吵

争吵无助于矛盾的解决，只能使矛盾激化。如果谈判双方出现争吵，就会使双方对立情绪加重，从而很难打破僵局，达成协议。即使一方在争吵中获胜，另一方无论从感情上还是心理上都很难持相同的意见，谈判仍有重重障碍。所以，一名谈判高手是通过据理力争，而不是和别人大吵大嚷来解决问题。

（四）理智的思考

在谈判实践中，有些谈判者会脱离客观实际，盲目地坚持自己的主观立场，甚至忘记了自己的出发点是什么，由此而引发的矛盾，当激化到一定程度的时候，即形成了僵局。谈判者在处理僵局时，要能防止和克服过激情绪所带来的干扰。一名优秀的谈判者必须具备头脑冷静、心平气和的谈判素养。只有这样才能面对僵局而不慌乱。只有冷静思考，才能理清头绪，正确分析问题。这时，应设法建立一项客观的准则，即让双方都认为是公平的，又易于实行的办事原则、程序或衡量事物的标准，充分考虑到双方潜在的利益到底是什么，从而理智地克服一味地希望通过坚持自己的立场来赢得谈判的做法。这样才能有效地解决问题，打破僵局。相反，靠拍桌子、踢椅子来处理僵局是于事无补的，反而会带来负面效应。

（五）协调好双方利益

当双方在同一问题上发生尖锐对立，并且各自理由充足，既无法说服对方，又不能接受对方的条件，从而使谈判陷入僵局时，应认真分析双方的利益所在。只有平衡好双方的利益，才有可能打破僵局，让双方从各自的目前利益和长远利益两个方面来看问题，使双方对目前利益、长远利益做出调整，寻找双方都能接受的平衡点，最终达成谈判协议。因为，如果都追求目前利益，可能都会失去长远利益，这对双方都是不利的。只有双方都做出让步，以协调双方的关系，才能保证双方的利益都得到实现。

（六）欢迎不同意见

不同意见既是谈判顺利进行的障碍，也是一种信号，它表明实质性的谈判已开始。如果谈判双方就不同意见互相沟通，最终达成一致意见，谈判就会成功在望。因此，作为一名谈判者，不应对不同意见持拒绝和反对的态度，而应持欢迎和尊重的态度。这种态度会使我们能更加平心静气地倾听对方的意见，从而掌握更多的信息和资料，也体现了一名谈判者的宽广胸怀。

三、突破谈判僵局的策略

要突破谈判僵局，除了要了解僵局产生的原因外，还要了解僵局的具体内容和原因，要搞清楚谈判双方是在哪些环节上产生了分歧，是价格问题，还是责任分担问题，抑或是合同条款与国家某些政策规定存在矛盾，等等。在这个基础上，可进一步估计目前谈判所面临的形势。我们要研究先前谈判的备忘录，认真检查一下自己曾经做出的哪些许诺和自己可能在哪些问题上存在的不当之处，并进而认真分析对方为什么在这些问题上不愿意让步，困难在什么地方，特别要想方设法找出那个造成僵局的关键问题，找出对方在谈判中起决定作用的关键人物。然后，要认清自己在谈判中受哪些因素制约，如时间、资金、国家政策规定等，并主动做好与有关方面的疏通工作，寻求理解、帮助与支持。通过内部协调，我们就可对自己的进退方针、分寸做出大致的选择。随之，就要认真研究突破僵局的具体策略，确定整体行动方案，各项准备工作完成，就可实施突破僵局的计划了。

在整个计划的策划过程中，找出关键问题和关键人物是突破僵局的关键。所谓找出关键问题就是指要确切认识造成僵局的关键所在。否则，纵有千万条对策，也无异于病急乱投医，没治好病，反而贻误了病情。而要找出关键人物，是因为对方参与谈判的人可能有很多，但真正起作用的往往只有一两个人，故抓住关键人物常常可起到事半功倍的效果。商务谈判总的指导思想应该是互相了解，互相信任，互惠互利，长期合作。对于谈判整个过程是如此，对于谈判过程中的僵局突破而言，所有的策略也应该建立在这个认识的基础之上。

（一）尽可能换位思考，运用角色移位寻找突破方法

角色移位就是要设身处地从对方的角度来观察问题。这是谈判双方实现有效沟通的重要方式。当我们多从对方的角度来思考问题，或设法引导对方站到己方的立场上来思考问题，彼此就能多一些理解。这对消除误解与分歧，找到更多的共同点，构筑双方都能接受的方案，有积极的推动作用。在涉外谈判中，常常有谈判陷入僵局的情况。谈判者要先审视自己所提的条件是不是合理，是不是有利于双方合作关系的长期发展，然后再从对方的角度看看他们所提的条件是不是有道理，如果善于用对方思考问题的方式进行分析，会获得更多突破僵局的思路。事实上，这种换位思考是很有效的，一方面可以使自己保持心平气和，可以在谈判中以通情达理的口吻表达自己的观点；另一方面，可以从对方的角度提出解决僵局的方案，这些方案有时确实是对方所忽视的，所以，一旦提出来，就很容易为对方所接受，使谈判顺利进行下去。

小案例 5－3

第二次世界大战后，一些新兴的工业国家迅速崛起，现在中国与这些国家的商务交往也越来越多。在同这些国家的厂商打交道时，中方会发现他们有时会提出一些过分的要求，如要求中方购买他们的非常先进但于我们来看却不太经济的设备，这与中方的要求相距甚远。当遇到这种谈判僵局时，中方就可以设法引导他们设身处地，从中方的角度多考虑，我们投在这个项目上的资金是有限的，因为我们国家目前的状况同你们国家在第二次世界大战后的一段时期内的情形是相似的。你们国家当初要发展，也是非常希望获得高投入产出比，为什么今天我们要把一分钱掰作两半用时，你们就不能理解了呢？这样的提问容易使对方产生一种认同感，从而把合作条件恢复到合理的水准上来。

（二）善于利用对方阵营的矛盾消化僵局

一个优秀的谈判者要善于抓住谈判对手阵营中的矛盾，把它作为谈判僵局的突破口。有时僵局并不是双方协调不够造成的，恰恰是对方内部矛盾的结果。此时，以其之矛，攻其之盾，就会使对方陷入进退两难的尴尬境地。利用对方内部的矛盾进行巧妙的谈判与斗争，使对方

不得不付出造成谈判僵局的代价，突破僵局的责任要由对方来承担，就会促使对方寻找突破口，这样无形之中，僵局就会被逐步地消化掉。

小案例 5－4

中方曾从G国获得了2 000万美元的政府贷款，合同签订后发生了一些国际纠纷，两国的贸易开始下降，贷款协议迟迟不能生效，延误了时间，这给一个获得几百万美元合同的G国公司造成了一些损失。于是，该公司就要求将合同价格提高4%，否则就要取消合作生产计划。这个项目对中方来说相当重要，而己方又已经将有限的资金作了各种分配和安排。如果答应了这个公司的提价要求，先例一开，其他几家厂商也会趁机要挟，后果不堪设想，形势一下变得非常严峻。通过冷静分析，中方认为只有将矛盾引向G国内部，才能争取在谈判中的主动权。于是，中方一方面明确表示不能接受对方的要求，另一方面做工作：对于贵公司的意外损失，我们深表同情，对于贵公司所提出的价格要求我们表示理解。然而整个过程是由于贵国政府对中国形势的错误估计而做出的错误决策所造成的，由此使我们在贵国的许多合作伙伴蒙受了许多不必要的损失。看来，这个责任只能由贵国政府承担。这家公司认为中方讲得在理，于是就联合了这个项目的其他几家厂商一起向本国政府施加影响。由于成功地转移了对方的视线，将矛盾焦点引向对方内部，结果G国政府不得不做出一系列灵活的表示。于是G国的几个公司也都继续如约合作，僵局也得以突破。

（三）分析症结所在，抓住要害突破僵局

打蛇打七寸，才能给蛇以致命一击。反之，不得要领，乱打一气，却会被蛇紧紧地缠住，结果会消耗更多的时间、精力与体力，甚至赔上自己的性命。把这一思想运用到谈判中，就是要善于拨开笼罩在关键问题上的迷雾，找出问题症结所在，抓住要害进行突破。否则，无休止地在表面问题上争执，既会伤及双方和气，又会使问题变得更加复杂，如果不小心，还会给对方抓住破绽，使自己陷入极其被动的境地。

小案例 5－5

某人驾驶汽车经过一个停车场，突然从停车场内飞驶出来一辆摩托车。由于避让不及，那位摩托车手被撞后弹出老远。警察赶到时，现场没有目击者，责任在谁一下很难辨明。恰巧一位力学教授路经此地，他让警察测量了撞车位置与那位摩托车手摔倒的位置之间的距离，询问了摩托车手的体重，而后掏出计算器按了几下，告诉警察，根据运动物体抛物线轨迹原理，这辆摩托车当时的时速至少在45公里以上，而交通规则规定停车场区域的车速不得高于25公里。结果，驾驶汽车者不但没有责任，反而从保险公司得到了1 000美元的赔偿。

（四）回避分歧，转移议题

当双方对某一议题产生严重分歧都不愿意让步而陷入僵局时，一味地争辩并不能解决问题，可以采用回避有分歧的议题，换一个新的议题与对方谈判。这样做有两点好处：可以争取时间先进行其他问题的谈判，避免长时间的争辩耽误宝贵的时间；当其他议题经过谈判达成一致之后，对有分歧的问题产生正面影响，再回过头来谈陷入僵局的议题时，气氛会有所好转，思路会变得开阔，问题的解决便会比以前容易得多。

（五）尊重客观，关注利益

由于谈判双方各自坚持己方的立场观点，导致主观认识的差异而使谈判陷入僵局。这时候处于激烈争辩中的谈判者容易脱离客观实际，忘掉大家的共同利益是什么。所以，当谈判者陷入僵局时，首先要克服主观偏见，从尊重客观的角度看问题，关注企业的整体利益和长远目标，而不要一味追求论辩的胜负。如果是由于某些枝节问题争辩不休而导致僵局，这种争辩是没有多大意义的。即使争辩的是关键性问题，也要客观地评价双方的立场和条件，充分考虑对方的利益要求和实际情况，认真冷静地思索己方如何才能实现比较理想的目标。理智地克服一味地希望通过坚守自己的阵地来“赢”得谈判的做法。这样才能静下心来面对客观实际，为实现双方共同利益而设法打破僵局。

（六）多种方案，选择替代

如果双方仅仅采用一种方案进行谈判，当这种方案不能为双方同时接受时，就会形成僵局。实际上谈判中往往存在多种满足双方利益的方案。在谈判准备期间，就应该准备出多种可供选择的方案。一旦一种方案遇到障碍，就可以提供其他的备用方案供对方选择，使“山重水复疑无路”的局面转变成“柳暗花明又一村”的好形势。谁能够创造性提供可选择的方案，谁就能掌握谈判的主动权。当然这种替代方案要既能维护己方切身利益，又能兼顾对方的需求，才能使对方对替代方案感兴趣，进而从新的方案中寻找双方的共识。

小案例 5－6

有一家百货公司计划在市郊建立一个购物中心，而这块土地使用权归大庄村所有。百货公司愿意出价 200 万元买下使用权，而该村却坚持要 300 万元。经过几轮谈判，百货公司的出价上升到 240 万元，该村的还价降到 260 万元，双方再也不肯让步了，谈判陷入了僵局。该村是为了维护村民的利益，因为村民以土地为生，失去了这片土地的使用权，他们就没有了选择。于是村里想要多集资一些钱来办一家机械厂，解决村民出路问题。而百货公司是为了维护国家利益，因为百货公司是国有企业，让步到 240 万元已经是多次请示上级后才定下的，他们想在购买土地使用权上省下一些钱，用于扩大商场规模。然而，冷静地审视双方的利益，则可发现双方对立的立场背后存在着共同利益，失去土地的农民要办一家机械厂谈何容易，而百货公司要扩大商场规模，就要招募一大批售货员，这也是必要考虑的任务。早些将项目谈成，让购物中心快点建起来，依靠购物中心吸纳大量农村劳动力，既可解决农民谋生问题，又可解决商场补充售货员的困难，成为双方共同的利益所在。于是，僵局就有了突破点。双方经过深入的沟通，很快就找到了突破僵局的方案。方案一，按 240 万元成交，但商场建成后，必须为大庄村每户提供一个就业名额；方案二，大庄村以地皮价 240 万元入股，待购物中心建成后，划出一部分由农民自己经商，以解决生活出路问题。双方的需要全部得到满足。谈判就顺利地突破僵局，进入两个方案的比较与选择中，不久协议就很容易地达成了。

（七）尊重对方，有效退让

当谈判双方各持己见互不相让而陷入僵局时，谈判人员应该明白，坐到谈判桌上的目的是为了达成协议实现双方共同利益，如果促使合作成功所带来的利益要大于固守己方立场导致谈判破裂的收获，那么退让就是聪明有效的做法。采取有效退让的方法打破僵局是基于三点认识：第一，己方用辩证的思考方法，明智地认识到在某些问题上稍做让步，而在其他问题上争取更好的条件;在眼前利益上做一点牺牲,而换取长远利益;在局部利益上稍做让步,而保证整体利益。第二,己方多站在对方的角度看问题,消除偏见和误解,对己方一些要求过高的条件做出一些让步。第三,这种主动退让姿态向对方传递了己方的合作诚意和尊重对方的宽容,促使对方在某些条件上做出相应的让步。如果对方仍然坚持原有的条件寸步不让,证明对方没有诚意,己方就可以变换新的策略,调整谈判方针。

(八)冷调处理,暂时休会

当谈判出现僵局而一时无法用其他方法打破僵局时,可以采用冷调处理的方法,即暂时休会,也可以说是暂时休战。由于双方争执不下,情绪对立,很难冷静下来进行周密的思考。休会以后,双方情绪平稳下来,可以净静地思考一下双方的差距究竟是什么性质,对前一阶段谈判进行总结,考虑一下僵局会给己方带来什么利益损害,环境因素有哪些发展变化,谈判的紧迫性如何等等。另外,也可以在休会期间向上级领导做汇报,请示一下高层领导对处理僵局的指导意见,对某些让步策略的实施授权给谈判者,以便谈判者采取下一步的行动。再有,可以在休会期间让双方高层领导进行接触,缓和下双方僵持对立的关系;或者组织双方谈判人员参观游览、参加宴会、舞会和其他娱乐活动。在活动中双方在轻松愉快的气氛中进行无拘无束的交流,进一步交换意见,重新营造友好合作、积极进取的谈判气氛。经过一段时间的休会,当大家再一次坐到谈判桌上的时候,原来僵持对立的问题会比较容易沟通和解决,僵局也就随之被打破了。

(九)以硬碰硬,据理力争

当对方提出不合理条件,制造僵局,给己方施加压力时,特别是在一些原则问题上表现得蛮横无理时,要以坚决的态度据理力争。因为这时如果做出损害原则的退让和妥协,不仅损害己方利益和尊严,而且会助长对方的气焰。所以,己方要明确表示拒绝接受对方的不合理要求,揭露对方故意制造僵局的不友好的行为,使对方收敛起蛮横无理的态度,自动放弃不合理的要求。这种方法首先要体现出己方的自信和尊严,不惧怕任何压力,追求平等合作的原则;其次要注意表达的技巧性,用绵里藏针、软中有硬的方法回击对方,使其自知没趣,主动退让。

(十)孤注一掷,背水一战

当谈判陷入僵局时,己方认为自己的条件是合理的,无法再做让步,而且又没有其他可以选择的方案,可以采用孤注一掷,背水一战的策略。将己方条件摆在谈判桌上,明确表示自己已无退路,希望对方能做出让步,否则情愿接受谈判破裂的结局。当谈判陷入僵局而又没有其他方法解决的情况下,这个策略往往是最后一个可供选择的策略。在做出这一选择时,己方必须做好最坏的打算,做好承受谈判破裂的心理准备。因为一旦对方不能接受己方条件,就有可能导致谈判破裂。在己方没有做好充分的准备时,在己方没有多次努力尝试其他方法打破僵局时,不能贸然采用这一方法。这种策略使用的前提条件是己方的要求是合理的,而且也没有退让的余地,因为再退让就损害己方根本利益。另一前提条件是己方不怕谈判破裂,不会用牺牲企业利益的手段去防止谈判破裂。如果对方珍惜这次谈判和合作机会,在己方做出最后摊牌之后,有可能选择退让的方案,使僵局被打破,达成一致的协议。

小　结

商务谈判僵局是指在商务谈判过程中,当双方对所谈问题的利益要求差距较大,各方又不肯作出让步,导致双方因暂时不可调和的矛盾而形成对峙,使谈判呈现一种不进不退的僵持局面。谈判中出现僵局并不可怕，重要的是正确地对待和认识它，并能够认真分析产生僵局的原因，以便对症下药打破僵局，使谈判得以顺利进行。

谈判产生僵局的原因有谈判一方故意制造、双方坚持各自的立场、沟通障碍、谈判人员等。在处理谈判僵局时，应冷静理智思考，平衡双方的利益，欢迎和尊重不同意见，避免争吵。

常用打破僵局的策略有寻找替代方案、休会等，每种策略都有各自的特点和适用情景，在使用中要进行权衡，择机选用。

练　习

一、名词解释

1. 谈判僵局
2. 初期僵局
3. 执行期僵局
4. 信息沟通障碍
5. 角色移位

二、选择题

1.（　　）属于谈判内容的僵局。

A. 初期僵局　　B. 协议期僵局　　C. 合作价格　　D. 验收标准

2.（　　）是产生僵局频率最高的一个方面。

A. 价格僵局　　B. 产品僵局　　C. 渠道僵局　　D. 促销僵局

3. 谈判僵局中的信息沟通障碍表现有（　　）。

A. 观念障碍　　B. 习俗障碍　　C. 语言障碍　　D. 情感障碍

4. 孤注一掷、背水一战的谈判僵局破解策略的前提条件是（　　）。

A. 对方要求是合理的　　B. 己方要求是合理的

C. 双方要求是合理的　　D. 以上都不是

5. 由于双方争执不下，情绪对立，很难冷静下来进行周密的思考，这时比较好的破解僵局的策略是（　　）。

A. 以硬碰硬，据理力争　　B. 尊重对方，有效退让

C. 冷调处理，暂时休会　　D. 多种方案，选择替代

三、判断题

1. 一旦出现谈判僵局，要重启谈判就没有机会。（　　）

2. 谈判就是交换意见、达成一致看法、签订协议的过程，这是对谈判所做的狭义上的理解。（　　）

3. 相对而言，中期僵局较易解决。（　　）

4. 谈判过程中，为了避免产生僵局，一定需要准备多套方案。（　　）

5. 虽然对方参与谈判的人可能有很多，但真正起作用的往往只有一两个人，故抓住关键人物常常可起到事半功倍的效果。（　　）

四、简答题

1. 简述产生谈判僵局的原因。

2. 简述处理谈判僵局的原则。

3. 简述采取有效退让的方法打破僵局的前提。

4. 处理谈判僵局的策略有哪些?

案例分析

2011 年美国男篮职业联赛停摆谈判僵局的始末

僵局是指谈判中,双方因暂时不可调和的矛盾而形成的对峙的局面。僵局并不等于是谈判破裂,但是会影响谈判的进程,甚至解决不好的情况下,会导致谈判破裂。

美国男篮职业联赛的简称是 NBA。“NBA 停摆”是 NBA 的特有名词,就是指因为各种原因造成体育联赛暂停的局面。北京时间 2011 年 7 月 1 日,NBA 旧劳资协议已正式到期。在经历长达近 3 个小时的终极谈判之后,球员工会代表和资方代表仍然没有就新的劳资协议谈判达成一致。于是 NBA 总裁宣布停摆开始。

一、僵局形成的原因——停摆开始

NBA 劳资双方在“硬工资帽”制度、“利益分配”等重大问题上有巨大分歧。球员方面愿意同意一份 5 年内减少薪金总额 5 亿美元的提案,但他们拒绝接受资方提出的 6 200 万美元硬工资帽。资方则希望同时达成一份 10 年协议,确保每年的薪金支出不超过 20 亿美元,10 年的劳资协议长约是球员方面无法接受的。在旧劳资协议仍然有效的最后一天,劳资双方进行了最后一次谈判,这次双方仍然存在巨大分歧,没能达成任何协议。

1. 立场观点的争执

谈判过程中,如果对某一问题各持自己的看法和主张,并且谁也不愿意做出让步时,往往容易产生分歧,争执不下。当双方越是坚持自己的立场,双方之间的分歧就会越大。在这次谈判当中,NBA 联盟跟球员工会代表针对新的劳务协议有很多的分歧点,联盟的态度很强硬,坚持使用收益五五分成的方案和实行硬工资帽,这样一来球员的收入将会大幅度减少,因此球员工会代表拒绝了这份协议。

2. 双方利益的差异

从谈判双方各自的角度出发,双方各有自己的利益追求。在这次谈判当中,老板和球员之间的收入分配比例是劳资双方最大的分歧所在。NBA 的收入主要是和篮球相关的收入,在旧的劳资协议下,球员们获得 57%的收入,而老板们得到另外 43%。在过去的一年中,老板们提出了很多他们的收入分配比例应该增加的理由,比如球馆建设维护的费用、额外开销的增加、差旅费的上涨等。据 NBA 官方表示,上赛季联盟 30 支球队中有 22 支球队亏损。对于老板们的这些问题,最容易的解决办法就是大幅削减和球员有关的费用,言下之意就是大幅削减球员薪水。

二、僵局处理的原则——谈判中出现的问题

1. 协调好双方的利益

当双方在同一问题上发生尖锐对立,并且各自理由充足,均既无法说服对方,又不能接受对方的条件,从而使谈判陷入僵局时,应认真分析双方的利益所在,只有平衡好双方的利益才有可能打破僵局。在这次谈判中,双方始终围绕利益分成问题进行商讨。球员工会希望得到 54.3%的分成,留给球队 45.7%。NBA 的各支球队老板希望在联盟财政划分以及分配体制上进行改变,资方提出了 50—50 的分成方案,双方的争议就在于此。

2. 欢迎不同意见

不同意见,既是谈判顺利进行的障碍,也是一种信号。它表明实质性的谈判已开始。如果谈判者就不同意见相互沟通,最终达成一致意见,谈判就会成功在望。虽然经过几天的谈判始终没有进展,但是NBA作为世界上最受欢迎的组织之一,停摆已经造成世界各地包括美国总统在内的知名人士纷纷表达不满,呼吁劳资双方尽快达成一致,让比赛早日重启。

3. 避免争吵

争吵无助于矛盾的解决,只能使矛盾激化。如果谈判双方出现争吵,就会使双方对立情绪加重,从而很难打破僵局达成协议。在停摆开始的一个月里,球员代表跟NBA的老板们纷纷就自己的想法对对方表达不满。球员们认为老板太过吝啬,球员赚钱并不是很容易,老板们还要在这基础上削减他们的收入,引起部分强硬派球员的支持,纷纷语言攻击老板们。而作为老板的资方则认为球员近几年来已经获得足够的薪金,而大部分球队年年亏损,出现入不敷出的情况,为了保障球队的利益,不得不削减球员的收入,以弥补球队的损失。老板们纷纷表示,如果球员工会不同意资方提出的方案,资方将和工会抗争到底,让停摆继续下去。

三、僵局的处理方法——双方寻找解决方法

1. 寻找共同利益

虽然停摆已经成为事实,谈判既然没有什么进展,但是谈判双方都不止一次在公共场合表示希望可以尽快结束停摆,早日开赛,尽量减少双方损失的愿望。

2. 利用第三者仲裁或调节

当谈判双方进入立场严重对峙、谁也不愿让步的状态时,找中间人来帮助调节,有时能很快使双方立场出现松动。商务谈判中的中间人主要是由谈判者自己挑选的。不论哪一方,它所确定的斡旋者应该是对方所熟悉的,为对方所接受的。劳资双方都知道协商是唯一理性的办法,但却都不愿意首先拿起电话。对劳资双方来说,现在最需要的,可能就是一个第三方来打破沉默了。没多久这个人就出现了,这个人的名字叫奎恩。他和NBA劳资双方关系都不错,也有过丰富的交易经历和类似经验。奎恩担任NBA球员工会的首席顾问已经有20年了,在过去二三十年中,和联盟总裁打过无数次交道,可以说是知根知底。因此劳资双方都寄望于奎恩的身上。在第三方奎恩的调解下,劳资双方握手言和,重新回到谈判桌,就之前的分歧展开商讨,并很快达成新的协议。长达两个半月的谈判僵局结束。

(资料来源:https://wenku.baidu.com/browse)

问题:

1. 根据案例,结合所学的知识,分析NBA联盟打破谈判僵局的策略有哪些?

2. 根据案例,结合所学的知识,分析僵局形成的原因,处理僵局的原则以及僵局处理方法给你带来的启示。

实训操作

制定谈判计划

1. 实训目的

通过本次实训,掌握谈判僵局的处理技巧。

2. 实训要求

掌握分析跨专业综合实训软件购买谈判僵局的原因及处理技巧。

3. 实训材料

纸张、笔、学院及学校有关软件购买申报书等资料。

4. 实训步骤

(1)分组，仍以原先分组为单位。

(2)分析学院及学校有关软件购买申报书的内容与目标。

(3)分析F软件公司利益诉求点。

(4)分析谈判僵局的产生原因。

(5)根据分析的原因，采取破解僵局的策略或方案，但不能唯一。

5. 成果与检验

每位学生的成绩由两部分组成：学生实际操作情况(50%)和分析报告(50%)。

实际操作主要考查学生处理谈判僵局的实际动手操作能力；分析报告主要考查学生根据资料分析，分析谈判僵局产生的原因的合理性，运用所学知识解决谈判僵局策略的正确性，分析报告建议制成PPT。

项目三 商务谈判过程中的相关策略

商务谈判过程是一个“痛并快乐着”的过程。商务谈判人员为实现既定的谈判目标,根据已有的条件,充分利用已有的优势,调动一切有利于自己的因素而制定计划、方案、办法和措施。但谈判不是单方的,而是双方的。由于双方的资源、条件、目标等各异,达成双方的一致常常是很困难的,因此,这就需要谈判人员能用自己的智慧,实施相关策略,才能达成交易。

本项目包括商务谈判中的攻心策略、商务谈判中的语言策略、商务谈判中的文化礼仪策略以及商务谈判中的其他策略等四个任务,通过具体任务的学习,培养学生掌握商务谈判的策略选择与运用的基本技能。

任务六　商务谈判中的攻心策略

【任务目标】

1. 了解商务谈判中的基本理论；
2. 理解商务谈判中的心理；
3. 掌握商务谈判中的思维。

【任务导入】

经济管理学院的耿院长经历购买跨专业综合实训软件的谈判后，对整个谈判过程进行了反思，中间有痛楚，也有收获。平时，许多人，包括自己，也常常有"读书没有什么用""知识也没有什么"等错误的观念。经过这次项目谈判之后，耿院长有了很大的改变，他发现谈判过程中，还是隐含着大量的管理知识和技巧的，那么这些知识和技巧是什么呢？他在琢磨着，要获得谈判的成功，攻心是首要的策略。

【任务分析】

商务谈判作为特定环境和条件下的经济活动，从一开始就体现着参与者的情感、情绪和心态，它们直接影响着当事人的行为活动，也会影响商务谈判的进程及其成功与否。因此，商务谈判中隐藏的基本理论、心理、思维等对于商务谈判活动具有重要的影响和作用。

【知识精讲】

一、商务谈判中的基本理论

（一）谈判需要理论

美国谈判学家尼尔伦伯格首先将马斯洛的需要层次理论应用到谈判领域，他系统地提出了谈判需要理论，并成为该理论的代表人物。该理论认为，由于人的每一种有目的的行为都是为了满足某种需要，当然，这些需要中有些是显现出来的或直接的，有些则是潜意识的或间接的。不论谈判主体以什么方式表达需要，如果不存在某种未满足的需要和满足这些需要的可能性，人们就不会走到一起进行谈判。因此，谈判需要理论十分强调透过人的行为去了解、分析、推测人的需要，对人的行为的认识是一切谈判的基础。如果忽视需要，把谈判当作一场一方全赢、一方全输的对弈，结果是双方都将遭到失败。谈判者应当记住，当对方不再需要你时，你们彼此间便失去了谈判最基本的吸引力。与谈判相关的需求层次理论、双因素理论等在管理学中学过，在这里就不再赘述。

人们为满足不同的需要，出现了形形色色的谈判行为。尼尔伦伯格将谈判者的需要和动机应用于谈判实践，从而表现为一定的谈判策略和方法，按照对谈判成功的控制力量大小排列，主要有谈判者顺从对方的需要、谈判者使对方服从自己的需要、谈判者同时服从对方和自己的需要、谈判者违背自己的需要、谈判者不顾对方的需要和谈判者不顾对方和自己的需要等六种。

谈判需要理论强调对各方需要的满足与诱导，重视需要而不是无视需要，这就决定了依照这种模式来指导谈判，就应当从根本上把谈判看作一项合作的事业。这种合作并不是说不要竞争、放弃竞争。相反，它赋予谈判领域里的竞争观念以新的内涵。谈判中的竞争是建立在合作基础上的竞争，合作给竞争提供了舞台，竞争是合作的成果，竞争体现在谈判各方的整个合作过程之中，它是各方取得合作形式与合作条件的均衡而非对抗的过程。因此，在应用谈判需要理论时，需要注意：谈判双方各自需要的利益必须既有差异性又有互补性；在对方需要的实现受到竞争的挑战时，可使我方获得更有利的交易条件；谈判者满足对方需要的能力，决定了其在谈判桌上的地位；摸清谈判对手通过交易要实现所需要的内容，是正确报价的重要前提；谈判对手需要的层次，决定了其谈判行为的取向；善于展示自己满足对方需要的能力是促进交易的重要手段。

小案例 6－1

不情愿的卖家

一位不动产投资商的事业非常成功，手下有众多不错的物业。其采用的策略非常简单，以适当的价格和条件购买适当的房产，然后持有一段时间，等物业升值后再以一个更高的价格卖出去。许多投资客户都找上门来，希望从他众多的房产中买走一处。

他会认真地看完对方的报价单，然后抬头来看看对方，一边挠耳朵，一边说："你不知道，在我所有的房产中，我对这一处房产有着特殊的感情。我想把它留下来给我的女儿作毕业礼物，因此，除非你给的价格非常适合，否则我想我是不会出手的。你知道，这处房产对我来说，有着特殊的意义。不过，还是要感谢你的报价。为了公平起见，也为了不浪费双方的时间，我想请问，你最多可以出到多少价钱？"就这样，通过这种方式，他一次一次地在几秒钟的时间内，从客户那里多赚了成千上万美元。

(二)谈判唯理理论

1. 概念及种类

唯理理论是指谈判者应带着理由进入谈判，在谈判中要说理并服从理由的一种观念，或说是一种理性的认识。谈判唯理理论包含三个层次的意思：一是理由是谈判工具，即要求谈判者在准备追求谈判目标时，除了技术性的安排外，很大程度上是要准备达到该目标的阶梯的不同问题的相关的理由；二是谈判的性质是说理，即谈判者是以理说服对手，同时，还提倡谈判过程中应有对等的理由的流动，即此理及彼理、你理及我理的相互沟通；三是服理是谈判信念，即应当服从理由，也就是说，在谈判中，谈判者有义务听取对方理由，采纳对方合理的理由，并据此调整己方的谈判立场和态度。

在谈判实务中，谈判者在谈判中运用的理由是多种多样的，主要有真理的理由、片面的理由、虚假的理由和无理的理由。真理的理由是指客观反映事物内在本质及规律的理由，这些理由具有真实性、公正性、全面性，故具有较强的说服力。片面的理由是指仅反映事物部分真相的理由，这些理由具有是非双重性、挑战性和交易性，故在谈判中既有一定的说服力，还附带了一定的进攻性。虚假的理由是指反映根本不存在的事物的理由，也即俗话说的"编造的理由"。对于那种"牛头不对马嘴"的虚假理由，人们不难识别。然而，谈判高手能有效利用虚假的理由为自己的谈判目标服务。他们运用的虚假理由具有无逻辑性、屏障特性和无量性。无理的理由是指无视事实真相的理由，这类理由具有示威性、失衡性和赌博性。

2. 各种理由的应用

在商业谈判实务中，并非所有的谈判者均唯理而谈。有的唯力而谈，即论谈判实力；还有的唯关系而谈，即论谈判者之间的亲疏关系，唯权力而谈，唯机会而谈等。因此，唯理者虽属谈判的主流，但也不可滥用，必须依靠情况巧妙运用理由，方能取得最佳效果。总体而言，依据谈判对象和谈判阶段及理由拥有的状态而选择应用。

(1)依谈判对手而择。从唯理观念角度看，不论谈判对象属于哪种谈判类型的人，唯理者都可通过恰当选择理由应对之。当对手为唯理者时，可以以理待之。若对手善于运用理由时，就要先辨其理由类型再应之。应对的规律，一是以正对正，即以积极理由对积极理由；二是以负对负，即以消极理由对消极理由，如以虚假理由对虚假理由等。当对手为唯力者时，他可能侧重于运用优势或权力支持谈判，此时唯理者可以选择真理的理由对抗之，因为有理不怕权势大，而且这个理是真理，具有说服力。当对手为唯关系者时，他可能重在搞关系而不管交易的公正性，以求从关系网中捕捉"大鱼"，此时，唯理者应以真理的理由保住条件或以片面的理由去扼制交易的方向减缓关系的压力。当对手为唯权者时，对付这种人应保持与上级和领导者的沟通，以真理的理由保护自己的立场。当对手为唯机会者，对付这类谈判手应首先将交易条件计算好，依条件成交；其次，正确评估时机对自己的影响，即便有难度，也应追求客观公正交易条件。

(2)依谈判阶段而择。虽然所有理由在谈判中均可利用，但有针对性地运用效果最佳，故谈判阶段也使理由具有环境效应。在谈判初期，唯理者应尽可能运用真理的理由，以树立形象，并以此检测对手属于什么样的人。不然，至少也应选用片面的理由。在谈判中期，唯理者可以选择的余地较大。依谈判的形势、进展、策略等方面的需要，真理的理由、片面的理由和虚假的理由均可以选用。有时单一择用，有时可以同时择用，有时又可以交错运用，依效果而定。在谈判后期，唯理者可以选择真理的理由和生死性的理由。因为，谈判后期是双方作最终决策的时候。论成败，要看实际利益，主要靠真理的理由来反映；二要看气势，它要靠无理的理由来体现。只要火候掌握得当，两者有机地配合运用，效果较佳。

(3)依理由拥有的状况而择。唯理者通常在谈判开始之前，就应对谈判涉及的谈判内容准备理由，且多多益善。由于准备结果不同，便产生了选择问题。理由充分时，原则上可以真理的理由为主，配之其他理由进行谈判。由于调查透彻，对方优劣均在掌握之中，谈判会呈主动状态，这么做会更加有效果。当理由不充分时，可以片面的理由为主，其间点缀真理的理由，辅之以虚假的理由和无理的理由。理由不充分有两种可能：一是己方不太占理；二是己方有理而无据。所以，这样选择可护短，也可要对方拿出证据来，若均无据说服对方，就可使谈判处于均势至少不会吃亏。当不具备理由时，可以先了解学习后再准备理由进行谈判，而不必急于投入谈判；或者放弃相关立场，若该放弃有悖于总体谈判目标和策略时，可以暂时选择无理的理由和虚假的理由坚持谈判时间，以策应总的安排。一般不具备理由的情况出现在局部的谈判目标上，很少出现在总体谈判目标上，因为当其出现在总体谈判目标上时，即为谈判结束之时。

小案例 6－2

在一次谈判技巧研讨会上，史密斯先生告诉我，他最近打算买一套漂亮的房子。幸运的是他已看中了一处。史密斯说："是这样的，卖方要 15 万美元，我准备付 13 万美元，你看我怎样才能少付那 2 万块钱呢？请给我介绍点谈判诀窍吧！"我问他："如果你不买这所梦寐以求的房子又如何呢？"他答道："那可不行，我想那样一来，我的妻子就会悲伤；我的孩子也会离家出走。"我于是嘟哝道："嗯，告诉我，你对你的妻儿好不好？"他答道："荷伯，我很爱他们，为了他们，我可以做一切，但现在，我必须使房子的要价降低。"最后，史密斯还是花了 15 万美元，就他那种迫不及待的态度，他没付 16 万美元已够幸运的了。

（三）谈判实力理论

美国谈判学家约翰·温克勒认为谈判技巧运用的根据和成功的基础是己方所具备的谈判实力，技巧的运用与实力的消长有着极为密切的关系；建立并加强谈判实力的关键在于对谈判的准备程度和对对方的了解程度上。若能用恰当的交往方式摸清对手的力量就可以为谈判技巧的灵活运用打好基础。

1. 谈判实力的概念

谈判实力是指谈判者在谈判中相对于谈判对手所拥有的综合性制约力量，它不仅包括谈判者所拥有的客观实力，如经济实力、科技水平等，也包括谈判者与对方相比所拥有的心理势能，而这是谈判策略和技巧运用的主要来源。谈判实力强于对手，就能在谈判中占据优势，掌握主动，取得对己方有利的谈判结果。

小贴士 6－1

谈判实力的特征

1. 综合性

谈判实力来源于影响谈判结果的各种因素，既包括客观因素，也包括主观因素；既有外部因素，也有内部因素。它受到多种因素的影响和制约，决不能简单地将其等同于经济实力或固有实力。

2. 相对性

谈判实力不是绝对力量而是相对力量，它只是针对某一特定的谈判对手、谈判环境和谈判事项时才有意义，它是经过谈判各方对比后所形成的相对力量，同时不存在不受环境和实物制约的谈判实力。

3. 动态性

谈判实力是一种相对力量，它是可变的。谈判者可能在此时实力强于对手，但在彼时实力又可能弱于对手；可能在此事上实力强于对手，但在另一件事上实力又可能弱于对手。由于谈判者的谈判技巧和行为举止对谈判实力影响甚大，而这些因素是微妙变化的，因此，谈判实力也是微妙变化的。这种微妙性不仅决定了谈判实力的可变性，也决定了谈判更多的是一种心理斗争。

4. 隐蔽性

谈判实力一般不会轻易地暴露出来，它常常虚实结合地使用，构成谈判谋略的重要部分。因此，谈判者要懂得实力的展示方式和使用时机，而不可将自己的实力底细轻易泄露给对方。

2. 影响谈判实力的因素

(1)交易内容对双方的重要性。交易内容对一方越重要，说明该方的需要程度越高，其主动权就越差，因此，谈判实力就越弱；反之，谈判实力就越强。

(2)交易条件对双方的满足程度。交易条件对一方的满足程度越高，说明交易条件对其越有利，其让步或回旋的余地越大，在谈判中就越主动，因此，谈判实力就越强；反之，谈判实力就越弱。这就是“出价要高，还价要低”的道理所在。

(3)竞争对手的强弱。谈判者面临的竞争对手越多，自身的实力越弱，其所承受的压力就越大，谈判的主动权和影响力就越差，显然，谈判实力就越弱；反之，谈判者面临的竞争对手越少，或自身的优势越明显或独特性越高，谈判实力就越强。

小案例 6－3

纽曼因为某种原因，已失业一年多了，现在急需一份工作。他来到一家玩具公司，向主管经理递上了求职书和证明。经理扫了一眼他的材料，问了声：“过去的一年里，你干了哪些工作而使你在这个社会上不落伍呢？”问题问得很尖锐，纽曼鼓足勇气回答道：“干得不多，当过一阵家庭教师和顾问。”经理说了句“谢谢！我以后再找你”。纽曼听了这句话，心里很不舒服，以致失去冷静脱口说出“那么什么时候，你能给我定个日子吗？”就是这句话让经理看出来他确实需要这份工作，他现在没有选择的余地。经理呆板地说：“由我们的办公室跟你联系”。纽曼显得无奈又无助，“但是什么时候？”经理说：“这有什么关系，反正你不会到别的地方去。”确实，纽曼使自己置于没有选择的余地，他失去了竞争的权力。最终，他也没得到这份对他来说十分重要的工作。

(4)谈判者信誉的高低。谈判者的信誉包括资信状况、业绩记录、企业形象等因素。信誉越高谈判实力就越强。在商务谈判中，信誉是谈判者最宝贵的资本，是构成谈判实力最重要的组成部分之一。

(5)谈判者经济实力的大小。经济实力通常表现为谈判者的资金状况、技术水平等，经济实力越强，谈判者的承受力和影响力就越强，谈判实力自然越强。但需要指出的是经济实力不等于谈判实力，它只是形成谈判实力的基础因素和潜在条件。

小案例 6－4

不当的表达

在某次中美合作建厂的谈判中，美方代表对中方提出的各项条件都十分满意，特别是中方厂长是一位踏实、稳重又具有开拓和冒险精神的人，非常符合美方代表的需求，谈判进展得非常顺利。但在谈判进入尾声，中方举行的酒会中，这位厂长可能出于展示工厂的原因，向美方代表说现在他领导的工厂员工已达到 2 000 人，每年能为国家创收 600 万元人民币。本来厂长的意图是想显示工厂的实力，争取美方的好感而赢得谈判。但事与愿违，本来顺利进行的谈判在这次酒会后被无限期地搁置。

(6)谈判时间耐力的高低。时间是改变谈判实力对比的重要因素，谈判者对时间的耐力反映了需求的强度和迫切程度。时间耐力越强，谈判的承受力和主动性越强，谈判实力自然就越强。因此，谈判者在谈判中应有充分的时间余地和耐心。

(7)谈判信息掌握程度。在谈判中，谁具有信息优势，谁就具有主动权。相关信息的多少、真伪、及时性等信息掌握程度与谈判实力息息相关，两者基本上成正比。

(8)谈判人员的素质和行为举止。谈判人员的基本素质、谈判能力及为人处世等对谈判实力亦具有十分重要的影响。毕竟谈判是通过人来完成的，选择优秀的、举止适当的谈判人员是增强谈判实力的重要途径。

(四)原则谈判理论

原则谈判法是美国学者荣格·费舍尔研究发展的新的谈判理论，其基本内涵是根据价值来寻求双方的利益而达成协议，并不是通过双方讨价还价来做最后的决定。当双方的利益发生冲突时，则坚持使用某些客观的标准来作决定而不是双方意志力的比较。因此，原则谈判法也可称为价值谈判法，其基本要点为：一是人，把人与问题分开，把对方当作人来看待，把问题按其价值来处理；二是利益，着眼于利益而不是立场，立场是你做出的某种决定，促使你做出这种决定的则是利益；三是意见，在决定如何做之前，先构思可能有的选择，提出彼此有利的解决方案；四是标准，坚持使用客观标准。

二、商务谈判中的心理

(一)商务谈判中的心理及其特点

1. 商务谈判中的心理

商务谈判中的心理是指在商务谈判活动中谈判者的各种心理活动。它是商务谈判者在谈判活动中对各种情况、条件等客观现实的主观能动的反映。如当谈判人员在商务谈判中第一次与谈判对手会晤时，对方彬彬有礼、态度诚恳、易于沟通，就会对对方产生好的印象，对谈判取得成功抱有希望和信心。反之，如果谈判对手态度狂妄、盛气凌人、难以友好相处，谈判人员就会对其留下坏的印象，从而对谈判能否顺利开展存有忧虑。

2. 商务谈判心理的特点

与其他的心理活动一样，商务谈判心理有其心理活动的特点和规律性。一般来说，商务谈判心理具有内隐性、相对稳定性、个体差异性等特点。

(1)内隐性，是指商务谈判心理是藏之于脑、存之于心，别人是无法直接观察到的。但尽管如此，由于人的心理会影响人的行为，行为与心理有密切的联系，因此，人的心理可以反过来从其外显行为加以推测。如在商务谈判中，对方作为购买方对所购买的商品在价格、质量、售后服务等方面的谈判协议条件都感到满意，那么在双方接触中，谈判对方会表现出温和、友好、赞赏的态度反应和行为举止。如果很不满意，则会表现出冷漠、粗暴、怀疑甚至挑衅的态度反应和行为举止。掌握其中的规律，我们就能较为充分地了解对方的心理状态。

（2）相对稳定性，是指人的某种商务谈判心理现象产生后，往往具有一定的稳定性。如商务谈判人员的谈判能力会随着谈判经历的增多而有所提高，但在一段时间内却是相对稳定的。正是由于商务谈判心理具有相对稳定性，我们才可以通过观察和分析去认识它，而且可以运用一定的心理方法和手段去改变它，使其利于商务谈判的开展。

（3）个体差异性，是指因谈判者个体的主客观情况的不同，谈判者个体之间的心理状态存在着一定的差异。商务谈判心理的个体差异性要求人们在研究商务谈判心理时，既要注重探索商务谈判心理的共同特点和规律，又要注意把握个体心理的独特之处，以有效地为商务谈判服务。

小案例6－5

在很久以前的一个部落，有一个传统，那里的青年人要想结婚，先要学会捕捉牛的技术。捉了足够多的牛，作为聘礼，送给女方家，才可以成家立室。最少的聘礼是一头牛，最高是九头牛。这个部落的酋长有两个女儿。有一天，一个青年走到酋长的面前，说爱上了他的大女儿，愿意以九头牛作为聘礼迎娶她。酋长听了之后，大吃一惊忙说："九头牛的价值太高了，大女儿不值的，不如改娶小女儿吧！小女儿值九头牛。"可是，这位青年坚持要娶酋长的大女儿，酋长终于答应了他，这件事轰动了整个部落。

一年后的一天，酋长经过这位青年的家，看见他家正举行晚会，一大群人围成圆圈，正欣赏一位美丽的女郎载歌载舞。酋长十分奇怪，去问青年那位女郎是何人。青年回答道："酋长怎么会不认识啊！她就是你的大女儿啊！"青年人以九头牛的价值对待他迎娶回来的妻子，同时，酋长的大女儿也确信自己的价值是最高的九头牛的时候，她便发生了脱胎换骨的变化。

案例解析

人的心理影响人的行为，期望你的下属、同事是什么样子，就要把他当成你期待的样子对待，那么因你的暗示，他就会向你期望的方向发展，最终会变成你所期待的样子。

（二）商务谈判中的心理机制

1. 文饰与投射

（1）文饰，是指一个人试图通过似乎合理的途径来使不可能接受的情境合理化。文饰是一种以隐瞒自己的真实动机或愿望，从而为自己寻求解脱，以求内心安宁的心理防卫机制。当个体的行为未达到所追求的目标或不符合社会的价值标准时，为了减少和免除因挫折而产生的焦虑和痛苦，保护自尊，就以种种理由或借口来替自己辩护，这就是文饰。这些理由和借口未必是真实的。而且在别人看来往往是不合乎逻辑的，但其本人却能以此说服自己，并感到心安理得。其类似于平常人们所说的"阿Q精神"。文饰常有以下几种表现形式：

①酸葡萄作用，这是指个体在追求某一目标失败时，为了冲淡自己内心的不安，常将目标贬低，说其不值得追求，以此来安慰自己。如有的谈判人很想当主谈人，但由于个人努力不够，表现不佳而没能当上，就说"当主谈人有什么好，我才不稀罕呢？"

②甜柠檬作用，是指不说自己原先想得到而得不到的东西好，却百般强调自己得到的东西的好处，借此减轻内心的失望与痛苦。如有这样的谈判人，本来在谈判之前就想好了要在开局时营造友好的气氛，但开始谈判后，对方却将谈判氛围引向紧张，他无力扭转，于是就说："这样挺好，可以公事公办。"

③推诿，这是指将个人受挫的原因归咎于自身以外的原因，以摆脱内疚方式。如有的谈判人没有当上主谈人，就推说领导不识才；该做的事情没做成，该谈下来的条款没有谈下来，就说谋事在人，成事在天。

④援例，是指引用某些事实为据，试图使自己不合理的行为合理化，不合法的行为合法化，以解脱面临的困境，减轻自己因过失产生的内心焦虑和负疚感。如某个业务员违反了经济纪律，当被追究时，他就说是因为看见别人都这样做，他才跟着做的。

(2)投射，是指一个人试图把自己的动机归于他人，不自觉地把自己的过失或不为社会认可的欲念加之于他人，借以减轻内心的焦虑，掩饰自己冲动的根源。也就是说，把自己的失当行为、工作失误或内心存在的不良动机和思想观念，转移到别人身上，说别人有这样的动机和行为，以此来减轻自己的内疚和焦虑，逃避心理上的不安。如在商务谈判中，有的人自己谈判能力很低，却往往大谈对手如何无能；在谈判中以权谋私的人，却认为从来就没有克己奉公的人；谈判人自己内心深处有贪污的动机，却常常宣扬某某收受贿赂等。

投射是移情的一种内在心理机制，也是一种最基本的心理过程。移情是指求助者把对他人的情感、态度和属性转移到另外的人或事上，并相应地对其他人或事做出反应的过程，有正移情和负移情之分。

2. 反向行为与理性行为

(1)反向行为。反向行为的表现是压抑心中最强烈，甚至是最不为社会容纳的欲望，而做出与这种欲望相反的行为，或说相反的话。人有不少的欲望和冲动，由于自身和社会的约束，需要深深地压抑，可是这种欲望和冲动始终存在，而且具有极大动力，会找机会显现，这种内在的冲突会造成人行为反向。行为反向有多种表现方式，如有的人内心憎恶某人，但生活中却会对此人爱护备至；有的人非常不喜欢某件事，可表现出来的是对这件事的过分热衷，如反假冒伪劣产品，市场上那个叫喊得最凶和发誓发得最厉害的人，有可能正是希望把最坏的货物推销出去的人。在商务谈判中，我们应该善于区别一个人的行为是否为反向行为。

小案例 6－6

美国的服装商德鲁尔兄弟开了一家服装店，他们对每一位顾客都十分热情。每天，弟弟都站在服装店的门口向过往的行人推销。但是，这兄弟俩的耳朵都有些“聋”，经常听错彼此的话。情况常常是，弟弟热情地把顾客拉到店中，并向顾客反复介绍某件衣服是如何物美价廉，穿上后是如何得体、如何漂亮。大多数顾客经他这么劝说一番之后，总会有意无意地问：“这衣服多少钱？”

“耳聋”的小德鲁尔先生把手放在耳朵上问：“你说什么？”

顾客误以为对方耳聋，便又提高声音问一遍：“这衣服多少钱？”

“噢，你是问多少钱呀，十分抱歉，我的耳朵不好，您稍等一下，我问一下老板。”小德鲁尔转过身去向那边的哥哥大声喊道：“这套纯毛×××牌的衣服卖多少钱呀？”

大德鲁尔从座位上站起来，看了一眼顾客，又看了看那套衣服，然后说：“那套呀，70 美元。”

“多少？”

“70 美元。”老板再次高声喊道。

小德鲁尔回过身来，微笑着对顾客说：“先生，40 美元一套。”

顾客一听，赶紧掏钱买下了这套物美价廉的衣服，而后就溜之大吉了。

(2)理性行为。理性行为是指按理性规范而行动的行为方式。如果一个人能考虑到他可以采取的每一项行动方案可能带来的不同后果,如果他能明辨这些不同后果的利弊,如果他能根据自己的预测选择有可能导致理想结果的行动方案,那么就可以把他看作是一个有理性的人;反之,他的行动就是非理性的。有时,在谈判中,在你看来,你的对手会非理性地勃然大怒,但是,在这背后也许正隐藏着他的一种理性策略,他勃然大怒是做给你看的,好让你相信他真的是在进行威胁。由于看不透人们非理性的表现背后隐藏着的理性策略,而把他们的行动称为非理性的,这完全是一种人为制造的障碍。我们要冷静地分析,区别对手的理性行为和非理性行为,不要被对手的策略所左右。

3. 自我意象和角色扮演

(1)自我意象。自我意象是指一个人关于自身的综合看法。每个人都会从个人经验、期望和别人对他的评价中,总结出自我意象。人们的许多关于自己的决断,都是为了维护或加强这种自我意象。因此,假如我们知道了一个人的全部历史、思想轨迹,就可以推断他做某件事的动机和他对未来事件的反应。然而,在一场谈判中,不大可能将一个人的自我意象完全暴露出来。这样,我们就需要了解他过去的行为和经历,以便比较清楚地了解他的自我意象。

(2)角色扮演。角色扮演是一个人试图通过某种有意识的行为,来表现自我意象的一种行为方式,这种有意识的行为,即扮演角色的行为。如当一个人在扮演父亲的角色来惩罚他的孩子时,他的行为方式往往会仿照当年自己的父亲,或恰恰相反,这主要取决于他在孩提时形成的对于惩罚的看法。一般来说,人们会构想出一个自己满意的角色来扮演。在谈判中,了解了这一点有利于我们把握对手的行动。

三、商务谈判中的思维

(一)思维的概念与特点

1. 思维的概念

思维是人们认识事物、分析事物的行为与过程。

2. 思维的特点

(1)主观能动性,指人们有意识地、能动地反映客观事物。

(2)客观性,指思维对象是客观存在的。

(3)目的性,指思维有一定的目的性,即满足人们的需要。

(4)差别性,指思维受个人行为、经验、知识等方面的影响,导致观点不一致。

小案例 6－7

F1 车队入场券的魅力

某互动设计工作室同某 F1 车队举行谈判。F1 车队想建立一个网站,但没有足够的预付款;而对于互动设计工作室来说,F1 车队是一个非常理想的客户,因为其形象好,而且其项目具有创造性和挑战性。后来,F1 车队提供了一个非特定的补偿来继续谈判,即 F1 车队为互动设计工作室提供重要纪念日活动的入场券。这个条件被互动设计工作室接受了。因为,这些门票可作为对互动设计工作室所有成员的激励,或者作为为自己其他客户服务或招揽新客户的机会。

（二）思维的形式、程序和方法

1. 思维的形式

人类的思维形式从低级到高级有概念、判断、推理和论证等。

(1)概念，是指对事物普遍的、本质的、概括性的反映，是反映事物的本质和内部联系的思维方式。在商务谈判中，概念是抓住议题本质及其内部联系的基础，是谈判开始的第一思考。如果概念混淆，则抓不住对方的实际弱点，严重时还会迷失谈判方向。若在任一议题展开之前，先从概念入手，那么谈判双方就可能在同一事物上寻找解决问题的方案。谈判中常用的概念技巧包括大概念与小概念的细分技术、抽象概念与具体概念的量化技术、概念内涵与外延的演变技术等。

(2)判断，指对事物具有或不具有某种特性的认识和认定，是对客观事物的矛盾性有所断定的思维形式，是比概念更进一步的思维形式。商务谈判中用以判定的思维工具有同一与差异、肯定与否定、个别与一般、现象与本质等。

(3)推理，是人们从已有的判断中按照一定的逻辑规则推导出新的判断和结论，是更复杂的思维形式，由前提和结论构成。商务谈判中的说服与驳斥对方的过程就是复杂的推理过程。

(4)论证，是根据事物的内部联系，应用辩证的矛盾分析法，以一些已被证实为真的判断来确定某个判断的真实性或虚假性的思维过程，也是综合运用各种思维形式及其规律的过程，是认识矛盾、解决矛盾的过程。论证一般由论题、论据和论证三个因素构成。谈判者在整个论证过程中应遵循全面性、本质性和具体性三个原则。

2. 思维的程序

思维的程序是指人类思维的过程和流向的逻辑程序，也叫逻辑思维。人类思维的一般逻辑是逻辑起点→逻辑中介→逻辑终点。具体地说，就是从反映事物本质的概念开始，通过认识和揭示概念之间的有机联系和关系，从而达到对事物各方面本质的全面把握。

3. 思维的方法

人们的思维方法从初级到高级有三种方式：比较、抽象和概括；类比、归纳和演绎；分析和综合。比较、抽象和概括属于初级思维方法，比较是确定事物之间的异同关系，抽象和概括是在比较的基础之上对事物认识的逐步深化。类比、归纳和演绎属于中级思维方法，类比是将同类事物进行比较，从而发现其共性和个性的思维过程，归纳是由个别到一般的过程，演绎是由一般到个别的过程。分析和综合属于高级思维方式。分析是指化整为零，各个击破，综合是把各部分各方面有机统一综合起来。

（三）思维类型

1. 发散性思维和收敛性思维

(1)发散性思维，是指沿着不同的方向，从不同的角度思考问题，从多方面寻找问题答案的方式，属于多思路、多角度、多方向、多方面的思考。发散性思维具有流畅性、变换性、独特性等特点。

小案例 6－8

由竞争到合作

两个卡车公司对于哪家卡车应该先到装货码头进行谈判。显然，先到装货码头的卡车有更多的车位可以选择,并有较为充足的装货时间。因此,谁都想争取这个竞争优势。但是车位有限,双方的谈判一度陷入僵局。这场谈判是因装货场地和卸货时间限制而引发。后来,双方想出一个将装货码头扩大的方案,使得谈判取得令人满意的结果。

(2)收敛性思维,是一种以集中为特点的逻辑思维方式,具有经验性、程序性、选择性等特点。

以上两种思维方式各有其优缺点,在思维过程中,必须将两者有机结合起来,才能使人类思维更加完善。只发散,不收敛,则立意较多,但不能统一确定最终解决问题的方案;反之,只收敛而无发散,则将使我们的思维陷入僵化,压抑思维的创造活力,进而难以找到解决问题的最好方案。

2. 单一化思维和多样化思维

(1)单一化思维,是一种以片面性和绝对性为特征的思维方式,它只从某个方面来观察事物,把事物都归结于这一方面,而且它往往还把这一方面绝对化,做无限的、直线的扩大和延伸,以求说明全部的问题。因此,单一化思维难以正确反映复杂多变的客观事物和事物多方面的属性、关系和过程。

(2)多样化思维,是以任何事物都不会孤立存在,必然与其他事物发生这样或那样的相互联系的认识为指导,从不同方面、角度,用不同思维程序来考虑问题的思维方式。多样化思维使人们认识内容更宽阔,能发现更新的事物。

3. 纵向思维和横向思维

(1)纵向思维,是以时间或历史作为思维的轴线,把事物放在其过去、现在、将来的对比分析中,从而发现不同历史阶段上的特点和前后联系,并以此来把握事物本质的一种思维方式。

(2)横向思维,是以历史某一横断面为背景,分析研究同一事物在不同状况下的发展状况及其异同的一种思维方式,因而它往往能揭示纵向思维所不易发现的事物的特点和联系。

4. 静态思维和动态思维

(1)静态思维,是一种以程序性、重复性、稳定性为特点的定型化思维方式,它要求思维的规格化、统一化、模式化,而排斥任何在思维程序、方向及内容上的变动,因而静态思维过程是可以重复再现的。

(2)动态思维,是一种依据客观外界的变动情况,不断调整和优化思维的程序、方向和内容,以达到思维目标的一种思维活动。动态思维强调在思维过程中与客观外界环境的信息交流与协调,通过信息的交流与协调来不断地调整和修正思维的方向和目标,提高思维的正确性和有效性。

5. 反馈思维和超前思维

(1)反馈思维,是一种以历史的联系和经验、过去的原则和规范来影响与制约现在,力图使现在变为过去的继续和再现的思维方法。它忽视事物的发展和变革,把过去的思维结果照搬到现在,并作为考察、分析事物的唯一依据。反馈思维反映了一种不愿进取变革和承担风险、因循守旧的心理。

(2)超前思维,是一种在充分认识和把握事物发展规律的基础上,对未来的各种可能性进行预测和分析,并以此对现在进行弹性调整的思维方式。因此,超前思维也称预测性思维,不可避免地带有一定程度的不确定性和模糊性。

(四)谈判中的思维艺术

1. 注意概念的理解和把握

在商务谈判中,概念是谈判双方交换意见的重要载体。如果没有概念或发生概念错误,我们就无法把握住对方意见的实质。如在涉外技术贸易谈判中,对技术转让费有一种称为提成支付。提成支付的准确概念是在技术转让合同签订后,不支付任何费用,而生产出合同产品以后,每年按照合同产品净销售额的一定比例,提取一定的金额支付给技术转让方。这里就有提成基数、净销售额等概念需要准确理解。如果我们自己概念不清,理解不准,吃亏上当就在所难免。在对概念的把握和运用上,我们应该注意把握概念的全面性、外延、内涵、确定性和灵活性。

2. 注意正确、灵活运用各种思维方法

(1)比较、抽象和概括方法的运用。比较方法是在商务谈判中运用最多的一种思维方法,"不怕不识货,就怕货比货"充分说明了比较的重要性。运用比较法时应注意两个问题,第一个问题是比什么,即比较的内容和标准是什么;第二个问题是比较的前提与条件。我们在谈判中要防止对方把不可比的条款作比较或者只作部分比较,从而得出错误的结论来欺骗我方。

对于比较法,我们除了强调可比性外,还强调比较内容的全面性,以保证比较结论的正确性。但是由于两样事物在其属性方面各有千秋,如两国的投资环境各有所长,如果简单地进行比较就很难做出最终的判断和评价,这就需要用抽象法来解决,即把事物的非本质、非主要因素或属性撇开,而只把事物的本质方面和主要方面提取出来进行考虑和分析,这实际上就是抓住主要矛盾。这样,问题就可以迎刃而解。

概括就是在抽象的基础上,给抽象的结果赋予普遍的意义。就投资环境的评价而言,就是要概括出一个适应于各国情况的一般的投资环境的评价分析方法。只有这样,我们才能正确地比较和把握各国投资环境。在谈判中充分发挥思维的抽象能力和概括能力,抓住主要矛盾,形成一般的理想的方案,作为实际行动的指南。

(2)归纳与演绎方法的运用。在谈判中,运用归纳法能使我们把发散性思维的成果集中起来,深入到事物的本质中去说明问题,从而使论点显得比较可信。如在涉外商务谈判中,我们要对外商的资信情况进行审查,可以调查该客商与其他公司企业的交易情况,如该客商与甲公司、乙公司、丙公司等许多公司的交易是诚实可靠、讲究信誉的,那么我们就可以从这一个一个的具体交易中得出一般性结论:该客商的信誉很好、诚实可靠。需要注意的是我们在运用归纳法时必须扩大样本的数量,提高样本的代表性,从而提高归纳结论的正确性。

演绎法把一般性的结论作为前提来推断出个别事物也具有相同或类似的性质。在谈判中,运用惯例来说明问题就是一种演绎思维的方法。在长期的国际经济贸易交往中,人们形成了许多惯例,如在合资企业中,根据投资比例的多少分配董事会的席位,由投资最多的一方担任董事长等。在谈判中,运用演绎法应注意演绎的前提是否正确和演绎推论的事物在性质上是否与演绎前提一致。

(3)分析和综合法的运用。在谈判中,有时对方提出的某个建议或提供的某个资料比较复杂,很难直接从外部总体上判断其真伪,我们就可以利用分析法。如在技术贸易谈判中,转让方往往只报一个一揽子的总价格。对于这个总价格,我们利用分析法,可以将对方所报的一揽子总价拆开,分解为各个单项内容的价格,如分成技术设备的价格、技术资料的价格、咨询与培训费用等,经过分解,我们就可以将各个单项的价格与正常的价格进行比较,从而比较清楚地看出其是否有"水分"以及有多大"水分"。这样,在要求对方让价时,就有了针对性和依据,从而避免盲目地还价。而综合法强调的是对事物整体的研究,是在分解分析法的基础上,把对于事物各个局部的认识有机地统一起来，从而形成对该事物的整体认识和判断。在谈判中，谈判者必须时刻牢记应当站在取得谈判胜利的全局的高度进行综合分析，对每一个交易条件进行比较、概括或分解分析，一定要服务于谈判总体目标，而不是局限于单个交易条件或单个交易条件中的某些部分。

小案例 6－9

日本人运用综合思维法最先判断出大庆油田

日本人当年最先判断出大庆油田的情况，以至在后来与中国谈判购买设备时占了先机，赚了我们中国一大笔钱。日本人是怎样通过"量权"式的分析而获得情报信息的呢？

通过画报封面上铁人王进喜身穿大皮袄的样式，以及下着鹅毛大雪的照片，推断出大庆可能位于东三省的结论；通过《人民日报》一条新闻报道中"王进喜到马家窑，说了一声'好大的油田呀！我们要把中国石油落后的帽子甩到太平洋去！'"推断出马家窑就是大庆的中心；从报刊报道的大庆的设备全是肩扛人抬，又得到一个推断：马家窑离火车站不远，远了就抬不动了；通过王进喜参加中央委员会的报道，推论大庆已经大量出油；根据《人民日报》一幅照片上钻台手柄的架式，计算出了油井的直径；根据中国国务院的工作报告推算，把全国石油产量减去原来的石油产量，剩下的就是大庆的产量。

上述案例中，日本人的信息来源，不过是几幅照片，几条新闻报道。但是，他们通过综合政治因素、地理因素、自然常识等一系列内容的推理分析，却得到了极其重要的商业情报。

3. 注意思维的艺术和技巧

现代思维具有思维方式由封闭走向开放，由单一走向多样，由静态转变为动态等特点，这些特点要求我们应注意以下几个方面：一是促使思维的发散化，力求充分发挥思维的形象力、创造力，开阔思路和视野，从多个角度和多个方向不断地对事物进行全方位的扫描透视。二是促使思维多样化，要从事物之间的直接联系和间接联系，内部联系和外部联系，必然联系和偶然联系及因果联系等普遍联系中，寻找解决问题的新路子、新方法。三是促使思维动态化，在动态中调整和优化思维。事物是不断发展的，事物之间联系也是不断改变的。如果我们的思维是静态的，就会脱离实际。商务谈判的特点之一是其复杂性和多变性，我们的思维必须紧紧抓住这种变动，迅速地调整思维的方向、重点和角度，优化思维的过程和结构。四是争取思维的超前。谈判中，我们如果能在思维上领先于对方一步，就能更好地掌握主动权。但超前谈判的思维艺术不是一夜之间就能掌握的，必须在长期的实践中经过有意识的学习、培养和锻炼而不断积累，才能日臻完善。

小贴士 6－2

谈判思维的主要误区

1. 依本性行事

缺乏谈判思维最典型的表现是谈判者依照自己的个人喜好、行事习惯或工作方式去处理谈判事务，没有认识到谈判是一种特殊的心理、实力的博弈活动，它有自身的游戏规则和行为规律，谈判者要胜任谈判,必须适应和运用这些游戏规则,否则在谈判中就会处于被动地位。要认识到,谈判是一个由虚到实的过程,不仅需要真诚,也需要策略;不仅需要实在,也需要技巧。如果看不到谈判活动的特殊性,只依个人的好恶或本性行事,没有博弈思维和策略思维,就会轻易暴露己方的谈判意图,就会削弱自身的谈判实力,从而丧失谈判的主动权,降低谈判的成效。

2. 拘泥于伦理

谈判活动离不开伦理道德的约束,谈判的结果也应符合法律和道德的要求。但谈判活动本身就是一场心理战和信息战,需要讲究策略,影响对方的心理;需要虚实结合,调动对方的行为。如果拘泥于伦理,一味强调"诚""实""真""善""信"等道德标准。不屑于、不习惯或不善于运用谈判的游戏规则,那么就等于放弃了谈判的主动权,听由对方左右。这就好比战争,如果把真相都告诉对方,那这个仗怎么打?如果过于仁慈,如何能战胜对手?谈判不是真正的战争,但也具有战争所特有的对抗性质,目的不是为了打倒对方,而是为了谋求双方的合理利益。

3. 混淆手段与实质

应该看到,谈判并不是不需要"诚"与"信",恰恰相反,"诚"与"信"是做人、处事最根本的要求。但这种诚、信主要应体现在谈判的结果和实质上,尤其是合同的履约上;而谈判的过程则是充满了策略乃至诡计,在合法的前提下,谈判者可以运用多种手段、方法、技巧去达成己方的目的。这就是谈判活动特殊的游戏规则和国际惯例,在没有签订白纸黑字前,一切都有可能。但只要签订了白纸黑字,除了法律允许的原因,就必须依约履行。我们强调谈判活动的博弈性、策略性,正是建立谈判思维的关键所在,其目的并不是强取豪夺,而是尽力实现己方的最佳利益。

4. 谈判与推销不分

一些人常常将推销与谈判混为一谈,认为谈判就是推销,推销就是谈判,用推销的原则来指导谈判,其结果在实践中达不到好的谈判效果。实际上,谈判与推销既有内在的联系,又有本质的区别。谈判的产生往往需要一定的条件和时机,即双方经过一定的认知和准备后,具有谈判的意愿和必要时才会真正开展谈判;而推销则不受此种限制。在谈判中,谈判的主动权既可以在买方,亦可以在卖方;而在推销中,主动权往往在买方手中。谈判的主要目标是实现己方利益的最大化,而推销的主要目标是卖掉商品,因此谈判的重心是促使对方接受己方的条件,而推销的重心则是激发对方的购买欲望。谈判是一场心理斗争,讲求的是力量对抗;而推销是一场鼓动活动,讲求的是激发需求。因此体现在具体的方式方法上,两者亦有很大的不同,如推销者需要主动、热情、尽量接近对方,而谈判者则未必,有时甚至是相反。

虽然谈判与推销有这样那样的区别,但两者亦有一定的内在联系。推销的实现常常需要谈判才能最终完成,当谈判者是推销者的时候,推销与谈判是密不可分的,推销构成了谈判的前奏。此外,无论是谈判还是推销,在手段上都主要依赖于说服艺术。

5. 人与事不分

谈判活动中常常出现人与事不分的情况,因为谈判者都是有感情的人,难免带有这样那样的情绪,但谈判是基于利益的合作,而非基于感情的合作。如果谈判者将人和事搅在一起,对人而不对事甚至人取代事,不仅无助问题的解决,而且会激化矛盾,是典型的思维错位,轻则丢了生意,重则伤了和气。作为理智、高明的谈判者,要学会人与事分开,对事而不对人,对人友好,对事坚持原则,重利益而非立场。因为每个谈判者的经历和背景不同,价值观念和做人哲学也会有所不同,不能以自己的个人准则和情感去要求和评判对方。只有这样,才能开启谈判的成功之门。

小　结

谈判需要理论揭示了在进行商务谈判时要发现对方的需要，不断创造对方新的需要。通过需要满足，为谈判建立信任、融洽的气氛；通过不断沟通，寻找双方共同利益，并以此作为谈判成功的基础。

在谈判实务中，谈判者在谈判中运用的理由是多种多样的，谈判者必须了解谈判理由的种类及特点，并根据对手特点进行选择应用。

谈判技巧运用的依据和成功的基础是谈判实力，技巧的运用与实力的消长有着极为密切的关联，建立并加强谈判实力的关键在于对谈判的充分准备和对对方的充分了解。

在谈判中，寻求双方的利益而达成协议，并不是通过双方讨价还价来做最后的决定。当双方的利益发生冲突时，坚持使用某些客观的标准来作决定而不是双方意志力的比较。

商务谈判中的心理是指在商务谈判活动中谈判者的各种心理活动。它是商务谈判者在谈判活动中对各种情况、条件等客观现实的主观能动的反映。具有内隐性、相对稳定性、个体差异性等特点。文饰与投射、反向行为与理性行为、自我意象和角色扮演是其心理机制。

谈判中的思维有横向思维与纵向思维、发散性思维与收敛性思维等，思维艺术包括概念的把握与运用、灵活运用各种思维方法。

练　习

一、名词解释

1. 谈判实力
2. 商务谈判心理
3. 文饰
4. 自我意象
5. 横向思维

二、选择题

1. 具有无逻辑性、屏障特性和无量性是属于(　　)特点。

A. 真理的理由　　B. 片面的理由　　C. 虚假的理由　　D. 无理的理由

2. 尼尔伦伯格提出了(　　)。

A. 谈判需要理论　　B. 谈判实力理论　　C. 谈判唯理理论　　D. 谈判原则理论

3. 文饰常有(　　)等表现形式。

A. 酸葡萄作用　　B. 甜柠檬作用　　C. 推诿　　D. 援例

4. 思维的形式有(　　)。

A. 概念　　B. 判断　　C. 推理　　D. 论证

5. 人类思维的一般逻辑是(　　)。

A. 逻辑起点　　B. 逻辑中介　　C. 逻辑终点　　D. 逻辑延伸

三、判断题

1. 谈判者应当记住，当对方不再需要你时，你们彼此间便失去了谈判最基本的吸引力。(　　)

2. 在谈判中，谈判者有义务听取对方理由，采纳对方合理的理由，并据此调整己方的谈判

立场和态度,这体现服理是谈判的理念。 ( )

3. 根据价值来寻求双方的利益而达成协议,并不是通过双方讨价还价来做最后的决定是谈判实力理论的观点。 ( )

4. 判断是人们从已有的判断中按照一定的逻辑规则推导出新的判断和结论。 ( )

5. 单一化思维使人们认识内容更宽阔,能发现更新的事物。 ( )

四、简答题

1. 在应用谈判需要理论时,需要注意哪些问题?
2. 简述影响谈判实力的因素。
3. 简述商务谈判心理的特点。
4. 试述谈判中思维艺术的运用。

案例分析

特朗普再变脸! TTIP 起死回生

1. 德国大选之前不会重启 TTIP

在苦苦问了德国总理默克尔 10 次之后,美国总统特朗普终于在第 11 次接受了这样一个事实:要想和德国解决双边贸易问题,只能同欧盟谈贸易协定。

2017 年 4 月 24 日,美国商务部部长罗斯将与欧盟贸易委员马尔姆斯特伦在华盛顿首次会面,并正式讨论要如何重新让 TTIP(跨大西洋贸易与投资伙伴关系协定)起死回生。值得注意的是,在此前欧美高级官员都已经相继在不同场合透露了将重启 TTIP 这一重要讯息。

2017 年 3 月 17 日,德国总理默克尔访美与总统特朗普面对面交流,英国方面对此感到十分郁闷。有白宫人员透露,特朗普政府终于意识到,同欧盟之间谈自由贸易协定,比同英国谈一个后脱欧时代的英美协定重要得多,也更符合美国利益。

不过美欧之间并不急于重启 TTIP 谈判,起码在德国今(2017)年 9 月大选之前都不会有更新动向。美方希望通过 TTIP 解决美对欧的高额贸易赤字,欧盟方面则不希望此次谈判再像上次那样引起欧盟内广泛民意的反弹。德国财长朔伊布勒近日为未来的 TTIP 勾勒出大致轮廓,即"更简单、更透明"。

特朗普在竞选中曾一再表示,绝不会签署任何有损美国工人或有损美国自由和独立的贸易协定,TPP(跨太平洋伙伴关系协定)为此最终夭折,TTIP 也因此被欧美双方雪藏。"特朗普的胜选意味着,至少在一段时间内,美欧贸易谈判将被打入冷宫了。"马尔姆斯特伦曾就此表示。而在特朗普政府上台后,第一财经记者查阅美国白宫网站发现,此前长期挂在网站上的 TTIP 专题已经被删除。然而日前美国众议院议长保罗 · 瑞安(Ryan)访问英国时,却突然称"TTIP 展现了良好的贸易秩序……美国将继续与欧洲朋友密切合作,为 TTIP 谈判绘制前进的道路"。

随后欧洲媒体爆出,正是默克尔在此前的访美行程中说服了特朗普,并指出欧美之间谈成一项自贸协定比他想象的容易得多。一位德国高级官员表示:"特朗普问了默克尔 10 次,他是否可以同德国谈自贸协定,每次默克尔都回答,'你不能同德国谈自贸协定,你只能同欧盟谈'。"在第 10 次被拒绝后,特朗普终于"开窍"了。"他说那我们就和欧盟谈协定吧。"上述德国高级官员表示。与此同时有六位来自于美国、英国和欧盟的现任和前任贸易官员都指出,目前的白宫在自由贸易协定方面的立场已经软化,其中有一位官员认为 TTIP 一定会重启,剩下的五位并不确定是否会重启TTIP,还是谈一个新的贸易协定。

2. 美欧之间没贸易协议太"荒唐"

朔伊布勒近日在访美期间表示,TTIP并没有永远失败,不过应该更加简单也更加透明,而且他不能想象"欧盟准备好了跟全世界谈贸易协定,却不跟美国谈贸易协定"这样的"荒唐"情景。"我想我们可能把TTIP做得太有野心、太复杂了,以至于人们不能理解它。"朔伊布勒表示,"为此我们将重新开始。这次我们将把它简单化和透明化。"朔伊布勒说,各方官员在谈判TTIP的时候都低估了欧盟内部结构的复杂程度,即TTIP不仅要得到欧盟机构的批准,还要得到各国议会的批准,"我们理解美国可能会需要点时间来思考和检验,并且有些事情需要得到改正,不过我总体来说是比较乐观的。"朔伊布勒所言的更简单和更透明,在此前谈判中有踪迹可寻。实际上,在去年TTIP谈判僵持不下的情况下,欧美双方在商业界层面曾提出可以先达成一个TTIP简约版,即令TTIP变得更简单,譬如在TTIP中避谈政府采购等章节,仅仅在达成共识的领域先结集成文本等等,不过这一提议后来被美欧双方否决。据欧方估计,TTIP的达成将造就世界上最大的自贸区,涉及全球40%的经济产出和50%的贸易活动,每年将分别给欧盟和美国经济增加1 190亿欧元和950亿欧元产值。

(资料来源:http://news.sina.com.cn/o/2017—04—24,有修改)

问题:

1. 你从本案例中得到什么启示?

2. 以本案例为例,谈谈商务谈判中思维运用的重要性。

实训操作

制定谈判计划

1. 实训目的

通过本次实训,掌握商务谈判中的相关理论、心理机制及思维方式。

2. 实训要求

掌握跨专业综合实训软件购买谈判中的理论基础、心理机制及思维方式的内容及技巧。

3. 实训材料

纸张、笔、跨专业综合实训申报书、会议室等资料。

4. 实训步骤

(1)分组,仍以原先分组为单位,做好团队谈判分工。

(2)预习跨专业综合实训软件采购申报书。

(3)分析买卖双方存在的谈判理论基础。

(4)分析买卖双方在此次交易谈判中存在的心理机制。

(5)分析买卖双方在此次交易谈判中运用的思维方式。

5. 成果与检验

每位学生的成绩由两部分组成:学生实际操作情况(50%)和分析报告(50%)。

实际操作主要考查学生在商务谈判中的谈判理论选择、心理机制分析和思维方式分析的能力;分析报告主要考查学生根据资料分析,实施对商务谈判中的理论选择、心理机制分析和思维方式分析的合理性,运用所学知识、策略的正确性,分析报告建议制成PPT。

任务七　商务谈判中的语言策略

【任务目标】

1. 了解商务谈判中的有声语言和无声语言；
2. 熟悉商务谈判中文字沟通与处理技巧；
3. 掌握有声语言和无声语言的具体选择与运用方法。

【任务导入】

回想与F软件公司购买跨专业综合实训软件的谈判过程，耿院长感触到自己的语言表达太直，不太幽默。有时作出的表达，令客户感觉不高兴，也让团队成员不高兴，这就说明自己在信息交流方面还存在词不达意的地方。当在谈判过程中，面对表达不当的时候，有时团队成员使眼色或做其他的体态暗号，自己虽然有所意味，但因一讲起来就停不下来，也影响了谈判沟通效果。耿院长不仅内心自责，更重要的是他想了解谈判中的语言沟通技巧。

【任务分析】

商务谈判过程其实就是谈判双方用语言交流的过程。语言在商务谈判中起着桥梁的作用，常常决定谈判的成败。恰当、灵活地运用语言技巧才能赢得期望的结果，甚至取得更好的结果。因此，成功的商务谈判必须善于运用语言技巧。

【知识精讲】

一、商务谈判语言概述

语言是传递信息的媒介，是人与人之间进行交流和沟通的工具。商务谈判过程实质上就是谈判者运用语言表达自己的立场、观点的过程，是通过语言与对方磋商，从而协调双方的目标和利益，以保证谈判成功的过程。因此，谈判结果的达成需要谈判人员综合运用听、谈、肢体语言等方面的各种沟通技巧。在谈判中，如何把思维的结果用语言准备表达出来，则反映了一个谈判者的语言能力。可以说，在商务谈判中如何恰当地运用语言技巧谋求谈判的成功是谈判者必须考虑的主要问题。

（一）商务谈判语言的类别

1. 按语言的表达方式可将谈判语言分为有声语言和无声语言

有声语言是指通过人的发音器官来表达的语言，一般理解为口头语言。这种语言借助于人的听觉交流思想、传递信息。

无声语言是指通过人的形体、姿势等非发音器官来表达的语言，一般解释为行为语言。这种语言借助于人的视觉传递信息、表示态度。在商务谈判过程中巧妙地运用这两种语言，可以产生珠联璧合、相辅相成的效果。

2. 按语言表达特征可将谈判语言分为专业语言、法律语言、外交语言、文学语言、军事语言等

专业语言是指有关商务谈判业务内容的一些术语，不同的谈判业务，有不同的专业语言。例如，产品购销谈判中有供求市场价格、品质、包装、装运、保险等专业术语；在工程建筑谈判中有造价、工期、开工、竣工、交付使用等专业术语，这些专业语言具有简单明了、针对性强等特征。

法律语言是指商务谈判业务所涉及的有关法律规定用语，不同的商务谈判业务要运用不同的法律语言。每种法律语言及其术语都有特定的含义，不能随意解释使用。法律语言具有规范性、强制性和通用性等特征。通过法律语言的运用可以明确谈判双方的权利、义务、责任等。

外交语言是一种弹性较大的语言，其特征是模糊性、缓冲性和幽默性。在商务谈判中，适当运用外交语言既可满足对方自尊的需要，又可以避免失去礼节；既可以说明问题，还能为进退留有余地。但过分使用外交语言，会使对方感到缺乏合作诚意。

文学语言是一种富有想象的语言，其特点是生动活泼、优雅诙谐、适用面宽。在商务谈判中恰如其分地运用文学语言，既可以生动明快地说明问题，还可以缓解谈判的紧张气氛。

军事语言是一种带有命令性的语言，具有简洁自信、干脆利落等特征。在商务谈判中，适时运用军事语言可以起到坚定信心、稳住阵脚、加速谈判进程的作用。

（二）语言技巧在商务谈判中的作用

商务谈判的过程是谈判双方运用各种语言进行洽谈的过程。在这个过程中，商务谈判对抗的基本特征，如行动导致反行动、双方策略的互含性等都通过谈判语言集中反映出来。因此，语言技巧的效用往往决定着双方的关系状态，以至谈判的成功。其作用主要表现在以下几个方面：

1. 语言技巧是商务谈判成功的必要条件

美国企业管理学家哈里·西蒙曾说，成功的人都是一位出色的语言表达者。同时，成功的商务谈判都是谈判双方出色运用语言技巧的结果。在商务谈判中，同样一个问题，恰当地运用语言技巧可以使双方听来饶有兴趣，而且乐于合作。否则可能让对方觉得是陈词滥调，产生反感情绪，甚至导致谈判破裂。面对冷漠的或不合作的强硬对手，通过超群的语言及艺术处理，能使其转变态度，这无疑为商务谈判的成功迈出了关键一步。因此，成功的商务谈判有赖成功的语言技巧。

2. 语言技巧是处理谈判双方人际关系的关键环节

商务谈判对抗的行动导致反行动这一特征，决定了谈判双方的语言对彼此的心理影响及其对这种影响所做出的反应。在商务谈判中，双方人际关系的变化主要通过语言交流来体现，

双方各自的语言都表现了自己的愿望、要求。当这些愿望和要求趋向一致时，就可以维持并发展双方良好的人际关系，进而达到皆大欢喜的结果。反之，可能解体这种人际关系，严重时导致双方关系的破裂，从而使谈判失败。因此，语言技巧决定了谈判双方关系的建立、巩固、发展、改善和调整，从而决定了双方对待谈判的基本态度。

小案例 7－1

研发部的梁经理

研发部梁经理才进公司不到一年，工作表现颇受主管赞赏，不管是专业能力还是管理绩效，都获得大家肯定。在他的缜密规划之下，研发部一些延宕已久的项目，都在积极推行当中。部门主管李副总发现，梁经理到研发部以来，几乎每天加班。他经常第二天来看到梁经理电子邮件的发送时间是前一天晚上 10 点多，接着甚至又看到当天早上 7 点多发送的另一封邮件。这个部门下班时总是梁经理最晚离开，上班时第一个到。但是，即使在工作量吃紧的时候，其他同仁似乎都准时走，很少跟着他留下来。平常也难得见到梁经理和他的部属或是同级主管进行沟通。李副总对梁经理怎么和其他同事、部属沟通工作觉得好奇，开始观察他的沟通方式。原来，梁经理都是以电子邮件交代部属工作。他的属下除非必要，也都是以电子邮件回复工作进度及提出问题，很少找他当面报告或讨论。对其他同事也是如此，电子邮件似乎被梁经理当作和同仁们合作的最佳沟通工具。但是，最近大家似乎开始对梁经理这样的沟通方式反映不佳。李副总发觉，梁经理的部属对部门逐渐没有向心力，除了不配合加班，还只执行交办的工作，不太主动提出企划或问题。而其他各个主管，也不会像梁经理刚到研发部时，主动到他房间聊聊，大家见了面，只是客气地点个头。开会时的讨论，也都是公事公办的味道居多。

李副总趁着在楼梯间抽烟碰到另一部门的陈经理时，以闲聊的方式问及小主管和梁经理工作相当认真，可能对工作以外的事就没有多花心思。李副总也就没再多问。

这天，李副总刚好经过梁经理房间门口，听到他打电话，讨论内容似乎和陈经理业务范围有关。他到陈经理那里，刚好陈经理也在说电话。李副总听谈话内容，确定是两位经理在谈话。之后，他找了陈经理，问他怎么一回事。明明两个主管的办公房间就在隔邻，为什么不直接走过去说说就好了，竟然是用电话谈。

陈经理笑答，这个电话是梁经理打来的，梁经理似乎比较希望用电话讨论工作，而不是当面沟通。陈经理曾试着要在梁经理房间当面沟通，但梁经理不是以最短的时间结束谈话，就是眼睛一直盯着计算机屏幕，让他不得不赶紧离开。陈经理说，几次以后，他也宁愿用电话的方式沟通，免得让别人觉得自己过于热情。

了解这些情形后，李副总找了梁经理聊聊。梁经理觉得，效率应该是最需要追求的目标，所以他希望用最节省时间的方式，达到工作要求。李副总以过来人的经验告诉梁经理，工作效率重要，但良好的沟通绝对会让工作进行顺畅许多。

3. 语言技巧是阐述己方观点的有效工具，也是实施谈判技巧的重要形式

在商务谈判过程中，谈判双方要把己方的判断、推理、论证的思维成果准确无误地表达出来，就必须出色地运用语言技巧这个工具；同样，要想使自己实施的谈判策略获得成功，也要出色地运用语言技巧。

（三）正确运用谈判语言技巧的原则

1. 客观性原则

谈判语言的客观性是指在商务谈判中，运用语言技巧表达思想、传递信息时，必须以客观事实为依据，并且运用恰当的语言，向对方提供令人信服的依据。这是一条最基本的原则，是其他一切原则的基础。离开了客观性原则，即使有三寸不烂之舌，或者不论语言技巧有多高，都只能成为无源之水、无本之木。坚持客观性原则，从供方来讲，主要表现在：介绍本企业情况要真实；介绍商品性能、质量要恰如其分，如可附带出示样品或进行演示，还可以客观介绍一下用户对该商品的评价；报价要恰当可行，既要努力谋取己方利益，又要不损害对方利益；确定支付方式要充分考虑到双方都能接受、双方都较满意的结果。从需方来说，谈判语言的客观性，主要表现在：介绍自己的购买力不要水分太大；评价对方商品的质量、性能要中肯，不可信口雌黄，任意褒贬；还价要充满诚意，如果提出压价，其理由要有充分根据。如果谈判双方均能遵循客观性原则，就能给对方真实可信和"以诚相待"的印象，就可以缩小双方立场的差距，使谈判的可能性增加，并为今后长期合作奠定良好的基础。

2. 针对性原则

谈判语言的针对性是指根据谈判的不同对手、不同目的、不同阶段的不同要求使用不同的语言。简言之，就是谈判语言要有的放矢、对症下药。提高谈判语言的针对性，要求做到：(1)根据不同的谈判对象，采取不同的谈判语言。不同的谈判对象，其身份、性格、态度、年龄、性别等均不同。在谈判时，必须反映这些差异。从谈判语言技巧的角度看，这些差异透视得越细，洽谈效果就越好。(2)根据不同的谈判话题，选择运用不同的语言。(3)根据不同的谈判目的，采用不同的谈判语言。(4)根据不同的谈判阶段，采用不同的谈判语言。如在谈判开始时，以文学、外交语言为主，有利于联络感情，创造良好的谈判氛围；在谈判进程中，应多用商业法律语言，并适当穿插文学、军事语言，以求柔中带刚，取得良效；谈判后期，应以军事语言为主，附带商业法律语言，以定乾坤。

3. 逻辑性原则

谈判语言的逻辑性是指商务谈判语言要概念明确、谈判恰当，推理符合逻辑规定，证据确凿、说服有力。在商务谈判中，逻辑性原则反映在问题的陈述、提问、回答、辩论、说服等各个语言运用方面。陈述问题时，要注意术语概念的同一性，问题或事件及其前因后果的衔接性、全面性、本质性和具体性。提问时要注意察言观色、有的放矢，要注意和谈判议题紧密结合在一起。回答时要切题，一般不要答非所问，说服对方时要使语言、声调、表情等恰如其分地反映人的逻辑思维过程。同时，还要善于利用谈判对手在语言逻辑上的混乱和漏洞，及时驳倒对手，增强自身语言的说服力。提高谈判语言的逻辑性，要求谈判人员必须具备一定的逻辑知识，包括形式逻辑和辩证逻辑，同时还要求在谈判前准备好丰富的材料，进行科学整理，然后在谈判席上运用逻辑性强和论证严密的语言表述出来，促使谈判工作顺利进行。

小案例 7－2

针对自己在销售谈判过程中存在的问题，王丽不断总结分析，调整心态，苦练技能。很快，在入职半年后，王丽成为公司的卖场销售月冠军，月工资超过了万元。在公司年终工作总结大会上，王丽作为销售代表在会上发言，并与大家在一起交流了作为一名卖场导购员的销售经验与心得体会。会上，另一家门店的销售导购员小吴向王丽讲述了自己在销售工作中遇到的困惑，并向王丽寻求帮助。小吴说她之所以选择这份工作，是认为自己能说会道，口才很好，心想凭借自己的“三寸不烂”之舌，一定能说服顾客并将家具很好地卖出去，因此，在每次接待客户的过程中，小吴总是滔滔不绝地不断地向顾客介绍家具产品和提供的服务，但多数情况都未能成交。相反，那些在她看来口才很差的同事的销售业绩反而要比她还要好。王丽告诉小吴，销售成功的关键是和顾客的有效沟通，而不是滔滔不绝地对顾客讲演。

4. 规范性原则

谈判语言的规范性，是指谈判过程中的语言表述要文明、清晰、严谨、准确。

第一，谈判语言，必须坚持文明礼貌的原则，必须符合商界的特点和职业道德要求。无论出现何种情况，都不能使用粗鲁的语言、污秽的语言或攻击辱骂的语言。在涉外谈判中，要避免使用意识形态分歧大的语言，如“资产阶级”“剥削者”等。

第二，谈判所用语言必须清晰易懂。口音应当标准化，不能用地方方言或黑话、俗语之类与人交谈。

第三，谈判语言应当注意抑扬顿挫、轻重缓急，避免吞吞吐吐、词不达意、嗓音微弱、大吼大叫，或感情用事等。

第四，谈判语言应当准确、严谨，特别是在讨价还价等关键时刻，更要注意一言一语的准确性。在谈判过程中，由于一言不慎导致谈判走向歧途，甚至导致谈判失败的事例屡见不鲜。因此，必须认真思索，谨慎发言，用严谨、精练的语言准确地表述自己的观点、意见。

上述语言技巧的几个原则，都是在商务谈判中必须遵守的，其旨意都是为了提高语言技巧的说服力。在商务谈判的实践中，不能将其绝对化，单纯强调一个方面或偏废其他原则，须坚持上述几个原则的有机结合和辩证统一。只有这样，才能达到提高语言说服力的目的。

二、商务谈判中的语言要求

（一）准确性

商务谈判就是协商合同条款，明确双方各自的责任、义务，因此，不要使用模棱两可容易产生歧义的语言。使用具体、准确的语言比笼统含糊的语言更易获得对手的信任，也避免了由于歧义而造成的摩擦。如当卖方在介绍产品质量时，要具体说明质量达到的标准，而不能笼统地说质量很好；在引进技术时，若只是笼统强调要引进新技术，而不说明新在哪里，新到什么程度，“新”是对技术引进方而言的，还是对双方而言的等，这里的“新”就是一种不准确的表述，容易引起歧义，应尽量避免。

（二）表述清楚

在口头表达时，意思表示清楚、明白是对商务谈判中有声语言的一项基本要求。如何才能做到清楚、明白？首先，说话要口齿清晰，使用标准化的语言。在遣词造句上，要使用大家都能懂的言辞。在使用能产生不同理解的词语时，要说明自己使用这一词语的确切含义，避免产生歧义。其次，要注意语速，应根据对方讲话的理解程度、讲话的重要性程度等控制和调整说话的速度。停顿也是非常必要的，试验表明说话时应每隔 30 秒停顿一次，一是可以加深对方的印象，二是给予了对方思考、理解的时间。此外，使用短句子更便于对方的理解，表述也更加清楚。

（三）注意用词

在商务谈判的沟通过程中，应尽量避免使用极端性的、易引发争论的语言。谈判内容尽量不要涉及对方隐私，也不要说些有损对方自尊心的语言。谈判是一种竞争，也是一种合作。为了争取较大的利益，谈判过程中可能会使用到威胁性语言，达到增加对方心理压力，加快谈判进程的效果。但威胁性语言不宜过多使用，以免造成谈判气氛紧张。

三、商务谈判中有声语言的沟通技巧

商务谈判中的有声语言主要是通过谈判者之间的倾听、提问、回答、叙述、辩论、说服等基本方法来完成的，沟通有效与否取决于以上方面的综合表现。

(一)倾听的技巧

缺乏经验的谈判者最大的弱点就是不能耐心地听对方发言，他们急于表达自己的观点，阐述自己的情况，反驳对方的不同意见。其实成功的谈判员50%以上的时间是用来听的，谈判者仔细倾听，可以获取大量宝贵信息，增加谈判的筹码。美国的朱迪·皮尔逊博士把听分为积极的听和消极的听。积极的听有助于我们了解更多信息，与对方展开良性互动。消极的听也是一种必要的自我保护形式，它有助于人们放松神经，恢复精力。

小贴士7－1

倾听时的技巧

1. 倾听“三要”

(1)要“同理心地听”。同理心是指要和说话者具有相同的心理，从谈话者的立场出发来分析对方的讲话，了解对方的顾虑和想法，将谈话者的意思听全、听透。

(2)要耐心听完谈话者的想法，不可随意打断。作为一名商务谈判人员，应该养成耐心倾听对方讲话的习惯，这是个人良好修养的表现。

(3)倾听同时要注意对对方讲话进行反馈，如运用点头或回应“是的”“有道理”或面带微笑地注视讲话者，主动与讲话者进行目光接触等身体语言或口头语言向对方传达你对其话语的理解程度，这不仅可以帮助你集中注意力更好地倾听，而且可以帮助双方实现良性的互动沟通。

2. 倾听“三不要”

(1)不要只摆出倾听的样子，内心却迫不及待等机会讲自己想说的。急于表达自己的观点，而忽视了对方传递的信息，容易导致漏听、误听。

(2)避免选择性倾听。倾听时要避免的另一种现象就是只听到自己想听的，即选择性倾听。倾听者依据个人喜好筛选信息，喜欢的就听，不喜欢的则听而不闻，这种倾听方式容易导致偏听、漏听。

(3)避免先入为主的倾听。先入为主的倾听，习惯依照自己的方式去解释听到的信息，这往往会扭曲说话者的本意，使听到的信息变形地反映到自己的脑海中，进而导致信息接收不准确，判断失误，从而造成决策失误。

(二)提问的技巧

提问是商务谈判中谈判者获取信息的重要手段，通过提问可以发现对方的需求，掌握对方的心理。在商务谈判中，提问主要分为开放式提问和封闭式提问两大类。开放式提问是指具有广泛答复的问法，通常无法采用“是”或“否”等简单的措辞作出答复，通常在谈判开始时使用，引导对方多说，进而获取相关信息。封闭式提问是指在一定范围内，在特定的领域得出特定的答复，一般用“是”或“否”即可予以答复，通常在谈判的尾声，用于缩小谈判范围，进行收尾工作。

在商务谈判中，要想获得良好的提问效果，需注意以下提问技巧：

1. 提问时不能做的

不要提出有敌意的问题；不要提出指责对方诚实的问题，这样非但无法使他更诚实，反而会引起他的不快；即使你急着想要提出问题，也不要停止倾听对方的谈话，更不可随意打断对方发言，把问题先写下来，等待时机再提出，也不要在对某一话题讨论正热烈的时候提出新的问题，而要先转移话题的方向，再提出新问题；不要以大法官的态度来询问对方，谈判毕竟不是法庭上的审问；不要随便提出问题，要伺机提问；不要故意提出一些问题，表明你是多么聪明；在对方还没有答复完毕之前，不要提出新的问题。

2. 提问中应该做的

不打无准备之仗，预先准备好问题，因为很少有人能够迅速想出贴切答案。利用每次的接触发掘事实，最好谈判前就知道答案。由己方的人先举行一次头脑风暴，你将会为他们所提出的一些有趣的问题感到惊奇。要有勇气询问对方的业务状况，即便觉得难以启齿。因人而异提出问题，想取得理想的提问效果，提问时应注意因人而异，如对于高文化背景的谈判者，提问的方式应婉转含蓄，不能过于直接；而对于低文化背景的谈判者，提问时则可相对直接。以诚恳、谦虚的态度提出问题，这种态度会鼓励对方给你一个较好的答案。向对方公司的秘书、生产人员和工程师等相关人员提问，可能获得更为满意的答案。要有勇气提出对方可能回避的问题，从对方对这些问题的反应来判断对方的真实态度和看法。多角度灵活提问，避免提出可能会阻碍对手让步的问题。有些有经验的谈判者往往会提出一些看似一般、较易回答的问题，实际上，这些问题正是之后所要提出的比较重要问题的引子。还有些问题如果正面提问，对方可能不愿意回答，提问时就可以考虑侧面出击，先激发对方回答问题的兴趣；提出问题之后，应专心等待对方作答。提出问题之后，应闭口不言，若对方也保持沉默，沉默就转化成了无形的压力，因为打破沉默的责任应由对方承担；假如对方的答案不够完整，甚至避而不答，要有耐心和毅力继续追问。提出某些你已知道答案的问题，以此来测试对方的诚实程度。

小案例 7－3

生活中“问”的技巧

有一位教徒问神父：“可以在祈祷时抽烟吗？”他的请求遭到神父的严厉斥责。而另一位教徒又去问神父：“我可以在吸烟时祈祷吗？”后一个教徒的请求却得到允许，悠闲地抽起了烟。这两个教徒发问的目的和内容完全相同，只是语言的表达方式不同，但得到的结果却相反。由此看来，表达技巧高明才能赢得期望的谈判效果。

某商场休息室出售咖啡和牛奶，刚开始服务员总是问顾客“先生！喝咖啡吗？”或者是“先生！喝牛奶吗？”其销售额平平。后来，老板要求服务员换一种问法“先生！喝咖啡还是牛奶？”结果其销售额大增。原因在于第一种问法容易得到否定回答，而后一种问法是选择式。在大多数情况下，顾客会选择其中一种。

（三）回答的技巧

面对谈判，谈判者要承受巨大压力去对问题进行快速陈述和明智的回答。问题在于在当时没有几个人能反应敏捷，对答如流，我们常常是在回家的路上才想出最好的回答。

如何才能作出较好的回答，最重要的还是事先记下最可能提出的问题。在谈判之前，谈判者应先扮演一个挑剔的角色预设问题的答案，准备如何回答那些难对付的问题。你考虑的时间越长，想出的回答会越完美。但是，我们无法预知对方可能提出的所有问题。更多的时候，谈判的回答是一场即兴表演。在谈判中，谈判人员的每一句话都负有责任，都将被对方看作一种承诺。回答不当易使己方陷入被动，这都要求谈判者在回答问题时要有艺术性和技巧。

小案例 7－4

周总理答记者问

在一次记者招待会上，一位西方记者问周总理“中国人民银行有多少资金”。这个问题涉及国家机密。周总理说：“中国人民银行发行面额为十元、五元、二元、一元、五角、二角、一角、五分、二分、一分的十种主辅币人民币，合计为十八元八角八分。”总理的回答既未泄密，又极风趣地回答了问题，赢得了听众的热烈掌声。

1. 回答问题之前，要留给自己思考的时间

一般情况下，谈判者对问题答复得好坏与思考时间成正比。正因为如此，有些提问者会不断地催问，迫使你在对问题没有进行充分思考的情况下仓促作答。所以，答复者要沉着，不必顾忌谈判对手的催问，同时转告对方你必须进行认真思考，因而需要时间。在对方提出问题之后，可通过点烟、喝水、整理资料、调整坐姿等动作来延缓时间，思考问题。在充分了解了对方所提问题的真实含义之后，再予以答复。

2. 针对提问者的目的和动机回答问题

谈判者提问目的是多样的，动机也很复杂。谈判者回答问题的要领是明确该答什么，该答多少。只有在准确判断了对方的用意之后，才可作出高明的回答。

3. 不知道、不值得的问题不要回答

谈判者并非先知，尽管做了充分的准备，谈判时还是经常会遇到陌生难解的问题。此时，谈判者切不可打肿脸充胖子强作答复，这样不仅可能会损害自己的利益，若对方是通过提问来试探对手，则可能因此而丧失对方的信任，使己方陷入被动局面。此外，在谈判中并非任何问题都值得回答，对于那些可能会损害己方形象、泄密或是与谈判无关的无聊问题，不予理睬就是最好的回答。

4. 不要彻底回答所有问题

对方提问或是想了解我方的观点、立场或态度，或是想确认某些信息。答话者要将问话者的范围缩小，或者对回答的前提加以修饰和说明。如对方对某种产品的价格表示出关心，发问者直接询问这种产品的价格。如果彻底回答对方，把价钱一说了之，那么在进一步谈判的过程中，回答的一方可能就比较被动了。倘若这样回答：“我相信产品的价格会令你们满意的，请先让我把这种产品的几种性能作一个说明好吗？我相信你们会对这种产品感兴趣的。”这样回答很明显地避免了一下子把对方的注意力吸引到价格问题的焦点上来。

5. 不愿回答的问题可以避正答偏，答非所问

有时，对方提出的问题难以正面回答，或是不愿正面回答，但又无法拒绝回答。此时，谈判者可采用避正答偏的方法，巧妙搪塞，避开问题的实质，或是答非所问，将话题引开。如某公司职员向上级反映调整工资及每周休息两日等极现实且具体的要求，上级若将这些问题一一作答，则极可能损害自身的利益。因此，该领导巧妙地闪躲正面的问题，并以基本问题来搪塞。譬如："各位所提的都是切身的问题，我也深深了解问题的严重性。但可否请各位再将眼光放大，看得更远一些。因为各位皆为本公司的职员，也可以说靠公司生活，而公司也是非常希望尽量改善各位的生活。但如果一定要按照各位的要求做的话，公司很可能会站不住脚。若真有这种后果，各位的生活会成问题，难道各位想看到这一情况吗？各位再想想，目前社会的经济情况已十分恶劣，还要公司提高待遇吗？希望各位能稍作忍耐，但凡今日所提的问题也是公司早已考虑过的。"将长远的基本问题来代替眼前的要求，自然对方就会逐渐软化下来。当对方提出无理要求时，就需要避开对方的问题本身，而用所谓的长远的问题来搪塞。

6. 以问代答

对付那些在谈判当中难以回答或不想回答的问题，这是另一种有效方法。通过反问，请对方在自己的领域内反思后寻找答案。如一名中方导游在带领美国旅游团参观时，有游客问道："请问你们是如何评价毛泽东的？"中方导游微微一笑，反问道："请问你们是如何评价克林顿的呢？"美国客人也笑了。谈判中运用以问代答的方法，对于应付一些不便回答的问题是非常有效的。

7. 找借口拖延答复

谈判者面临毫无准备的问题时，不知从何答起，或出于某些原因不愿马上表态，这时可借口资料不全或是权力所限，强调自己未得到授权，拖延答复。

(四)叙述的技巧

商务谈判中的叙述就是基于己方的观点、立场和方案等，通过陈述来表达关于参加本次谈判的基本观点和意见，使对方有所了解。从内容上可分为开场陈述和总结陈述两种。开场陈述是各方对己方谈判观点的第一次陈述，通过对谈判观点的介绍，说明己方参加谈判的基本立场及要求。总结陈述则是在谈判的各个阶段或全部谈判结束前作的陈述。一方面，它要对取得的成果进行肯定性总结；另一方面，还要为接下来的谈判打好基础。

商务谈判中的叙述，尤其是开场陈述的语言运用直接关系到双方之后的沟通、理解。陈述各自立场时的禁忌有：(1)试图猜测对方的立场。双方的注意力应放在自己的利益上，不要试图猜测对方的立场，这种猜测只能使对方恼火，引起混乱和敌意。(2)发言冗长、烦琐。开场陈述应使对方能够很快提问，这样既可以使双方立刻交谈起来，又不至于使对方被冗长、繁琐的发言搅昏头脑。这里切记以简为贵。(3)倾听者把精力花在寻找对策上。(4)对对方的观点发表异议。

小案例 7－5

如何进行开场陈述

对方作如下陈述：

"这块地皮对我们很有吸引力，我们打算把土地上原有的建筑拆掉盖新的商店。我们已经

同规划局打过交道，相信他们会同意的。现在关键的问题是时间。我们要以最快的速度在这个问题上达成协议。为此，我们准备简化正常的法律和调查程序。以前咱们从未打过交道，不过据朋友讲，你们一向是很合作的，这就是我们的立场，我是否说清楚了？”

开场陈述的方式应该是能够加强已经建立起来的协调的洽谈气氛，陈述应该是很正式，商业味十足。所以，应以诚挚和轻松的方式表达出来。结束语，如上例中的“我是否说清楚了？”一句，需要特别斟酌，其目的应表明开场陈述是为了使另一方明白我方的意图，而不是挑战性地向对方提出我们的立场，这里切记以柔为上。

我们对对方开场陈述所作的反应有：倾听、弄懂和归纳。倾听——听的时候不要把精力花在寻找对策上；弄懂——如果有什么不清楚的地方，可以向对方提问；归纳——思考并理解对方所谈的关键问题。如上例，可归纳为：你们的意思是打算马上拆除并重建吧！

当我们确实弄懂了对方的立场后，再证实一下双方已同意的会谈步骤并作出自己的陈述。这里一定要注意我们的开场陈述是独立进行的，不要受对方开场陈述的影响。

我方可作如下开场陈述：

“那么，好吧！大家都同意下一步应由我们发表意见。我可以开始了吗？我们非常愿意出售这块土地。但是，我们还有些关于在这块地皮上保留现存建筑物的承约！不过这一点是灵活的。我们关心的是价格是否合适。反正我们也不急于出售，这是我们的态度。还有什么不清楚吗？”

以上述方式介绍各自的立场，表明了双方一直是沿着相互协作的道路前进，按照协商一致的步骤为达成协议而共同努力。反之，如果此时各谋各利，任何一方也得不到多大利益。

商务谈判中除了开场陈述之外，总结陈述也是非常重要的部分。得体的总结陈述可以为以后的谈判打下良好的基础。在进行总结陈述时要注意以下几点：(1)总结陈述是对前一阶段成果的总结。进行总结陈述时，首先要肯定前一阶段的谈判成果，增强各方谈判的信心，不要以否定性的语言结束谈判，以免在谈判各方心中留下消极印象。(2)发言应紧扣主题，简明扼要。商务谈判作为商务活动的一部分，效率也是衡量谈判是否成功的标准之一。由于时间有限，在总结陈述时，谈判中双方都应紧紧围绕主题进行陈述，简洁切题。(3)观点要鲜明，言语要中肯，不走极端。在对前一阶段谈判进行总结陈述时，一方面观点要鲜明，对方才能更好了解己方的立场与要求；另一方面，要注意措辞得体，过于极端的语言不仅易刺伤对方自尊心，引起对方反感，而且容易给对方留下不客观、不专业的印象，甚至可能使对方对你的谈判诚意产生怀疑。

(五)辩论的技巧

在商务谈判中，由于利益、立场的差别，会不可避免地出现观点的对立。辩论则能使这种对立得到沟通和解决，谈判中的讨价还价就集中体现在辩论上。

1. 辩论的原则

第一，观点明确，事实有力。谈判中辩论的目的就是要论证自己的观点，反驳对方的观点。论辩的过程就是通过摆事实、讲道理，说明自己的观点和立场。辩论不是煽动情绪，而是讲理由、提根据。为了能更清晰地论证自己的观点，必须做好材料的选择、整理、加工工作。在辩论时运用客观材料以及所有能支持己方观点的证据，增强自己的辩论效果，反驳对方的观点。

第二，思路敏捷、严密，逻辑性强。商务谈判中的辩论往往是双方在进行磋商遇到难解的问题时才发生。只有冷静的头脑、敏捷的思维、严密的辩论，才能应付各种各样的困难，摆脱困境。辩论中应遵循的逻辑规律是同一律、矛盾律、排中律、充足理由律。如果违背了这四条基本规律，思维的确定性就会受到破坏，进而使辩论脱离正常轨道。任何成功的辩论都具有思路敏捷、逻辑性强的特点。为此，谈判人员应加强这方面基本功的训练，培养自己的逻辑思维能力，以便在谈判中以不变应万变，立于不败之地。

第三，掌握大原则，不纠缠细枝末节。在辩论过程中，要有战略眼光，掌握大的方向、前提及原则。辩论过程中不要在枝节问题上与对方纠缠不休，但在主要问题上一定要集中精力，把握主动，在反驳对方的错误观点时，要能够切中要害，做到有的放矢。

第四，掌握好进攻的尺度。辩论的目的是要证明己方立场、观点的正确性，反驳对方立场、观点的不足，以便能够争取有利于己方的谈判结果。切不可认为辩论是一场对抗赛，必须置对方于死地。因此，辩论时应掌握好进攻的尺度，一旦达到目的，就应适可而止，切不可穷追不舍、得理不饶人。在谈判中，如果某一方被另一方逼得走投无路，陷入绝境，往往会产生强烈的敌对心理，甚至反击的念头更强烈，这样即使对方暂时可能认可某些事情，事后也不会善罢甘休，最终会对双方的合作不利。

第五，态度客观、公正，措辞准确，严密。文明的谈判准则要求不论辩论双方如何针锋相对、争论多么激烈，谈判双方都必须态度客观、公正，措辞准确、严密，切忌用侮辱诽谤、尖酸刻薄的语言进行人身攻击。如果某一方违背了这一准则，其结果只能是损害自己的形象，降低己方的谈判质量和谈判实力，不但不会给谈判带来丝毫帮助，反而可能置谈判于破裂的边缘。

小案例 7－6

以子之矛，攻子之盾

20 世纪 30 年代中期，香港有一起诉讼案：英国商人威尔斯向中方茂隆皮箱行订购 3 000 只皮箱。到取货时，威尔斯却说，皮箱内层有木材，不能算皮箱。因此向法院起诉，要求赔偿 15%的损失。在威尔斯执理强言、法官偏袒威尔斯的情况下，律师罗文锦为被告据理力争。罗文锦站在律师席上，取出一只金怀表，问法官："法官先生，这是一只什么表？"法官说："这是伦敦名牌金表，可是，这与本案没有关系。"罗文锦坚持说与本案有关，他继续问："这是金表的事实没有人怀疑，那么请问，内部机件都是金制的？"法官已经感觉到中了埋伏，律师又接着说："既然没有人否定金表的内部机件可以不是金做的，那么英国商人显然是无理取闹，存心敲诈而已。"

2. 辩论中应注意的问题

在商务谈判中，辩论的目的是为了达成协议，因此要避免使用以下几种方式：

(1)以势压人。辩论的目的是平等的，没有高低贵贱之分。所以，辩论时要心平气和，以理服人，切忌摆出一副唯我独尊的架势，大发脾气，耍权威。

(2)歧视揭短。在商务谈判中，不管对方来自哪个国家和地区，是什么制度，什么民族，有什么风俗传统，什么文化背景，都应一视同仁，不存在任何歧视。不管辩论多么激烈，都不应该进行人身攻击，不在问题以外做文章。

(3)预期理由。任何辩论都应以事实为根据，要注意所提论据的真实性，道听途说或未经证实的论据会给对方带来可乘之机。

(4)本末倒置。由于谈判不是进行争高比低的竞赛，因此要尽量避免发生无关大局的细节之争。远离实质问题的争执，不仅白白浪费时间和精力，而且可能使各自的立场愈发对立，导致不愉快的结局。

(5)喋喋不休。在商务谈判中，谈判者不能口若悬河，不给对方表达意见的机会。要切记，谈判桌前不是炫耀自己表达能力的地方。

(六)说服的技巧

谈判中能否说服对方接受自己的观点，是谈判能否成功的一个关键。谈判中的说服就是综合运用倾听、提问、叙述等各种技巧，改变对方的起初想法而心甘情愿地接受己方的意见。在谈判之前，谈判的双方都有设法说服对方的意图。然而谁能说服谁，或者彼此都没有被说服，或者相互说服，达成一种折中意见，结局往往是谈判者无法预言的。谈判者只有进入谈判过程，才能一较高低，得出结果。因此，说服是谈判过程中最艰苦、最复杂，同时也是最富有技巧性的工作。在谈判中，说服工作常常贯穿于始终。那么在谈判过程中，谈判者应当如何说服对方，顺利达成协议呢？

1. 创造说服对方的条件

(1)要说服对方改变初衷，应当首先改善与对方的人际关系。当一个人考虑是否接受说服之前，他会先衡量说服者与他熟悉的程度与亲善的程度，实际上就是对你的信任度。对方在情绪上如果与你是对立的，则不可能接受你的劝说。

(2)在进行说服时，还要注意向对方讲你之所以选择他为说服对象的理由，使对方重视与你交谈的机会。

(3)把握说服的时机。在对方情绪激动或不稳定时，在对方喜欢或敬重的人在场时，在对方的思维方式较为极端时，暂时不要进行说服，这时你首先应当设法安定对方的情绪，避免让对方失面子，用事实先适当地教训他一番，然后才可进行说服。

2. 说服的方式

(1)取得对方的信任，不要只说自己的理由。如果你能赢得人心，首先让他相信你是最真诚的朋友。要说服对方，就要考虑到对方的观点或行为存在的客观理由，要站在对方的角度设身处地谈问题，从而使对方对你产生一种“自己人”感觉，消除对方的戒心、成见，这样，对方就会信任你，就会感到你是在为他着想，效果将会十分明显。

(2)从谈话一开始，就要创造一个说“是”的良好气氛，而不要形成一个“否”的气氛。不形成一个“否”的气氛，就是不要把对方置于不同意、不愿做的地位，然后再去批驳他、劝说他。如我晓得你会反对，可是事情已经到这一步了，还能怎么样呢？这样说对方仍然难以接受你的看法。在说服他人时，要把对方看作是能够做或同意做的。如我知道你能够把这件事情做得很好，只是不愿意去做而已。商务谈判的事实表明，从积极的、主动的角度去启发对方、鼓励对方，就会帮助对方提高自信心，并接受己方的意见。

(3)努力寻求双方的共同点。谈判者要说服对方，应努力寻求并强调与对方立场一致的地方，这样可以赢得对方的信任，消除对方的对抗情绪，用双方立场的一致性为跳板，因势利导地解开对方的心结，说服才能奏效。

(4)强调彼此利益的一致性。说服工作要立足于强调双方利益的一致性，淡化相互间的矛盾性，这样对方就较容易接受你的观点。

(5)不要直接批评、责怪、抱怨对方。任何自作聪明的批评都会招致别人厌烦，不要指责对方，不要把自己的意见和观点强加于对方。要承认对方，情有可原，善于激发对方的自尊心。但是，有时善意的批评是对别人行为的一种很有必要的反馈方式，因而学会批评还是很有必要的。

(6)要诚挚地向对方说明,如果接受了你的意见将会有什么利弊得失。既要讲明接受你的意见后对方将会得到什么样的益处,己方将会得到什么样的益处,又要讲明接受你的意见后,对方的损失是什么,己方的损失是什么。这样做的好处,一是使人感觉到你的客观,符合情理;二是当对方接受你的意见后,如果出现了恶劣的情况,你也可以进行适当的解释。

(7)说服要耐心。说服必须耐心、细致,不厌其烦地动之以情,晓之以理,把接受你的意见的好处和不接受你的意见的弊端讲深、讲透,不怕挫折,一直坚持到对方能够听取你的意见为止。在谈判实践中常遇到对方的工作已经做通,但对方基于面子或其他原因,一时无法签约。这时谈判者不能心急,要给对方一定的时间,直到瓜熟蒂落。

(8)说服要由浅入深,从易到难。谈判中的说服是一种思想工作,因此也应遵照循序渐进的方针。开始时,要避开重要的问题,先说服那些容易的问题,打开缺口,逐步扩展。一时难以解决的问题可以暂时抛开,等待适当的时机再进行说服。

(9)不可用胁迫或欺诈的方法说服。说服不是压服,也不是骗服,成功的说服必须要体现双方的真实意见。采用胁迫或欺诈的方法使对方接受意见。会给谈判埋下危机。

(10)运用经验和事实说服对方。在说服艺术中,运用历史经验或事实去说服别人,无疑比那种直截了当地说一番大道理要有效得多。善于劝说的谈判者都懂得人们做事、处理问题都是受个人的具体经验影响。抽象地讲大道理的说服成功概率远远比不上运用经验和例证去进行劝说。

小案例 7-7

萨克斯说服罗斯福总统

第二次世界大战期间,一些美国科学家试图说服罗斯福总统重视原子弹的研制,以遏制法西斯德国的全球扩张战略。他们委托总统的私人顾问、经济学家萨克斯出面说服总统。但是,不论是科学家爱因斯坦的长信,还是萨克斯的陈述,总统一概不感兴趣。为了表示歉意,总统邀请萨克斯次日共进早餐。第二天早上,一见面,罗斯福就以攻为守地说:“今天不许再谈爱因斯坦的信,一句也不谈,明白吗?”萨克斯说:“英法战争期间,在欧洲大陆上不可一世的拿破仑在海上屡战屡败。这时,一位年轻的美国发明家富尔顿来到了这位法国皇帝面前,建议把法国战船的桅杆砍掉,撤去风帆,装上蒸汽机,把木板换成钢板。拿破仑却想,船没有帆就不能航行,木板换成钢板就会沉没,于是,他二话没说,就把富尔顿轰了出去。历史学家们在评论这段历史时认为,如果拿破仑采纳了富尔顿的建议,19世纪的欧洲历史就得重写。”萨克斯说完,目光深沉地望着总统。罗斯福总统默默沉思了几分钟,然后取出一瓶拿破仑时代的法国白兰地,斟满了一杯,递给萨克斯,轻缓地说:“你胜利了。”萨克斯顿时热泪盈眶,他终于成功地运用实例说服总统作出了美国历史上最重要的决策。

以上说服技巧都是从谈判者的行为心理角度提出的。事实上,说服工作的关键是抓住对方心理,迎合其心理,诱导说服对方先说什么,后说什么,该说什么,不该说什么,必须自己心中有谱,方能按照自己的意图改变对方的立场与观点。

四、商务谈判中的无声语言

非语言沟通主要是指谈判者运用形体语言和情感语言与谈判对手进行交流和沟通。非语言沟通可以通过谈判者动态无声的目光、表情、手势语言等身体动作或是静态无声的身体姿势、衣着仪表等形式来进行沟通。据研究发现,在人际沟通中,形体语言可以起到50%以上的传达信息的作用。

表达无声语言的媒介有人体语言和物体语言。前者是通过人体各部位变化所表现出的种种表情、态势传递信息;后者是通过人对物品空间位置的不同处理来传递不同信息。激烈的谈判场上,不仅是有声语言在发挥作用,恰当的无声语言的使用,更会为一场成功精彩的谈判锦上添花。因为无声语言可以加强语言表达效果,可以补充有声语言表述上的不足,可以代替有声语言,独立地表情达意,有暗示和调节作用。当然也需要遵循互补性原则,以辅助谈判获取最佳效果。

但是无声语言在传递信息时也有局限性,如同一动作可以表示不同的意思,不同动作可以表示相同或相似的意思等。这些现象的存在给谈判者对无声语言的正确理解带来了一定的难度,特别是在国际商务谈判中体现尤为明显。

小案例 7-8

林肯的辩论

林肯和道格拉斯著名的辩论接近尾声之际,所有的迹象都显示出林肯已失败。于是,林肯在最后的一次演说中突然停顿下来,默默站了一分钟,望着他面前那些半是朋友半是旁观者的群众面孔,然后,以他那独特的单调声音说道:"朋友们,不管是道格拉斯法官或我自己被选入美国参议院,那是无关紧要的,一点关系也没有;但是,我们今天向你们提出的这个重大的问题才是最重要的,远胜于任何个人的利益和任何人的政治前途,朋友们——"说到这儿,林肯又停了下来,听众们屏息以待,唯恐漏掉了一个字。

"即使道格拉斯法官和我自己的那根可怜、脆弱、无用的舌头已经安息在坟墓中时,这个问题仍将继续存在……"林肯在辩论中就是巧妙地运用了默语,一举扭转了败势,是成功运用默语的经典。

(一)形体语言

1. 手势

商务谈判中恰当地使用手势语言可以增强说服力和感染力,有助于充分表达自己的意见。手势语言的基本要求:一是与语言表达紧密配合,起到辅助表达作用;二是手势的动作幅度大小适度,手势动作的纵向幅度应在自己胸部以上,对方视线以内的范围内,横向幅度也不要太宽;三是手势不宜过多,否则可能会给对方留下不实在的印象。一般来说,手势表达的含义非常丰富。如用手支着头,表达的意思是疲倦或厌倦;将手插入衣服口袋,表达出一种不信任;摊开双手,显示出一种坦诚;双手绞在一起,表达的是一种内心的紧张。

2. 眼神

人们常说,眼睛是心灵的窗户。人的很多情绪、情感和态度的表达,都可以通过眼神显示出来。在谈判中,听讲者应注视对方,表示关注。而讲话一方则不宜长久盯视对方。商务谈判中,谈判人员的目光可以落在对方一双眼为底线、前额为上顶角的三角区域内,既表达了己方的自信,也表达了对对方的尊重。在谈判交谈中,视线接触面部的时间正常情况下应占全部谈话时间的30%～60%，长时间地盯着对方看或很少看对方都是失礼的。在商务谈判中，谈判者要始终保持坚定自若、炯炯有神的目光，既显示己方的自信，也容易赢得客户的信赖。不同的眼神，传递和表达不同的信息。谈判中常见的眼神有凝视、侧视、扫视等。

3. 体态

体态包括看起来无意识的动作，但是却体现谈判者内心感觉的人的整个身体的姿势、动作。一般来说，体态有如下类型：弯腰曲背，一般是缺少自信、消极悲观的人站立时的表现；昂首挺胸，有时还要双手插在腰间，意味着充满自信、乐观豁达、积极向上；笔直而挺拔的坐姿，意味着对谈话或对对方有兴趣；反之，则是对谈话或人不感兴趣或感到厌烦；交谈中始终或经常保持并腿的姿势，上身直立或前倾，表示一种谦恭和对对方的尊敬，时常并腿但后仰的谈判对手大多小心谨慎、考虑问题较周全，但缺乏信心和魄力；关于抽香烟的动作，点香烟却很少抽，说明对方有戒备心或比较警觉，而一根接一根地抽香烟，往往意味着内心紧张、不安，借助抽烟来掩饰内心的情绪波动。

(二)情感语言

情感语言包括表情、情绪、语调和空间距离等，其中，微笑是最好的沟通方式，不仅有助于消除对方的戒备心理，充分表现对他人的赞同和理解，也有利于打破僵局。

空间距离通常反映双方的心理距离和沟通程度，在谈判中较为合适的心理距离在1～1.5米，距离太远会导致双方交谈不便，距离太近会让对方感觉有压力。

小贴士7－2

视线语言

对方的视线常常停留在你的脸上或与你对视，说明对方对谈判内容很感兴趣，想急于了解你的态度和意向，成交的可能性很大。对方的视线时时左右转移，眼神闪烁不定，说明对你的谈话内容不感兴趣，但又不好意思打断你的谈话，所产生的一种焦躁情绪。对方在谈话或倾听时一直左顾右盼，说明对方对你谈的内容或对你本人已产生了厌烦情绪。

小　结

商务谈判过程实质上就是谈判者运用语言表达自己的立场、观点的过程，是通过语言与对方磋商，从而协调双方的目标和利益，以保证谈判成功的过程。按语言的表达方式可将谈判语言分为有声语言和无声语言。

语言技巧的效用往往决定着双方的关系状态，以至谈判的成功，其作用主要表现为语言技巧是商务谈判成功的必要条件，处理谈判双方人际关系的关键环节，也是阐述己方观点的有效工具，实施谈判技巧的重要形式。在运用谈判语言过程中，应遵循客观性原则、针对性原则、逻辑性原则和规范性原则，要求准确性、表述清楚和注意用词。

商务谈判中的有声语言主要是通过谈判者之间的倾听、提问、回答、叙述、辩论、说服等基本方法来完成的，沟通有效与否取决于以上方面的综合表现。

商务谈判中的无声语言可以通过谈判者动态无声的目光、表情、手势语言等身体动作或是静态无声的身体姿势、衣着仪表等形式来进行沟通。据研究发现，在人际沟通中，形体语言可以起到很重要的传达信息的作用。

练　习

一、名词解释

1. 有声语言
2. 无声语言
3. 非语言沟通
4. 封闭式提问

二、选择题

1.（　　）是一种弹性较大的语言，其特征是模糊性、缓冲性和幽默性。

A. 专业语言　　B. 法律语言　　C. 外交语言　　D. 文学语言

2. 停顿也是非常必要的，试验表明说话时应每隔（　　）秒停顿一次。

A. 10　　B. 20　　C. 30　　D. 40

3. 商务谈判中的语言要求有（　　）。

A. 准确性　　B. 表述清楚　　C. 注意用词　　D. 针对性

4.（　　）也是一种必要的自我保护形式，它有助于人们放松神经，恢复精力。

A. 积极的听　　B. 消极的听　　C. 认真的听　　D. 以上都不是

5. 谈判中的讨价还价就集中体现在（　　）上。

A. 说服　　B. 辩论　　C. 叙述　　D. 倾听

三、判断题

1. 谈判语言的客观性原则是一条最基本的原则。（　　）

2. 缺乏经验的谈判者最大的弱点就是不能耐心地说服对方，他们急于表达自己的观点，阐述自己的情况，反驳对方的不同意见。（　　）

3. 朱迪·皮尔逊博士说，成功的人都是一位出色的语言表达者。（　　）

4. 封闭式提问是指具有广泛答复的问法，通常无法采用“是”或“否”等简单的措辞作出答复，通常在谈判开始时使用，引导对方多说，进而获取相关信息。（　　）

5. 在谈判中任何问题都值得回答，哪怕那些可能会损害己方形象、泄密或是与谈判无关的无聊问题。

四、简答题

1. 简述语言技巧在商务谈判中的作用。
2. 如何正确运用谈判语言技巧的原则？
3. 在商务谈判提问中，不能提及的问题有哪些？
4. 为了说服谈判对手，应该注意哪些事项？

案例分析

保险谈判中的语言艺术

美国一位著名的谈判专家有一次替他的邻居与保险公司交涉赔偿事宜，谈判是在专家的客厅里进行的，双方就保险理赔金额展开了谈判。

谈判开始，理赔员先发表了意见："先生，我们都知道你是交涉专家，一向都是针对巨额款项谈判，恐怕我方无法承受你的报价，我们公司若是只出100美元的赔偿金，你看如何？"

专家表情严肃地沉默着，据以往经验，不论对方提出的条件如何都应表示出不满，因为当对方提出第一个条件后，总是暗示着可以提出第二个，甚至是更多。

果然理赔员沉不住气了："抱歉，请勿介意我刚才的提议，我再加一点，200美元如何？"

"加一点，抱歉，无法接受。"

理赔员继续说："好吧，那么300美元如何？"

专家沉吟了一会儿道："300？嗯……我不知道。"

理赔员显得有点惊慌了，他说："好吧，400美元，这在以往的赔偿金额中算很高的了。"

"400？嗯……我不知道。"

"那就500美元好了！真的不能再高了。"

"500？嗯……我不知道。"

"这样吧，我们最多出到600美元。"

……

专家无疑又用了"嗯……我不知道。"谈判在继续进行着。

最后这桩理赔案以950美元的赔偿金额达成协议，然而邻居原本只希望得到300美元。

（资料来源：http://doc.mbalib.com/view，有改动）

问题：

1. 根据案例，结合所学的知识，分析案例中有哪些语言沟通技巧。

2. 根据案例，结合所学的知识，分析谈判专家回答有效的前提是什么。

实训操作

制定谈判计划

1. 实训目的

通过本次实训，掌握谈判中的语言沟通技巧。

2. 实训要求

掌握跨专业综合实训软件购买谈判中语言沟通技巧。

3. 实训材料

纸张、笔、学院及学校有关软件购买申报书、商务谈判室等资料。

4. 实训步骤

(1)分组，仍以原先分组为单位。

(2)分析学院及学校有关软件购买申报书的内容与目标。

(3)分析谈判对手的谈判语言风格。

(4)收集实训软件行业的专术语业。

(5)分析谈判中可能存在一些障碍，如语言障碍、观点的不一致等。

(6)实施组对组的谈判。

5. 成果与检验

每位学生的成绩由两部分组成：学生实际操作情况(50%)和分析报告(50%)。

实际操作主要考查学生商务谈判中的语言沟通技巧；分析报告主要考查学生根据资料分析，分析谈判语言运用的合理性，分析报告建议制成 PPT。

任务八　商务谈判中的文化礼仪策略

【任务目标】

1. 了解文化差异对谈判的影响；
2. 了解部分国家和地区商人的谈判风格；
3. 熟悉谈判中的礼仪要求；
4. 能运用适当的谈判风格与不同国家和地区的谈判对手进行谈判。

【任务导入】

经济管理学院耿院长是一个对衣着、礼节不太讲究的人，大家都把他看作是一个大老粗。但是，经过这次购买跨专业综合实训软件谈判后，再加上周围要好的朋友的建议，他也认识到了文化礼仪在谈判中的作用。在单位的商务谈判中，不能用当地的文化习惯跟外地的业务人员沟通，他们有些不习惯。在正式的谈判场合，着装也不能太随便，至少没有给人尊重，因此，耿院长下定决心想了解一点文化礼仪的知识，至少要能保证工作的基本需要。

【任务分析】

伴随着经济的一体化和网络化，地球逐渐变成了一个村庄，人与人之间、地区之间等联系与交往越来越密切。由于文化礼仪等方面的差异，导致不同谈判人员形成了不同的谈判风格。了解不同文化礼仪背景下的谈判风格，对我们在商务谈判中更有效地实现谈判目标有着非常重要的意义。

【知识精讲】

一、商务谈判中的文化

（一）商务谈判与文化

商务谈判作为人际交往中的特殊形式，必然会涉及不同地域、民族、社会文化的谈判主体的交往与接触，从而导致跨文化谈判问题。在国际商务谈判中，由于各国历史传统、政治制度、文化背景、风俗习惯以及价值观念存在明显差别，谈判活动常常会表现出显著的文化差异。一个合格的谈判人员必须熟悉不同国家的文化差异，并能巧妙地加以利用，从而有利于谈判的主动权，维护己方的谈判利益乃至国家利益。

小案例 8－1

文化差异导致的误解

联合国秘书长瓦尔德海姆为了解决美伊人质危机，飞抵伊朗谈判。当抵达机场的时候，他发表了讲话，宣称他来这里是以中间人的身份寻求某种妥协。伊朗国家广播电台、国家电视台迅速播放了他的讲话。然而，在他的讲话播出不到一小时，他的尚未正式开始的努力，就遭到了严重的挫败。他的讲话不仅使他在以后的谈判桌上不受欢迎，而且很快使他的座车受到了包围，又遭到了石头的袭击。究其原因，有两点：一是波斯语中的妥协一词并不具有英语中“双方都可接受的折中之道”的正面意义；二是中间人一词在波斯语中指爱管闲事的人。于是，误解就产生了。这种误解竟使这场美伊人质危机的谈判也陷入了危机。

小贴士 8－1

跨文化谈判与国内谈判的异同

跨文化谈判，即跨越国界的，分属于不同国家的商务活动主体为实现各自的目的而相互间所进行的磋商过程。跨文化商务谈判作为国内商务谈判的延伸和发展，与国内商务谈判存在着十分密切的联系，表现为：一是为特定目的与特定对手的磋商。国内商务谈判和跨文化商务谈判同样都是商务活动主体为实现其特定的目的，而与特定对手之间进行的磋商，其过程都是双方或多方之间进行信息交流，谈判过程中所适用的大多数技巧并没有质的差异。二是谈判的基本模式是一致的。与国内商务谈判相比，跨文化商务谈判中必须考虑到各种各样的复杂环境因素，但谈判的基本模式仍是一致的。与国内商务谈判一样，跨文化商务谈判也同样遵循从寻找谈判对象开始，到建立对应关系，提出交易条件，讨价还价，达成协议，直至履行协议结束这一基本模式。三是协调国内、国际市场经营活动。在经济活动的主体参与国际市场经营活动时，国内商务谈判和跨文化商务谈判是两个不可分割的组成部分。尽管国内谈判和跨文化谈判可能是由不同的人员负责进行，但由于企业必须保持其国内商务活动和国际商务活动的衔接，在从事跨文化商务谈判时，必须考虑到相关的结果或可能出现的状况，反之亦然。

在认识到跨文化谈判与国内谈判的共性特征的同时，要取得跨文化商务谈判的成功，认识到这两种谈判之间的区别同样很重要。跨文化谈判与国内谈判的根本区别源于谈判者与谈判活动以及谈判协议履行的不同环境背景下的文化差异。国内谈判通常拥有共同的文化背景，谈判双方生活于共同的政治、法律、经济、文化和社会环境之中。在国内谈判中，谈判者主要应考虑的是双方公司及谈判者个人之间的某些差异。而在跨文化商务谈判中，谈判双方来自不同的国家，拥有不同的文化背景，生活于不同的政治、法律、文化和社会环境之中。这种差异不仅形成了人们在谈判过程中的谈判行为的差异，而且还将会对未来谈判协议的履行产生十分重大的影响，使谈判者面临许多在国内谈判中极少会出现的问题。

(二)文化差异对谈判的影响

1. 文化差异对谈判沟通过程的影响

文化差异对谈判沟通过程的影响,首先表现在谈判语言沟通过程中。受文化因素的影响,谈判者语言的取向性,即对同一语句的理解是不同的,如在秘鲁,关于过去和将来的概念与中国汉语的含义正好相反。语言取向性差异给谈判者沟通过程制造了障碍。同样受文化因素的影响,语言出现非对应性,即一种语言难以在另一种语言中找到准确的对应用语,或一种语言用语转换为另一种语言时,存在歧义的多种解释,语言的非对应性对谈判的语言沟通过程影响非常大,有时甚至可能导致谈判失败。其次还表现在非语言沟通过程中,文化的差异导致不同国家或地区的谈判者在表达过程中,形体语言、动作语言的运用上有着巨大的差异,甚至同样的动作语言传递着截然相反的信息。谈判者不同形体、动作语言的运用和双方认知的差异,同样给谈判中的沟通制造了障碍。再次表现在沟通方式存在差异,跨文化谈判中的谈判双方经常属于不同的文化圈,有各自习惯和偏好的特定沟通方式。习惯于不同沟通方式的双方之间要进行较为深入的沟通,往往就会产生各种各样的问题。在高内涵文化国家,如中国、日本等,人们的表达通常较为委婉、间接,而在低内涵文化国家,直截了当的表达则较为常见。

2. 文化差异对时间与空间概念的影响

大量研究表明,在不同国家或地区,人们的时间概念有着明显的差异。有些国家和地区的谈判者时间概念很强,将严格遵守时间约定视为一种最起码的行为准则,是尊重他人的表现,如美国人将遵守时间看成是商业活动及日常生活中的基本准则之一,比预定时间更早到达则经常被视为急于成交的表示。但在一些拉丁美洲和中东国家,如果这样去理解对方在谈判桌上的行为,则很可能很难达成交易。在不同的文化环境中,人们形成了不同的心理安全距离。在与一般人的交往中,如果对方突破这种距离,就会使自己产生心理不适。有关研究表明,在某些国家,如法国,在正常情况下人们相互之间的心理安全距离较短,而一般美国人的心理安全距离则较法国人长。如果谈判者对这一点缺乏足够的认识,就可能使双方都感到不适。

3. 文化差异对决策结构与权限的影响

谈判的重要准则之一是要和拥有相当决策权限的人谈判,至少也必须是与能够积极影响有关决策的人员谈判。这就需要谈判者了解对方的决策结构与权限,了解能够对对方决策产生影响的各种因素。由于不同国家的政治经济体制、法律体制和企业制度等存在着很大的差异,商务活动中的决策结构也有着很大的不同。而同样是在拥有自主决策权的情况下,组织内部的决策权限分布在不同的国家和地区又会有很大差异。在关注不同国家的决策结构差异时,尤其值得注意的是政府介入商务活动的程度和方式。商务活动涉及国家的政治利益时,政府介入的程度就可能更高。正是由于跨文化商务活动中可能面临决策结构差异和不同程度的政府介入,因而谈判可行性研究中的对手分析远比国内的商务谈判中的有关分析复杂。在某些情况下,谈判者不仅要有与对方谈判的安排,而且要有与对方政府谈判的打算。

4. 文化差异对法律制度的影响

基于不同的社会哲学以及不同的社会发展的历史沿革等,不同国家的法律制度往往存在着很大的差异。要能保证谈判活动的正常进行,保证谈判协议能够得以顺利实施,正确认识法律制度的差异是不可忽视的。在跨文化商务谈判中,谈判者要遵守那些自己并不熟悉的法律制度,同时,还必须充分并深入地理解有关的法律制度,了解其执行情况。否则就很难使自身的利益得到切实的保护。

5. 文化差异对合作双方关系的影响

在商务谈判中，语言、习惯、价值等文化差异与冲突，使经营文化环境更加复杂。假如各方不能正确面对文化差异，不能找出问题的根源所在，必然影响相互之间的沟通，难以形成统一的谈判目标，最终可能会导致国际经营活动和商业合作的失败。

小案例 8－2

衣着品位

作为白宫的女主人，米歇尔的时尚品位一直备受圈内赞誉。在米歇尔访华之际，不妨一起来欣赏米歇尔的穿着打扮，看看米歇尔是如何将奢华、亲民两种风格同时轻松驾驭。

人们喜欢米歇尔穿衣风格，不仅是因为她能在各种场合永不穿错衣，更因为她能在各种高贵礼服与平价衣物间自由切换，游刃有余，既穿得“高大上”，也 hold 得住“地摊货”，高贵礼服“买得起”，平价衣物“穿得出”。米歇尔是出身普通工薪阶层家庭，通过自己的努力考入哈佛，进而进入商界成为女强人。她的成长经历本身就是对美国梦的最好诠释。虽然米歇尔曾对政治并不感冒，但为了丈夫的事业前途，她辞去芝加哥大学医院副院长职务，专心为丈夫竞选出力。第一夫人、女性、家庭主妇、非裔美国人、出身寒微等标签代表着米歇尔的多重身份，很好地帮助了奥巴马。

6. 文化差异对谈判者行为的影响

谈判者在谈判中所表现出来的行为是其文化的反映。文化的差异导致在一种文化里被认为是合理的行为，在另外一种文化里却变成了不合理的行为。一般来说，西方的谈判者注重细节，喜欢从具体事实出发，习惯于开门见山、直截了当。而在东方，一般是先谈原则，后谈细节。在做出任何决定之前都要考虑再三，注重和谐、求同。西方人认为时间是有价值的，在谈判中追求速度和效益，作风雷厉风行。相反，在中东、南美洲等某些国家，时间被认为是有弹性的，他们希望通过较长的时间来了解对方。而就个人与集体的关系而言，西方人普遍认为人应该追求自己的利益，而东方人强调集体主义和群体意识。

7. 文化差异对谈判风格的影响

不同谈判人员的行为也是不同文化特征的反映，这种不同文化特征反映在商务谈判中，就形成了不同的谈判风格。如中国的谈判者在谈判中注重礼节、重人情、说话含蓄、不喜欢直截了当地表明自己的态度，“和为贵”的价值观使中国人把创造和的气氛作为谈判的重要手段，并且希望通过谈判建立一种长久和谐的关系。而日本商人除了也注重礼节、重人情关系之外，更具有强烈的集体意识，做事执着有耐心。

小案例 8－3

美国的电子机械制造商 A 公司，向中国的中小企业 B 公司提议双方共同研究半导体。虽然 B 公司规模不大，仅有 200 名员工，但它在这项专业领域中却开发出了世界上最先进的技术。A 公司极欲得到这项技术，便以典型的美式强硬谈判法向 B 公司提出技术合作的要求。双方谈判了将近 10 个月，B 公司董事长仍犹豫不决，A 公司就在此时犯下了致命性错误。A 公司的副总裁对于谈判迟迟未获进展感到焦躁不满，“事实上，本公司拥有足够买下 B 公司的雄厚财力”,在会议上说出这句带威胁性质的话,实在不够高明。B公司董事长便不再迟疑,“很遗憾,我决定不与贵公司技术合作”。B公司董事长认为美国人做事鲁莽蛮横,没有一点风度,实在不能作为长期技术合作的伙伴。其实B公司董事长若是能够对美国式谈判法多了解一点,或许会产生不同的想法。但不能否认,A公司的做法的确容易让B公司董事长感到不舒服,心中留下芥蒂。这正是美式强硬谈判法的严重不足,也反映了美国人的性格特点。

案例解析

国际商务谈判要面对的谈判对象来自不同国家或地区。由于世界各国的政治经济制度不同,各民族间有着迥然不同的历史、文化传统,各国客商的文化背景和价值观念也存在着明显的差异。因此,他们在商务谈判中的风格也各不相同。在国际商务谈判中,如果不了解这些不同的谈判风格,就可能闹出笑话,产生误解,既失礼于人,又可能因此而失去许多谈判成功的契机。如欲在商务谈判中不辱使命,稳操胜券,就必须熟悉世界各国商人不同的谈判风格,采取灵活的谈判方式。

(三)商务谈判中应对文化差异的策略

1. 正视文化差异

在国际商务谈判中,文化差异是客观存在的,所以谈判者要学着去适应出现的文化差异,正视文化差异,学会与不同文化、价值观、思维方式相融合,求同存异,承认文化的不同,超越排斥原则,对它采取积极、真挚的接受态度,而不是简单的容忍或漠视。要尊重各国各民族的礼节、习俗、禁忌等,接纳不同的思想意识。

2. 建立跨文化的谈判意识

在国际商务中,谈判者们常常意识不到自己的行为方式是如何受文化习俗和价值观的影响。常常在谈判中有意无意地用自己的标准去解释和判断其他民族的文化,假定其他人的行为方式和自己的相同。因此,为了能更好地驾驭谈判进程,谈判人员必须加强跨文化谈判意识,认识到不同文化类型背景的谈判者在需求、动机、信念上的不同,学会了解、接受、尊重对方的文化。

3. 在谈判前应做好充足的准备工作

谈判的成功之路是准备、准备、再准备。人们只有在对手的拳头打出之前就做好准备,才能躲过攻击。准备工作在国内谈判中就已经很复杂了,当再加上诸多的跨文化因素时,对谈判进行充分计划所要解决的问题和所要耗费的时间将呈现指数级的增长。许多外国谈判者是以技术上和运作上都进行了很好准备的状态来到谈判桌前的,而且他们希望对手也是如此。像韩国商人,他们对谈判前的准备工作十分重视,如果他们坐在谈判桌前,那么说明他们已对对方有一定的了解,并做了充分的准备。

4. 选择一个真正的双文化翻译者

在不同的文化中,文字有着不同或多种意思,不同文化中的观点和概念也有明显的差异。这种因语言和文化禁忌而引起的文化差异会成为谈判中令人生畏的拦路虎。有时候,即使你懂得某种语言,你也不能完全理解文化特有的细微差别及其蕴含的意义。一般而言,不同文化中是没有相同概念。为了能完全理解,必须有详尽的沟通、描绘、解释等。一个真正的双文化翻译者可以帮助谈判者用有恰当含义的句子做出回答,并能决定性地影响整个谈判进程。

二、商务谈判风格

(一)谈判风格的概念

谈判风格是一个几乎人人都使用的词。但是，对这个词至今还没有比较确切的定义。之所以对谈判风格比较难下定义，是因为对“风格”的理解存在差异和相对的困难。

我们认为，谈判风格是指谈判人员在谈判过程中通过言行举止表现出来的建立在其文化积淀基础上的与对方谈判人员明显不同的关于谈判的思想、策略和行为方式等的特点。这一概念包括如下几层含义：首先，谈判风格是在谈判场合与过程中表现出来的关于谈判的言行举止；其次，谈判风格是对谈判人员文化积淀的折射和反映；再次，谈判风格有其自身的特点，与不同国家或地区的风格存在显著的差异；最后，谈判风格历经反复实践和总结，被某一国家或民族的商人所认同。谈判风格所包含的内容太多、太广，所以，很难用简短的语言来概括它。但这丝毫不影响人们对谈判风格的运用。

(二)谈判风格的特点

1. 对内的共同性

同一个民族的谈判人员或者有着相同文化背景的谈判人员，在商务谈判中会体现出大体相同的谈判风格。这就是谈判风格的共同性特点。比如，受儒家文化影响的中国人和日本人，都有爱面子的思想。这一特征是由于文化对人的同化和影响形成的。从这个意义上，世界上才存在不同国家或地区商人的特点。

2. 对外的独特性

谈判风格的独特性是指特定群体及其个人在判断中体现出来的独特气质和风格。从社会学观点看，任何集团的人的集合都是一种群体。各群体有自己的主文化和亚文化，会体现出群体与群体之间的差异。在同一个群体内，个体与个体之间也存在着差异。谈判风格的独特性决定了它的表现形式的多样化。所以，不同国家、民族，或同一个国家、同一个民族，由于文化背景、生活方式、风俗习惯等的影响，会表现出不同的特点和风格。

3. 成因的一致性

成因的一致性是指无论哪种谈判风格，其形成原因都大体一致，即它主要受文化背景、人的性格以及文化素养等的影响。

(三)谈判风格的作用

1. 营造良好的谈判气氛

良好的谈判气氛是保证谈判顺利进行的首要条件。如果我们对谈判对手的谈判风格十分熟悉的话，言行举止会十分得体，能比较快地赢得对方的好感，即使他们从感情和态度上接纳你。在这样的氛围下开展谈判，深入探讨问题，自然会容易得多。谈判风格是一种看不见摸不着的东西，但它会在谈判中反复顽强地表现出来，并成为始终起重要作用的因素。我们可以通过了解对方的民族、宗教、习惯、习俗、文化背景、思维方式、价值取向等来掌握其谈判风格。

2. 为谈判策略提供依据

学习和研究谈判风格不仅仅是为了创造良好的谈判气氛，更重要的意义是为谈判谋略的运筹提供依据。如果我们不研究对方的谈判风格，不了解谈判风格的形成、表现形式及其作用，或缺乏这方面的知识，那就会在制订谈判谋略的时候束手无策，更谈不上主动地根据对方的谈判风格设谋用略。谈判风格所涉及的知识领域非常广阔，既有天文的、地理的、社会的、宗教的、民俗的、文化的，又有心理的、行为的、政治的、经济的等等。这些知识本身就会为谈判设谋提供依据和帮助。

3. 有助于提高谈判水平

商务谈判往往是很理性化的行为，但理性往往受到非理性或感性东西的引导或驱使。谈判风格在认识上有可能是理性的，但其表现形式多为感性。我们研究和学习谈判风格的过程本身，就是一种学习和提高的过程。我们要汲取不同国家、不同民族和地区谈判风格中优秀的东西，拿来为我所用，汲取他们优秀的谈判经验与艺术，减少失误或避免损失，进而形成自己的谈判风格，或使自己的谈判风格更加完善、更完美。

三、部分国家或地区的谈判风格

（一）美国人的谈判风格

1. 自信心强，自我感觉良好

（1）坚持公平合理的原则。他们认为进行交易，双方都要有利可图。他们喜欢在双方接触的初始就阐明自己的立场、观点，推出自己的方案，以争取主动。如果双方出现分歧，他们只会怀疑对方的分析、计算，而坚持自己的看法。正是这种自信、直率的个性，使他们对中国人，特别是日本人的婉转、暗示、含糊的表达方式表现出某种不理解，这是文化差异的结果。

（2）对本国产品的品质优越、技术先进性毫不掩饰地称赞。他们认为，如果你有能力，就应该表现出来，千万不要遮掩、谦虚，否则很可能被看作是无能。如果你的产品质量过硬，性能优越，就要让购买你产品的人认识到这些优点，而那种让消费者在实践中才检验的想法，美国人认为这是不妥的。

（3）他们喜欢批评、指责别人。当谈判没有按照他们的意愿进展时，他们常常直率地批评或抱怨，“我是对的，你是错的”，这是美国人的普遍心态。美国人的谈判方式往往让人觉得他们傲慢、自信，他们的说话声音大、频率快、办事讲究效率，而且很少讲对不起。正因为如此，他们赢得了很多生意，同时也让东方人感到他们的咄咄逼人、傲慢、自大或粗鲁。

2. 干脆利落，不兜圈子

在美国人看来，直截了当是尊重对方的表现。在谈判桌上，美国人精力充沛，头脑灵活，喜欢迅速切入正题，会在不知不觉中将一般性交谈迅速引向实质性洽谈，并且一个事实接一个事实地讨论。他们不喜欢拐弯抹角，不讲客套，并总是兴致勃勃，乐于以积极的态度来谋求自己的利益。为追求物质上的实际利益，他们善于使用策略，玩弄各种手法。正因为美国人精于此道，所以他们十分欣赏那些说话直言快语、干脆利落，又精于讨论还价，为取得经济利益而施展策略的人。也正因为美国人具有这种干脆的态度，与美国人谈判时，表示意见要直接，“是还是否”必须表达清楚。如果对美国人提出的条款、意见等无法接受，就必须明确告诉他们不能接受，不得含糊其词，使他们存有希望。

当双方发生纠纷时，美国人希望谈判对手的态度认真、坦率诚恳，即使双方争论得面红耳赤，他们也不会介意。中国人在出现纠纷时往往喜欢赔笑脸来表示豁达，以为这样能使对方打消怒气。这样做实际会使美国人更不满，因为在他们看来，出现纠纷而争论时，双方心情都很恶劣，笑容必定是装出来的，他们可能认为面露笑容是你玩世不恭的表现，甚至表示你已经自认理亏了。所以，即便是己方的责任，也不可使用“你看着办吧”或“一切好商量”等之类的语言，而应步步为营地据理力争，直到把责任缩小到最低限度。

3. 注重时间效率

美国是一个高度发达的国家，生活节奏比较快，这使得美国人特别重视、珍惜时间，注重活动的效率。在美国国内的企业，各级部门职责分明，分工具体。因此，谈判的信息收集、决策都比较快速、高效率，加之他们个性外向、坦率，一般谈判的方式是开门见山，报价及提出的具体条件也比较客观，水分较少。他们也喜欢对方这样做，几经磋商后，两方意见很快趋于一致。但如果对手的谈判特点跟他们不一致或正相反，那么他们就会感到十分不适应，而且他们常常把不满直接表示出来。在美国人的时间概念中，时间即是金钱，时间也是商品。他们常以分秒计算时间，比如月薪多少万美元，每分钟就是多少美元等。因此，在工作中他们时间观念特别强，即使是非常重要的交易谈判，他们也不喜欢进行毫无意义的谈话。如果你占用了他的时间，在他的观念中，就认为你偷了他的金钱。

小案例 8－4

美国某家公司与日本一家航空公司谈判，会谈从早上 8 点开始，进行了两个半小时。美国代表以压倒性的准备资料淹没了日本代表，他们用图表解说、电脑计算、屏幕显示以及各式的数据资料来回答日方提出的报价。而在整个过程中，日方代表只是静静地坐在一旁，一句话也没说。终于，美方的负责人关掉了机器，重新扭亮了灯光，充满信心地问日方代表"意下如何"。一位日方代表斯文有礼、面带微笑地说"我们看不懂"。美方代表的脸色忽然变得惨白，"你说看不懂是什么意思？什么地方不懂？"另一位日方代表也面带微笑地说"都不懂"。美方代表假装着心脏病将会发作的样子问道："从哪里开始不懂？"第三位日方代表以同样的方式慢慢答道，"当你将会议室的灯关了之后"。美方代表松开了领带，斜倚在墙边，喘着气问，"你们希望怎么做？"日方代表同声回答，"请你再重复一遍"。美方代表彻底失去了信心，谁愿意将秩序混乱而又长达两个半小时的介绍重新再来。最终美国公司不惜代价，只求达成协议。

4. 重合同，法律观念强

美国人的法律意识根深蒂固。据有关资料披露，平均每 450 名美国人就有一名律师，这与美国人解决矛盾纠纷习惯于诉诸法律有直接关系。美国人的这种法律观念在商业交易中也表现得十分明显，律师在谈判中扮演着重要角色。美国人认为交易最重要的是经济利益，为了保证自己的利益，最公正、最妥善的解决办法就是依靠法律，依靠合同，而其他的都是靠不住的。因此，他们在进行商务谈判时，特别是在国外进行商务谈判时，一定会带上自己的律师。他们特别看重合同，十分认真地讨论合同条款，对法律条款一般不轻易让步，而且特别重视合同违约的赔偿条款。他们习惯于按合同条款逐项讨论，直至完全谈妥。一旦双方在执行合同条款中出现意外情况，就按双方事先同意的责任条款处理，因此，美国人在商业谈判中对于合同问题的讨论特别详细、具体，也关心合同适用的法律，以便在执行合同中能顺利地解决各种问题。美国人的这种法律意识与中国人的传统观念反差较大，这也反映在中美谈判人员的洽商中。

5. 全盘平衡，一揽子交易

由于美国经济大国的地位非常突出，因而，在谈判方案上也会表现出财大气粗，喜欢搞全盘平衡，进行一揽子交易。

6. 谈判风格幽默

美国人的幽默久负盛名，在谈判过程中，美国人也喜欢用轻松、幽默的语言表达信息，或讲讲笑话。

小案例 8－5

曾有这样的故事流传，在餐厅盛满啤酒的杯中发现了苍蝇，英国人会以绅士风度吩咐侍者换一杯啤酒来；法国人会将杯中啤酒倾倒一空；西班牙人不去喝它，只留下钞票，不声不响地离开餐厅；日本人会令侍者把餐厅经理找来，训斥一番；沙特阿拉伯人会把侍者叫来，把啤酒杯递给他，说“我请你喝”；美国人则会对侍者说：“以后请将啤酒和苍蝇分别放置，由喜欢苍蝇的客人自行将苍蝇放进啤酒，你觉得怎样？”

7. 不同地区的谈判风格迥异

虽然一般美国谈判者都普遍具有上面所述的共同点，但是，由于美国地域广阔，不同地域的美国人的处事方式、商业习惯或多或少存在差异，因此有必要分别研究，才能在谈判中得心应手。美国的东部，特别是东北部，以纽约等大城市为中心，是美国现代文明的发祥地，200多年的发展，使这一地区成为美国政治、经济、金融、贸易活动的中心，该地区的人们深受现代文明的熏陶，运用现代科学技术，随时掌握全球经济动态。在谈判中严格按照国际惯例办事，雷厉风行，寸利必争。美国中西部地区以汽车、电机、钢铁工业及制造业为主，是美国工业的心脏。该地区的人比较保守，同时又比较和蔼、朴素，易于交往。如果在准备与他们做生意之前就常以朋友的身份款待他们，比如邀请他们去高尔夫球场等娱乐场所，日后与他们进行商业谈判时，会收到很好的效果，这就是先交朋友，后做生意的原则。美国西部地区即太平洋沿岸，开发较晚，商业习惯尚未完全定型，传统束缚较少，在该地区洽谈生意，往往须亲自进行，认真谈判，才能有良好效果；西部人非常注重信用，若他们发现对方有违背信誉的行为，就等于把该不守信用的人判了死刑，日后再做生意就很难。美国南部地区的人待人比较殷勤、和蔼可亲，他们直爽无欺，不记仇，但有时稍显急躁；南方人较为保守，这点决定了他们谈判节奏相对较慢，需要较长时间才能同他们建立良好的商业关系。

（二）日本人的谈判风格

1. 具有强烈的集体意识，慎重决策

日本文化所塑造的日本人的价值观念与精神取向都是集体主义。日本人的团体主义精神或集团意识在世界上首屈一指。单个日本人与其他民族的人相比，在思维、能力、创新精神或心理素质方面可能不见得出类拔萃，但是，日本人一旦结为一个团体，这个团体的力量就会十分强大。日本企业的谈判代表团多是由曾经共过事的人员组成，彼此之间互相信赖，有着良好的协作关系，团体倾向性强。谈判团内角色分工明确，但每个人都有一定的发言决策权，实行谈判共同负责制。在谈判过程中常常会遇到这样的情形：日方谈判团碰到事先没有准备过或内部协商过的问题，其成员很少当场明确表态、拍板定论，而是要等与同僚们协商之后才表态，不同于欧美等国家那样由负责人说了算，因此，同日本企业打交道，应建立、培养与担任中层领导干部的人员以及其他有权参加决定的成员之间的良好关系，往往有助于谈判的展开。集体观念使得日本人不太欣赏个人主义者，其谈判往往率团进行，同时也希望对方能率团参加，并且人数大致相等。如果对方没做到这点，他们就会怀疑对方的能力、代表性以及在公司中的人际关系，甚至会认为对方没把他们放在眼里，是极大的失礼。

2. 讲究礼仪，注重身份，爱面子

日本是一个讲礼仪的社会。日本人所做的一切，都要受严格的礼仪的约束。如果外国人不适应日本人的礼仪，或表示出不理解、轻视，那么，他就不大可能在推销和采购业务中引起日本人的重视,不可能获得他们的信任与好感。日本人重视人的身份、地位、资历。在日本社会中,人人都对身份地位有明确的概念,知道如何谈话、办事才是正确与恰当的言行举止。日本人不愿与年纪较轻、资历较浅的人谈判,他们不相信年轻人有什么实权,更主要的是他们感到和毛孩子谈判有损他们的尊严,是对他们地位的贬低。

要面子是日本人最普通的心理,日本人对任何事情都不愿意说“不”,因为他们觉得断然拒绝会伤害对方的感情,或使他丢面子。所以,在对方阐述立场,提出要求,甚至讨价还价时,日本人讲得最多的就是“哈噫”,尽管这个词在辞典的解释是“是”,但实际上绝不是表示同意,它是意味着“我在听着你说”,这种情形经常给初次与日本人接触的外国谈判者造成极大的误会。

小案例 8－6

纽约大学打算成立一家日本经济研究中心,大约需要 300 万美元基金的支持,其中 150 万美元想在日本筹集。于是他们派了一位很有名望的学者前来日本,拜会了首相和金融界的头面人物,结果得到了日本人“哈噫,哈噫”的回应,美国学者于是兴冲冲地回国了。当筹建工程开始实施后,日方却连一毛钱也没捐出来,愤怒的学者马上拜会了日本驻美大使,强烈指责日方的不讲信用。

另外,当对方提出要求,日本人回答“我们将研究考虑”时,不能认为此事已有商量的余地或对方有同意的表示,它只说明他们知道了你的要求,他们不愿意当即表示反对,使提出者陷入难堪、尴尬的境地。同样,日本人也不直截了当地提出建议,他们更多的是把你往他的方向引,特别是当他们的建议与你已经表达出来的愿望相矛盾时,更是如此。

3. 注重和谐的人际关系

日本商人很注意在交易谈判中建立和谐的人际关系。在商务谈判中,如果你与日本人建立了良好的个人友情,特别是赢得了日本人的信任,那么,合同条款的商议是次要的。欧美人愿意把合同条款写得尽可能具体、详细,特别是双方责任、索赔内容,以防日后纠纷。而日本人却认为双方既然已经十分信任了解,一定会通力合作。即使万一做不到合同所保证的,也可以再坐下来谈判,重新协商合同的条款。

他们在商务谈判过程中,往往将相当一部分精力和时间花在人际关系中,因为他们愿意逐渐熟悉与他们做生意的人,并愿意同他们长期打交道。他们不赞成也不习惯直接的、纯粹的商务活动。如果有人想开门见山直接地进入商务谈判而不愿开展人际交往活动,那么他就会处处碰壁,欲速则不达。因此,与日本商人进行交易谈判,如果是第一次洽谈,或者洽谈的内容很重要,那么,在谈判开始的时候,你必须安排地位较高的负责人拜访日本企业中同等地位的负责人,以引起日本企业对与你方企业之间交易关系的重视。在拜会中,一般不要谈重要的事项,也不要涉及具体的实质性问题。因此,与日本商人打交道时,应该设法让日本人对你产生信任感,创造一种信任的气氛。对日方提出的要求,应持温和、宽容的态度,以体现你是关心他们利益的。在与日本人的合作中,中间人是十分重要的。在谈判的初始阶段,或是在面对面的讨论细则之前,对谈判内容的确定往往都有中间人出面。中间人在沟通双方信息、加强联系、建立信任与友谊上都有着不可估量的作用。当外商在同从未打过交道的日本企业洽商时,最好的办法是找一个信誉较好的中间人,这对于谈判成功大有益处。

4. 执着耐心,不易退让

日本人在谈判中的耐心是举世闻名的。在许多场合下,日本谈判者显得态度暧昧、婉转圆滑,即使同意对方观点,也不直截了当地表明,往往给人以模棱两可的印象。他们非常有耐心,一般不愿率先表明自己的意图,而是耐心等待,静观事态发展。为了一笔理想的交易,他们可以毫无怨言地等上两三个月,只要能达到他们预想的目标,或取得更好的结果。时间对他们来说不是第一位的。他们善于一方面故作镇静、掩盖事实和感情,另一方面会想方设法了解对方的意图。对方签约的最后期限是他们千方百计想打听到的事项,因为如果对方急于求成,他们往往会拼命杀价或一声不吭,将对方折磨得精疲力竭。而在对方最后期限即将来临之际突然扣板表态,让对方在毫无思想准备的情况下措手不及。面对日本商人的顽强、精明,最好的办法是以"阵地战"相迎,首先要制定好方案,不论对手是安静、沉默的固守,还是暴风骤雨式的攻击,都要依然固守,不乱阵脚。如果预案与事实不符,也可用"缓兵之计"迅速地研究出新方案,部署新阵地后再战。如果缺乏耐心,或急于求成,恐怕会输得一塌糊涂。

5. 尽量避免诉诸法律

日本人不喜欢谈判中有律师参与,只要有可能,日本谈判团里就不包括律师。他们觉得每走一步都要同律师商量的人是不值得信赖的,甚至认为带律师参加谈判,一开始就考虑日后纠纷的处理,是缺乏诚意的表现,是不友好的行为。当合同双方发生争执时,日本人通常不选择诉诸法律这一途径。他们善于捕捉时机签订含糊其词的合同,以便将来形势变化可以作出有利于他们的解释。他们对合同中使用外国行话和术语很反感,他们在合同纠纷处理条款中常这样写:"如果出现不能令人满意之处,双方应本着真诚友好的原则坐下来重新协商"。

6. 获取情报,不遗余力

日本人认为,准确的情报能趋利避害,扩大业务。相反,情报不准确,就会坐失良机,甚至失败。因此,日本公司的工作人员都受过收集情报的专门训练,每个驻外人员和临时出国人员都负有收集情报的任务。对外办事人员每天上班后,首先要阅读总部发来的各项指示和各种资料,了解总部的要求和意图,接着便详细查阅当地的报纸、杂志、书籍,从中寻找有价值的情报和线索,然后与当地公司、企业和有关单位联系。据说,三菱公司每天接收到的电讯条子可以环绕地球 11 圈,一个人要全部读完这家公司一天内收到的电讯,就得花整整 6 个月的时间,这家公司每月花在这方面的开销就达几十万美元。

(三)加拿大商人的谈判风格

加拿大居民大多数是英国和法国移民的后裔。在加拿大从事对外贸易的商人也主要是英语语系人和法语语系人。英语语系商人大多集中在多伦多和加拿大的西部地区;法语语系商人主要集中在魁北克。温哥华是华侨的主要聚居地,温哥华商人中,华人有一定势力,他们可以为我国与加拿大的商务合作起到桥梁作用。

1. 谈判关系的建立

加拿大是个移民国家,民族众多。各民族相互影响,文化彼此渗透。大多数人性格开朗,强调自由,注重实利,发挥个性,讲究生活舒适。受多元文化的影响,加拿大商人一般懂英、法两种语言。

2. 决策程序

正是因为加拿大居民大多是法国人和英国人的后裔,在谈判决策上,有非常深的法国人和英国人的风格。加拿大各省对自己的社会建设、经济活动、科技开发等有较大的独立决策权。

3. 时间观念

拜访加拿大政府官员和各类商人应注意取得秘书和助手的协助，事先约定，并准时前往。

4. 沟通方式

加拿大是冰雪运动大国，人们讨论的话题多与滑雪、滑冰、冰雕、冰球等有关。他们忌讳“13”这个数字，宴请活动不宜安排在这天。他们喜欢蓝色，应邀做客时，可带上一束较高价值的鲜花或蓝色包装的礼品。谈判时不喜欢在商品价格上讨价还价变来变去，不愿做薄利多销的生意。

5. 对合同的态度

法语语系商人对签约比较马虎，往往主要条款谈妥后就要求签字，他们认为次要的条款可以在签字之后再谈；而英语语系商人谨慎、保守、重誉守信，他们在进行商务谈判时相当严谨，一般要对所谈事物的每个细节都要充分了解后，才可能答应要求。

(四)拉美商人的谈判风格

拉丁美洲是指美国以南的地区，包括墨西哥、中美洲和南美洲一共 24 个国家。他们曾受拉丁语系的西班牙和葡萄牙的殖民统治，所以，称为拉丁美洲。他们因为历史上宗主国的长期剥削，加上国内政治混乱，政变频繁，因此经济仍很落后，经济单一化严重，贫富分化明显，生产的商品在国际缺乏竞争力，因而造成国家的进口大于出口，既导致外汇紧张又影响民族工业的发展。因此，绝大多数拉美国家都采取奖出限入的贸易保护措施。有些国家还实行了进口许可证制度。近些年来，由于认识到保护主义给本国经济带来的不利影响，逐渐放开了一些进口限制。总的说来，拉美人的生活节奏比较慢，这恐怕是一切非工业化国家的特点。

1. 坚持平等、友好、互利的原则

与拉美人做生意，要表现出对他们风俗习惯、信仰的尊重和理解，努力争取他们对你的信任，要避免流露出与他们做生意是对他们的恩赐。同时，因为拉丁美洲是由众多的国家和地区构成，国际间的冲突较多，所以拉美人不愿涉及政治问题。

2. 不轻易让步

拉美人执着、不妥协的性格特点反映在谈判中就是不轻易做出让步。他们不喜欢妥协，对他们而言，妥协意味着放弃，意味着屈服，意味着牺牲个人的尊严和荣誉。执着、不妥协的特点体现于拉美人的商务谈判中，就是对自己意见的正确性坚信不疑，往往要求对方全盘接受，很少主动做出让步，即使对谈判对方提出的一些附加条件也不接受。他们不喜欢别人以某种方式将意见强加于他们，认为这是侵害了他们的自尊。如果他们对别人的某种请求感到不能接受，一般也很难让他们转变看法。不过，他们在表达自己的意见时，却习惯于遵循古老的拉美人的传统，即宁肯转弯抹角绕一个圈子，也不直截了当地阐明意见，因为在拉美人看来，直截了当地给予别人否定的回答是一种不礼貌的行为。

3. 不按协议的付款日期付款

拉美人商业意识弱，责任感不强。他们不重视合同，常常是签约后又要求修改，合同的履约率也不高。跟拉美人打交道的谈判者十有八九都会提到拉美人不讲信用，经常会发生纠缠不清与不讲信用的现象，对谈妥订明的付款日期不遵守，往往要多花些时间耐心催促才付款。正如一位银行家说的：他们是会付钱的，只是不把当初约好的付款日期当回事而已。

4. 不愿意面对女性谈判者

拉美对男子气概的崇尚使他们瞧不起妇女，也不愿意同女性进行谈判，认为这样做有损男子汉的体面。如果确实需要面对女性谈判者，他们往往表现得很勉强，给人满不在乎的感觉，甚至会给对方出些难题。当然这也有例外，那就是女性谈判者能用带有权威的、不容置疑的语调和大量事实向他们表明，自己同他们一样有经验、懂技术、胜任业务，甚至做得比他们更好，并且令人信服地向他们展示自己的能力。

5. 谈判节奏缓慢

拉美人是享乐至上主义者，即便是谈判做生意，他们也不愿意因之而使一些娱乐活动受到妨碍。他们一天的工作时间较短，早上起得晚，中午一般有二到三小时的午睡，休假又很多。如秘鲁的劳动法规定，工作一年，就可以请一个月的带薪假期。因此，在商务谈判过程中，常常会碰到这样的情况：一笔生意正在洽谈中，拉美谈判者却突然休假，使得谈判活动戛然而止，即使你心急如焚，也得耐着性子等到谈判对方休完假归来，才能继续谈判下去。在谈判中，他们也常常会慢半拍：当你觉得谈判已到实质阶段了，他们会认为这仅仅是准备阶段。在洽谈中，常会听到他们说"明天再谈吧"或是"明天再办"。到了第二天，却仍然是同样的话。拉美人这种处理事务节奏较慢、时间利用率低的情况往往会让性急的外国人无可奈何。但是，如果想用速战速决的办法和拉美人谈判只会令他们非常恼火，甚至会使他们更加停滞不前。因此，最好的办法还是放慢谈判节奏，始终保持理解和宽容的心境，并注意避免工作与娱乐发生冲突。

6. 感情因素很重要

拉美人的生活比较悠闲、恬淡，他们不很注重物质利益，而比较注重感情，这与崇尚实际利益的美国人大为不同。因此，想与拉美人做生意，最好先与他们交朋友，一旦你成为他们的知己后，他们会优先考虑你为做生意的对象。在与拉美人进行商务谈判中，以公事公办、冷酷无情的态度对待他们是绝对行不通的。相反，若彼此关系熟悉私交不浅的话，你有事拜托他们，他们会毫不犹豫地为你优先办理，并充分考虑你的利益和要求，这样双方的洽谈会自然而然地顺利进行下去。

当然，拉美国家商人有相同点，也会有不同点，这里不一一介绍。

（五）英国商人的谈判风格

英国是世界上资本主义发展最早的国家，它率先进入工业化，曾为世界头号经济大国，被称为世界工厂、日不落帝国、海上霸主、世界贸易垄断者、世界金融中心，其经济、政治、军事实力曾经显赫一时。自 19 世纪以来，美国、德国的经济水平相继赶超英国；第一次世界大战以后，英国殖民体系逐步动摇、瓦解，经济实力进一步削弱。近年来，英国经济增长率不高，经济实力增长不快，在资本主义世界中徘徊为第 5 位至第 7 位之间。虽然如此，英国人的"曾经称霸过"世界的大国民意识仍旧很强，总是有一副悠然自得的样子。而他们也始终保留着岛国民族的特性，比较保守、怕羞，对新事物裹足不前，并且显得高傲、矜持，给人难以接近的印象。

1. 谈判关系的建立

言行持重的英国人不轻易与对方建立个人关系。即使本国人，个人之间的交往也比较谨慎，很难一见如故。特别计较尊重"个人天地"，一般不在公共场合外露个人感情，也决不随意打听别人的事，未经介绍不轻易与陌生人交往。不轻易相信别人或依靠别人。

英国人有很强的民族自豪感和排外心理，总带着一种强国之民悠悠自得的样子。初与英国商人交往，开始总感觉有一段距离。让人感到他们高傲、保守。但慢慢地接近，建立起友谊之后，他们会十分珍惜，长期信任你。与美国人相似，英国人习惯于将商业活动和自己个人生活严格分开，有一套关于商业活动交往的行为礼仪的明确准则。个人关系往往以完成某项工作、达成某个谈判为前提，是滞后于商业关系的。

2. 决策程序

英国商人比较看重秩序、纪律和责任，组织中的权力自上而下流动，等级性很强，决策多来自于上层。比较重视个人能力，不喜欢分权和集体负责。在对外商务交往中，英国人的等级观念使他们比较注重对方的身份、经历、业绩、背景，而不像美国人那样更看重对手在谈判中的表现。所以，在必要的情况下，派较有身份地位的人参加与英国人的谈判，会有一定的积极作用。

3. 时间观念

英国人对时间的看法非常严谨。崇尚准时和守时，有按日程或计划办事的习惯和传统。在商务活动中，讲究效率，谈判大多进行得较紧凑，不拖沓。

4. 沟通方式

英国人以绅士风度闻名世界，常常处变不惊、谈话轻描淡写。对他人和他物英国人所能给的赞赏是“像英国式的”。他们喜欢以他们的文化遗产、喂养的宠物等作为谈论的话题，尽量避免讨论政治、宗教、皇家是非等。初识英国人，最佳最安全的话题当然是天气。英国人谈判稳健，善于简明扼要地阐述立场、陈述观点，之后便是更多地沉默，表现出平静、自信而谨慎。在谈判中，与英国人讨价还价的余地不大。有时他们采取非此即彼的态度。在谈判关键时刻，他们往往表现得既固执又不肯花大力气争取，使对手颇为头痛。英国人认为，追求生活的秩序与舒适是最重要的，勤奋与努力是第二位的。所以，他们愿意做风险小、利润少的买卖。在谈判中如果遇到纠纷，英国商人会毫不留情地争辩。

5. 对合同的态度

英国人很重视合同的签订，喜欢仔细推敲合同的所有细节。一旦认为某个细节不妥，便拒绝签字，除非耐心说服，并提供有力的证明材料。英国商人一般比较守信用，履约率比较高。注意维护合同的严肃性。但国际上对英国商人比较一致的抱怨是他们有不大关心交货日期的习惯，出口产品经常不能按期交货。所以，在与英国人签订的协议中万万不可忘记写进延迟发货的惩罚条款加以约束。

（六）法国商人的谈判风格

在近代世界史上，法兰西民族在社会科学、文学、科学技术方面有着卓越成就。法国商人具有浓厚的国家意识和强烈的民族、文化自豪感。他们性格开朗、眼界豁达，对事物比较敏感，为人友善，处事时而固执，时而随和。法国人对本民族的灿烂文化和悠久历史感到无比骄傲，他们时常把祖国的光荣历史挂在嘴边。重视历史的习惯使法国谈判手也很注意商业与外交的历史关系和交易的历史状况，即过去的交易谈判情况。因此利用历史的观念可以排除一定的现实干扰，比如现实中可能出现的第三者的干扰。讲究历史就为谈判双方树起一道历史的墙，使双方在历史交易的基础上只能前进，不能后退。

1. 谈判关系的建立

法国人乐观、开朗、热情、幽默，注重生活情趣，富有浓郁的人情味、爱国热情和浪漫情怀，非常重视相互信任的朋友关系，并以此影响生意。在商务交往上，法国人往往凭借着信赖和人际关系去进行，在未成为朋友之前，他们不会同你进行大宗交易，而且习惯于先用小生意试探，建立信誉和友谊之后，大生意便接踵而至。热情的法国人将家庭宴会作为最隆重的款待，但决不能将家庭宴会上的交往视为交易谈判的延伸。一旦将谈判桌上的话题带到餐桌上来，法国人会极为不满。

2. 决策程序

法国公司家族企业多，讲究产品特色，不轻易做出超越自己财力范围的投资。一般情况下，法国公司的组织结构单纯，自上而下的层次不多，比较重视个人力量，很少集体决策。从事谈判也大多由个人承担责任，决策迅速。法国商人大多专业性强，熟悉产品，知识面广。即使是专业性很强的专业谈判，他们也能一个人独当几面。

3. 时间观念

对别人要求严格，对自己比较随便是法国人时间观的一大特点。如果你迟到，不论出于何种原因都会受到冷遇，但他们自己却会很自然地找个借口了事。在法国社交场合，有个非正式的习惯，主宾越重要越到得迟。法国人工作时认真投入，讲究效率，休闲时痛快玩耍。他们十分珍惜假期，十分舍得在度假中花钱。通常 8 月是法国人的假期。

4. 沟通方式

法国商人大多十分健谈，富有感情，话题广泛，而且口若悬河，出口成章。在谈判开始时，他们喜欢聊一些社会新闻及文化方面的话题，以创造一种轻松友好的气氛。否则，将被视为"枯燥无味的谈判者"。法国商人在边聊边谈中慢慢转入正题，在最后做出决定阶段，才一丝不苟地谈生意。法国人非常尊重自己的传统文化和语言，在商务谈判中多用法语。如果能讲几句法语，将有助于谈判形成良好的气氛。在谈判方式的选择上，他们偏爱横向谈判，谈判的重点在于整个交易是否可行，不太重视细节部分。主要问题谈妥后，他们便急于签约。他们认为具体问题可以以后再商量或是日后发现问题时再修改。经常出现昨天签的协议明天就要修改的情况。

5. 对合同的态度

法国人比较注重信用，一旦签约，会比较好地执行协议。在合同条款中，他们非常重视交货期和质量条款。在合同的文字方面，法国人往往坚持使用法语，以示其爱国热情。为此，与法国商人签订协议不得不使用两种文字，并且要商定两种文字的合同具有同等的效力。

法国商人不喜欢为谈判制定严格的日程安排，但喜欢看到成果，所以在各个谈判阶段，都有"备忘录"、"协议书"之类的文件，为后面的正式签约奠定基础。

（七）德国商人的谈判风格

德国人的民族特点是倔强、自信。他们办事谨慎，富有计划性。他们敬业精神很强，工作重视效率、追求完美。德国能在短短几十年内在世界经济中再度崛起，是同他们这种自强不息的民族奋斗精神分不开的。概言之就是，德国人做事雷厉风行，有军旅作风。德国谈判者身上所具有的这种日耳曼民族的性格特征会在谈判桌上得到充分的展现。

1. 谈判关系的建立

德国人沉稳、自信、好强、勤奋、严谨，对发展个人关系和商业关系都很严肃，不大重视在建立商务往来之前先融洽个人关系。他们十分注重礼节、穿戴、称呼等。要想得到德国伙伴的尊重和信任，着装必须严肃得体。在交谈中，应避免提及个人隐私、政治以及第二次世界大战等。在与德国人最初的几次会面中，他们显得拘谨、含蓄甚至生硬。一旦彼此熟悉，建立商务关系且赢得他们的信任后，便能有希望长期保持。德国人不喜欢"一锤子"买卖，求稳心理强。

2. 决策程序

在商务谈判中，德国人强调个人才能。个人意见和个人行动对商业活动有重大影响。各公司或企业纪律严明，秩序性强。决策大多自上而下做出，不习惯分权或集体负责。

3. 时间观念

无论公事还是私事，德国人非常守时。在商业谈判和交往中忌讳迟到。对迟到者，德国人会毫不掩饰他们的不信任和厌恶。勤奋、敬业是德国企业主的美德。在欧洲，德国人的上班时间最长，8 点以前上班，有时要晚上 8 点才下班。

4. 沟通方式

尽管德国人比较保守，但他们办事雷厉风行，考虑事情周到细致，注重细枝末节，力争任何事都完美无缺。在谈判前，他们收集资料详细，准备十分周密。他们从不打没有准备的仗。充分的准备使他们在谈判一开始便占据主动，谈判思维极有系统性、逻辑性。他们谈判果断，极注重计划性和节奏紧凑，一开始就一本正经地进入正题。谈判中，德国人语气严肃，陈述和报价清楚明白；谈判建议具体、切实，以一种清晰、有序和权威的方式加以表述。德国人谈判中常常固执己见，缺乏灵活性。

5. 对合同的态度

德国人有“契约之民”的雅称，非常重视和尊重契约。在签订合同之前，他们将每个细节都谈判到，明确双方的权利以及义务后才签字。这种100%的谈判作风，使得德国商人的履约率在欧洲最高。他们会一丝不苟地按照合同办事，诚实可信。同时，他们也严格要求对方，除非有特殊情况，绝不理会其贸易伙伴在交货和支付的方式及日期等方面提出的宽限请求或事后解释。他们重视商权。在德国的法律条文中有严格而明确的商权规定。比如，如果要取消代理契约，必须支付五年期间平均交易额的所得利润，否则不能取消代理契约等。

(八)意大利商人的谈判风格

相较于国名，意大利人更愿意提起故乡的名字。意大利人文化素质高，既有德国人的精明能干，又有法国人的健谈。

1. 时间观念不强

与法国人相似，意大利人常常不遵守时间，赴宴常迟到，而且习以为常，这是他们明显的缺点。有时候甚至不打招呼就不赴约，或单方面推迟会期。他们工作时有点松松垮垮，不讲效率。但是，他们在做生意时是绝对不会马虎的。

2. 情绪多变，喜好争论

意大利人性格外向，善于社交，但情绪多变。说话时手势较多，表情富于变化，易情绪激动。意大利人喜好争论，常常会为很小事情而大声争吵、互不相让。如果允许的话，他们会整天争论不休。意大利人比德国人少了一些刻板，比英国人多了一些热情，但在谈判合同、作出决策时不会感情冲动，一般不愿仓促表态。与日本等国家的谈判手不同的是，他们并非要与同僚协商，只是因为比较慎重。如果对方给他们一个作出决策的最后期限，他们往往会眼都不眨一下而迅速拍板决定。这说明他们办事多是胸有成竹，而且有较强的处理紧急情况的能力。

3. 重视个人力量

意大利人与法国人有许多共同之处，都非常重视个人的作用。意大利的商业交往大部分都是公司之间的交往，在商务谈判时往往是出面谈判的人决定一切。意大利人在交往活动中比其他任何国家的人都更有自主权，个人权利较大。所以，和意大利谈判对手相处的好坏是谈判成功与否的决定因素之一。

4. 有节约的习惯

意大利人对于合同条款的注重明显不同于德国人，而接近于法国人。谈判时，他们对商品的质量、性能、交货日期等方面则比较灵活，特别看重商品的价格，在价格方面显得寸步不让。他们力争节约，不愿多花钱追求高品质，而德国人却宁可多付款来换取高质量产品和准确的交货日期。

5. 崇尚时髦

意大利人崇尚时髦，不论是商人还是旅行家，都衣冠楚楚，潇洒自如。他们的办公地点及设施都比较讲究，他们对生活中的舒适，如住宿、饮食都十分注重，对自己的国家及家庭也感到十分自豪与骄傲。在商务谈判中，最好不要谈论国体政事，但可以倾听他们或引导他们谈谈其家庭、朋友，当然，前提是你与他们有了一定的交情。要注意的是，在意大利从事商务活动，必须充分考虑其政治因素，了解对方的政治背景，以防政局变动而蒙受经济损失。

（九）北欧商人的谈判风格

北欧主要是指挪威、丹麦、瑞典、芬兰等国家，也称斯堪的纳维亚国家，它们有着相似的历史背景和文化传统，都信奉基督教。北欧是一个文化、经济高度发达的地区，这几个国家地域广阔，人口稀少，社会政治经济十分稳定，与世界各地的贸易交往也具有较长的历史。出于其信仰和民族地位及历史文化，使北欧人形成了心地善良、为人朴素、谦恭稳重、和蔼可亲的性格特点。

1. 按部就班，有条不紊

北欧人是务实型的，工作计划性很强，凡事按部就班，规规矩矩，在谈判中总是显得沉着、冷静，不急不躁，按预定计划进行谈判，在对人上也十分讲究文明礼貌。不论是正式还是非正式谈判，如果是东道主，会安排得有条不紊，尽量让客人满意。

2. 开诚布公、坦诚相见

北欧人在谈判中态度谦恭，待人温和、真诚，善于同外国客商搞好关系。他们的谈判风格坦诚，不隐藏自己的观点，善于提出各种建设性方案。在谈判的探测阶段，他们愿意直率地告诉对方真实的情况，也希望对方坦诚相见。

由于探测阶段的坦诚和毫无保留，所以北欧人不喜欢无休止的讨价还价，也认为没有必要进行太多的讨价还价。如果己方报价，则不希望对方讨价还价；如果是对方报价，也不进行激烈的讨价还价。如果他们看到对方提议中有明显的大漏洞，他们会改变对对方企业的看法，转向别处做生意。

3. 看重产品的质量

北欧人的产品质量在世界上是一流的。近几年，他们更倾向于具有高附加值的、高度专业化的产品出口。他们在工作期间严肃认真、一丝不苟，但娱乐时也决不工作。

北欧国家所处的纬度较高，冬季时间长，所以北欧人特别珍惜阳光。夏天和冬天分别有三周和一周的假期，几乎所有公司的业务都处于停顿状态，人们都休假去了。因此，做贸易应尽量避开这段时间，当然，也可以利用假期临近催促对方赶快成交。

4. 喜欢以头衔相称

北欧商人谈判注重头衔，喜欢人们以头衔相称。如果不了解头衔，干脆称其为经理；即使他们不是，也会高兴的。

5. 重视代理商的作用

在北欧，代理商的地位很高，尤其是在瑞典和挪威，没有代理商的介入，许多谈判活动就难以顺利进行。因此，与北欧人做生意，必须时刻牢记这些代理商、中间商。

6. 喜欢桑拿浴

北欧人的一个共同特点就是喜欢桑拿浴，这已经成为他们生活中的一部分。如果你与北欧人洽商，他们请你洗桑拿浴，说明你受到了他们的欢迎，这是个好的开端。但如果你不能适应长时间的热气，也要提出，这不是丢面子的事情。在许多情况下，你可以在洗桑拿浴时与他们交谈，这可免除正式谈判的许多不便。

（十）俄罗斯商人的谈判风格

1991 年 12 月苏联解体，十几个独立国家由此而诞生。其中，俄罗斯是面积最大、人口最多、经济实力最强的国家，国民大多信奉俄罗斯东正教。中俄两国边界长达4 000多公里，因此，了解俄罗斯这个巨大的市场是十分必要的。

1. 谈判关系的建立

俄罗斯是礼仪之邦。俄罗斯人热情好客，注重个人之间的关系，愿意与熟人做生意。他们的商业关系是建立在个人关系基础之上的。只有建立了个人关系，相互信任和忠诚，才会发展成为商业关系。没有个人关系，即使是一家优秀的外国公司进入俄罗斯市场，也很难维持其发展。俄罗斯人主要通过参加各种社会活动来建立关系，增进彼此友谊。这些活动包括拜访、生日晚会、参观、聊天等等。在与俄罗斯人交往时，必须注重礼节，尊重民族习惯，对当地的风土民情表示出兴趣等。只有这样，在谈判中才会赢得他们的好感、诚意与信任。

2. 决策程序

长期以来，俄罗斯是以计划经济为主的国家，中央集权的历史比较悠久。这使得俄罗斯社会生活的各个方面和各个层面都带有比较浓厚的集权特征。他们往往以谈判小组的形式出现，等级地位观念重，责任常常不太明确具体。他们推崇集体成员的一致决策和决策过程的等级化。他们喜欢按计划办事，一旦对方的让步与其原定目标有差距，则难以达成协议。由于俄罗斯人在谈判中经常要向领导汇报情况，因而谈判中决策与反馈的时间较长。

3. 时间观念

俄罗斯有一句古老的谚语说："如果你打算出门旅行一天，最好带上一周的面包"。因为在俄罗斯，难以预料和不确定的因素太多，包括谈判中的时间和决策，行政部门的干预、交通和通讯的落后。他们认为，时间是非线性的，没有必要把它分成一段一段地加以规划。谈判时俄罗斯人不爱提出讨论提纲和详细过程安排，谈判节奏松弛、缓慢。不过，俄罗斯人比较遵守时间，在商务交往中，需事先预约。

4. 沟通方式

俄罗斯人喜欢非公开的交往，喜欢私人关系早于商业关系的沟通方式。一旦彼此熟悉，建立起友谊，俄罗斯人表现得非常豪爽、质朴、热情，他们健谈、灵活，乐于谈论自己的艺术、建筑、文学、戏剧、芭蕾等。他们非常大方、豪迈，长时间不停地敬酒，见面和离开都要握手。俄罗斯人是讨价还价的行家里手，善于运用各种技巧。常用的技巧有制造竞争、有的放矢等。他们缺乏外汇，比较欢迎易货交易。

5. 对合同的态度

俄罗斯人重视合同。一旦达成谈判协议，他们会按照协议的字面意义严格执行，同时，他们也很少接受对手变更合同条款的要求。在谈判中，他们对每个条款，尤其是技术细节十分重视，并在合同中精确表示各条款。

6. 文明程度较高

俄罗斯人文明程度较高，不仅家中整洁有序，而且注意公共卫生。另外，俄罗斯人很重视仪表，喜欢打扮；在公共场合注意言行举止，比如他们从不将手插在口袋里或袖子里，即使在热天也不轻易脱了外套。在商务谈判中，他们也注意对方的举止，如果对方仪表不错，他们会比较欣赏；相反，如果对方不修边幅就坐到谈判桌前，他们会很反感。

小案例8－7

1980年，苏联准备对美国出卖莫斯科奥运会的电视转播权的交易中，他们同时请了美国哥伦比亚广播公司、美国全国广播公司、美国广播公司三家来竞争这笔买卖。苏联人先以 2.1 亿美元的开价给三家公司一个下马威，然后他们分别与三家电视公司的决策层接触，让三家公司相互残杀，最后与从中胜出的那家签订合同。最后，美国广播公司以 8 700 万美元的价格购得奥运会的转播权，这个价格远远高出的苏联人本来预计的 6 000 万～7 000 万美元的售价。

（十一）韩国商人的谈判风格

韩国是一个自然资源匮乏，人口密度很大的国家。韩国以“贸易立国”，近几十年经济发展较快。韩国商人在长期的贸易实践中积累了丰富的经验，常在不利于己的贸易谈判中占上风，被西方国家称为“谈判的强手”。

1. 进行充分的咨询准备工作

谈判前，韩国人通常要对对方进行咨询了解，如经营项目、规模、资金、经营作风以及有关商品的行情等。一旦韩国人与你坐在一起谈判，那么可以肯定地说，他已对这场谈判进行了周密的准备。

2. 注重礼仪，创造良好的谈判气氛

韩国人十分注意选择谈判地点，他们一般喜欢选择有名气的酒店进行会晤，并且特别重视谈判开始阶段的气氛。见面时总是热情地与对方打招呼，向对方介绍自己的姓名、职务等。当被问及喜欢用哪种饮料时，他们一般选择对方喜欢的饮料，以示对对方的尊重。

3. 巧妙地运用谈判技巧

韩国人常用的谈判方法有两种，即横向式谈判和纵向式谈判。前者是先谈主要条款，然后谈次要条款，最后谈附加条款；后者即对双方共同提出的条款逐条协商，达成一致后，再转向下一条款进行讨论。有时也会两种方法兼而用之。他们还时常使用“声东击西”、“先苦后甜”、“疲劳战术”等策略。有些韩国商人直到最后一刻仍会提出“价格再降一点”的要求。

（十二）华侨商人的谈判风格

华侨分布在世界许多国家，他们乡土观念很强，勤奋耐劳，重视信义，珍惜友情。由于经历和所处环境的不同，他们的谈判习惯既与当地人有别，也与我们有所不同。

1. 作风果断，雷厉风行

华侨在世界上很有地位、令世人瞩目。在商务谈判中，他们从不优柔寡断，看准了就干。他们富于冒险精神，敢于正视困难，对前途充满了信心，善于抓住每一个商贸机会。

2. 善于讨价还价

华侨有一套巧妙的讨价还价办法，从不以一次让价为满足，总是一而再、再而三地讨价还价，直到该商品不能再降价为止。他们认为谈判双方都很精明，谈判的时候应当“有小便宜就占”。他们这种敬业精神和积极稳妥的现实风格，使得他们在创业道路上一往直前，硕果累累。

3. 老板亲自出面谈判

华侨商人多数都是由老板亲自出面谈判，即使在谈判之初由代理人或雇员出面，最后也要由老板拍板才能成交。商场如战场，处于各种各样的商业环境，面对形形色色的谈判对手，华侨们励精图治的敬业精神和积极稳妥的现实作风，使他们在创业道路上一往无前，硕果累累，为世人瞩目。

（十三）中国商人的谈判风格

中国是四大文明古国之一，人口占世界人口近 1/4 的比例。中国经济的飞跃发展令世人瞩目，被称为世界上最后一个巨大的市场，外国投资者纷纷将投资建设和商务洽谈的注意焦点集中到了中国，而中国人的谈判风格也成为各国商界研究的对象。

1. 谈判关系的建立

中国商人十分注重人际关系。在中国，建立关系是寻求信任和安全感的一种表现。在商业领域和社会交往的各个环节，都渗透着"关系"。"关系"成为人们所依赖的与他人、与社会进行沟通联系的一个重要渠道。在商务交往中建立业务关系，一般情况下借助于一定的中介，找到具有决策权的主管人员。建立关系之后，中国商人往往通过一些社交活动来达到相互的沟通与理解。这些活动通常有宴请、观光、购物等。

2. 决策程序

决策结构和关系一样，人的因素始终是决定性的。从某种程度上说，中国企业的决策系统比较复杂，改革过程中企业的类型多，差异大。企业的高层领导往往是谈判的决策者。争取他们的参与，有利于明确彼此承担的义务，便于执行谈判协议。

3. 时间观念

中国人对时间的流逝并不十分敏感。人们喜欢有条不紊、按部就班。在商务交往中，对时机的判断直接影响到交易行为。信奉欲速则不达，防止拔苗助长、急躁妄为。如果时机不成熟，他们宁可按兵不动，也不草率行事。随着市场经济的确立和深入，中国人的时间观念正在逐渐加强，工作效率正在不断提高。

4. 沟通方式

中国文化追求广泛意义上的和谐与平衡。受儒家文化的影响，"面子"观念深入社会生活的各个方面与层次，并直接影响商务谈判。在商务谈判中，商人不喜欢直接、强硬的交流方式，对对方提出的要求常常采取含糊其词、模棱两可的方法作答，或利用反问把重点转移。

名片被广泛使用在商业往来中。备好自己的名片是聪明的做法。通过名片的交换，可以了解到双方各自的等级地位，以便注意相应的礼节。在沟通过程中，一些被西方人认为是交谈禁区的话题，如家庭状况、身体状况甚至年龄、收入等，都可以作为很好的加深了解的话题。不过，无论什么话题，都要表现得谦虚有礼。谦虚是儒家思想提倡的美德。

5. 对合同的态度

传统中国社会重视关系胜于重视法律。改革开放后，中国加强了法制建设和执法的力度，人们的法制观念和合同意识不断增加。中国正处于快速发展时期，大量条件发生变化后，政府和企业都可能在某些方面作些调整，从而影响事先签订的协议的履行。

另外，香港、台湾、澳门兼受中国传统文化和世界各国文化的影响，现代人的意识观念与大陆大相径庭。一方面他们具有中国人勤劳智慧的特点，另一方面则商业气息极强，一切"钱"字当头。他们在商业交易中，善于与对方拉关系、套近乎；也擅长施用小恩小惠做诱饵取大利。他们报价灵活，水分很大，常常一降再降给对方造成错觉，使对方感到他们已作了最大让步，其实成交价往往仍高于基本价。因此，与他们谈判前，应充分了解产品的市场行情。他们做交易时，惯于放长线，钓大鱼，较注重眼前利益，若市场行情一有风吹草动，他们就会想方设法钻合同的漏洞，因此要仔细认真地制定合同中每一条款，确保合同能得到确实的执行。

（十四）阿拉伯商人的谈判风格

由于地理、宗教和民族等问题的影响，阿拉伯人以宗教划派，以部落为群。他们性情固执，比较保守，家族观念、等级观念很强，不轻易相信别人。他们喜欢做手势，以形体语言表达思想。在阿拉伯国家，伊斯兰教一向被奉为国教。阿拉伯人非常反感别人用贬损或开玩笑的口气来谈论他们的信仰和习惯，嘲弄或漠视他们的风俗。尽管不同的阿拉伯国家在观念、习惯和经济力量方面存在较大差异，但作为整个民族来讲却有较强的凝聚力。他们的谈判风格是：

1. 先交朋友，后谈生意

阿拉伯人通常要花很长时间才能做出谈判的决策。他们不希望通过电话来谈生意。当外商想向他们推销某种商品时，必须经过多次拜访，有时甚至第二次、第三次拜访都接触不到实质性的问题。与他们打交道，必须先争取他们的好感和信任，建立朋友关系。只有这样，下一步的交易才会进展顺利。阿拉伯人好客知礼的传统使他们对亲友邻居所敞开的大门对外国客商同样是敞开的。

2. 对讨价还价情有独钟

在他们看来，没有讨价还价就不是一场严肃的谈判。无论是大商店还是小商店均可讨价还价，标价只是卖主的报价。在商务谈判中更是如此，他们甚至认为，不还价就买走东西的人，还不如讨价还价后什么也不买的人受卖主的尊重。

3. 通过代理商进行商务谈判

几乎所有阿拉伯国家的政府都坚持让外国公司通过代理商来开展业务，代理商从中获取佣金。一个好的代理商对业务的开展大有裨益。他可以帮雇主同政府有关部门取得联系，促使有关方面尽早作出决定，帮助安排货款的收回、劳务使用、物资运输、仓储等诸多事宜。

4. 妇女地位较低

由于阿拉伯社会宗教意识的影响，妇女地位较低，妇女一般是不能在公开场合抛头露面的。因此，应该尽量避免派女性去阿拉伯国家谈生意，如果谈判小组中有女性，也应将其安排在从属地位，以示尊重他们的风俗。在谈话中也应尽量不涉及妇女问题。

小案例 8－8

某工厂的副总裁吉拉德突然中风，英国总公司第二天派了一位高级主管凯丝琳，直飞利雅德接替他的职务。凯丝琳到沙特阿拉伯，还身兼另一个重要任务，就是要介绍公司的一项新产品——微电脑与文字处理机，准备在当地制造行销。凯丝琳赶到利雅德，正赶上当地的“斋月”，接待她的贝格先生是沙方的高级主管，一位50多岁的传统生意人。虽然正值“斋月”，他还是尽地主之谊，请凯丝琳到他家为她洗尘。因时间急迫，凯丝琳一下飞机就直接赴约，当时饥肠辘辘，她心想在飞机上没吃东西，等一会儿到了贝格先生家再好好地吃一顿。见面之后一切还好，虽然是在“斋月”，贝格先生仍为来客准备了吃的东西。凯丝琳觉得菜看起来非常合口味，于是大吃起来，然而她发觉主人却一口都不吃，就催促主人和她一起享用。狼吞虎咽间，她问贝格是否可在饭后到他的办公室谈公事，她说：“我对你们的设施很好奇，而且还迫不及待地想介绍公司的新产品”。虽然凯丝琳是个沉得住气的人，然而因为习惯，偶尔会双腿交叠，上下摇动脚尖。贝格先生一一看在眼里，在她上下摇动脚尖时，他还看到了凯丝琳那双黑皮鞋的鞋底。顷刻之间，刚见面的那股热忱竟然消失得无影无踪。

(十五)非洲商人的谈判风格

非洲大陆有五十多个国家，近6亿人口。绝大多数国家属于第三世界国家，人民健康水平低，卫生状况差，教育和社会制度水平落后，经济贸易不发达，不少国家在经济上严重依赖大国。

1. 讲究礼节

非洲各国内部存在许多部族，各部族之间的对立意识很强，其族员的思想大都倾向于为自己的部族效力，对于国家的感情则显得淡漠。非洲人有许多禁忌需要注意，比如：他们崇尚丰盈，鄙视柳腰，因此在非洲妇女面前不能提“针”这个字。再如：非洲人认为左手是不洁的，因此尽管非洲商人也习惯见面握手，但千万注意别伸出左手来握，即使对方人多也一样，否则会被视为大不敬。

2. 时间观念差

非洲各部族内部的生活具有浓厚的大家庭主义色彩。非洲人工作效率低下，办事能拖就拖，时间观念极差。谈判时，他们很少准时到会，即使到了也很少马上开始谈论正事，往往要海阔天空地漫谈一通，对此只能忍耐。

3. 权力意识很强

非洲商人性格刚强生硬，自尊心很强，见面时，希望对方称呼他们的头衔。他们十分看重友谊，任何交易都需建立在浓厚的友情基础上。为此，外商与他们做生意时，应根据他们的爱好和特点，准备一些必不可少的礼物。每个拥有权力的非洲人，哪怕是拥有极小的权力，都会利用它索取财物。在非洲，利用采购权吃回扣的事也屡见不鲜，因此，去非洲做生意，要肯吃小亏，以取得各环节有关人士的信任和友谊，使交易进展顺利。

4. 不太熟悉商务知识

由于历史的原因，整个非洲人口的文化素质较低，有些从事商务谈判的人员对业务并不太熟悉，因此，与其洽谈时，应把所有问题乃至各问题的所有细节都加以书面确认，以免日后产生误解或发生纠纷。

在非洲诸国中，南非的经济实力最强，黄金和钻石的生产和流通是其经济的最大支柱。南非商人的商业意识较强，他们讲究信誉，付款定时。他们一般派出有决定权的人负责谈判，一般不会拖延谈判时间。尼日利亚的经济实力也较强，虽以农业为主，但石油储量丰富，工业发展很快。其当权人物都受过高等教育，能巧妙运用关税政策，低价进口物美价廉的外国产品。扎伊尔以农业为主，是重要的矿产国，但国民缺乏商业知识和技巧。坦桑尼亚、肯尼亚和乌干达三国位于非洲东部，形成共同市场，期望经济合作。三国的地方资本已有所发展，但商人缺乏经验，推销也不可靠，因此与当地商人洽谈时不能草率从事。

（十六）澳大利亚商人的谈判风格

澳大利亚由六个州组成，各州有各自的宪法，由各自的州政府办理铁路、地区开发、教育等事项，因此各州之间的地区观念比较浓厚。地广人稀的澳大利亚，其居民沉着好静，不喜欢生活环境被扰乱。

1. 不喜欢讨价还价

澳大利亚人在商务谈判中很重视办事效率。他们派出的谈判人员一般都具有决定权，同时也希望对方的谈判代表也具有决定权，以免在决策中浪费时间。他们极不愿意把时间花在不能作决定的空谈中，也不愿意在讨价还价上耗费时间。因此，在谈及价格时，他们往往不愿采用开始高报价，然后慢慢讨价还价的做法。他们采购货物时大多采用招标方式，以最低报价成交，根本不给予对方讨价还价的机会。

2. 不轻易签约

澳大利亚商人待人随和，不拘束，乐于接受款待。他们认为招待与生意无关，是两项活动，公私分明。所以，与他们交往，不要以为在一起喝过酒生意就好做了。恰恰相反，澳大利亚人在签约时非常谨慎，不太容易签约，但一旦签约，也较少发生毁约的现象。他们善用谈判技巧，重视信誉，而且成见较重，加上全国行业范围狭小，信息传递快，如果谈判中有不妥的言行会产生广泛的不良反应。谈判人员必须给他们留下美好的第一印象,才能使谈判顺利进行。

3. 时间观念强

澳大利亚一般员工都很遵守工作时间,不迟到,不早退,但也不愿多加班,下班时间一到就会立即离开办公室。经理阶层的责任感很强,对工作很热心。

澳大利亚人不太注意商品的完美性,加上他们以进口关税来控制外来商品的竞争,所以他们的商品质量提高很慢,国内市场上进口商品的销售也处于不利地位。

四、中西方谈判风格比较

(一)先谈原则与先谈细节

中国商人喜欢在处理细节问题之前先就双方关心的一般原则取得一致意见,把具体问题安排到以后的谈判中去解决,即"先谈原则,后谈细节"。而西方商人如美国人则往往是"先谈细节,避免讨论原则"。西方人认为细节是问题的本质,细节不清楚,问题实际上就没有得到解决,原则只不过是一些仪式性的声明而已。所以,他们比较愿意在细节上多动脑筋,对于原则性的讨论比较松懈。然而由于中西方对谈判原则的重视程度不同,事实表明先谈原则必然会对后面的细节讨论产生制约作用。这种差异常常导致中西方交流中的困难。美国一些外交官曾感受到中国人所具有的谈判作风对西方人的制约。专门研究中国谈判作风的美国学者查尔斯·弗里曼告诫西方外交界,在与中国人打交道时,应"坚持先谈具体而特定的细节,避免关于一般原则的讨论"。中国人重视"先谈原则,再谈细节"的原因在于:第一,先谈原则可确立细节谈判的基调,使它成为控制谈判范围的框架。第二,可以利用先就一般原则交换意见的机会来估计和试探对方,看看对方可能有哪些弱点,创造出一些有利于自己的机会。第三,可以很快地把原则性协议转变成目标性协议。第四,先谈原则可以赢得逻辑上或道德上的优势。第五,通常原则问题的讨论可以在与对方的上层人物的谈判中确立下来,从而既避免了与实质性谈判中的下层人员(这些人对具体问题很精明)可能的摩擦,又能在一定程度上控制他们的举动。应当指出,先谈原则的谈判作风虽然有对于具体细节谈判的某种制约作用,但是在协议的执行过程中,如果对方对于自己的违约站定脚跟对中国的批评不理,那么这种手法就不会特别有效,因为毕竟依照原则精神来谈细节与依照原则精神来执行协议是两码事。

(二)重集体与重个体

中西方在谈判中都是既重集体又重个体。但西方人比较强调集体的权力,即"分权";强调个体的责任。中国人比较强调集体的责任;强调个体的权力,即"集权"。

(三)重立场与重利益

中国人比较重立场,而西方比较重利益。中国人由于自己的国民性把"面子"看得极重,在谈判中对于立场特别敏感。美国谈判学家雷法指出:"如果谈判者在立场上争执时,他们会使自己更加陷入该立场中。你越澄清你的立场,越抵抗别人对它做的攻击,你就越会执着于它;你越设法叫别人相信你不可能改变立场,你越难做到这一点。于是,你的'自我'变得与你的立场混为一体。你现在有了'保住面子'这项新利益——把未来的行动与过去的立场联系起来——也就越不可能达成一项调和双方最初利益的明智的协议。在立场上投入的注意力越多,越不会注意如何调和双方利益。任何达成的协议,都只不过是机械式地消除双方在最后立场上的歧见,而不是精心拟出符合双方合法利益的解决方案。这种协议不可以使双方都满意。"立场争执往往会使谈判陷入僵局,导致彼此的尖锐对立。多年的合作伙伴,会因此而分道扬镳;朋友从此会视同陌生人。西方人对利益看得比立场更为重要。无论对任何人,评价其工作绩效的标准是看其谈判成果。一个在谈判中"勤恳稳重"有余而低效无利的谈判者，在西方人看来是绝对不能容忍的。"苦劳"在西方人眼睛里不可能被记入"功劳"账上。因此，一个在谈判中过分坚持立场而不能获得利益或放弃了应得利益的人在西方是不可能被重用提拔的。由于西方的谈判者重效果而轻动机，他们对立场问题往往表现出极大的灵活性，在谈判中努力追逐利益。他们对待事物的态度，取决于其是否能为自己带来好处，是否会损害自己的利益。

（四）先人后事与就事论事

中国人在面临谈判的时候，往往会先"人"后"事"，即先重视人的因素，然后再考虑事的因素。重视人的因素指主要考虑谈判对方的地位和人际关系这两个方面，对方如果社会地位或职位比较高，就会让谈判者产生敬畏心理，从而影响到谈判对策；其次，中华民族讲求群体观念，所以，在谈判中，中国人会尽可能维护人际关系的和谐有序。重视人的因素也就是充分重视了社会关系的潜在价值，此价值由"权力差距"及"集体主义"来决定。谈判者也会考虑事的因素，事的因素包含利益和风险两大内容，即谈判者所考虑的经济交易潜在价值是由"社会关系"和"风险规避"决定的。总之，中国人在谈判时，主要采取行为导向决策（因人而异）和谈判价格决策（成本考量），这两者是相互纠结而不可分的。西方崇尚理性决策，西方人谈判讲求就事论事，以事实为依据，不会因为对方的社会地位、身份等个人的因素而改变其原有的、"理性"的谈判价格，简而言之——对事不对人。

五、商务谈判中的礼仪

（一）日常惯用礼仪

1. 服饰礼仪

服饰是指人在服装上的装饰。穿着打扮是人类生存的基本要素，又是人体外表的重要构成部分。服饰是形成谈判者良好的个人形象的必备因素，具有体现谈判者一定素质，显露谈判者谈判风格等作用。对谈判者服饰的要求主要有：一是服饰要庄重、质朴、大方、得体。谈判者根据自己的特点选择适宜的着装，在商务谈判的场合，穿着一般选择灰色或者褐色甚至黑色；从服饰的样式来看，在谈判中西装已是普遍认可的服装。二是服饰要符合角色、体现个性。为了能更好地塑造谈判者的个人形象，谈判者的衣着打扮应具有一定的个性，要针对自身的具体条件，如性别、年龄、角色等，确定服装的式样和色彩的搭配，如老成持重者宜择蓝灰基调，严肃冷峻者宜择黑褐基调，文静内向者宜择淡雅平稳色系。三是服饰要与环境和场合相适应。首先，服饰要与自然环境协调，随季节的变化进行搭配组合；其次，服饰要与社会环境协调，以适应群体的心理需求；再次，服饰要与谈判场合协调，以适应谈判的气氛要求。

小案例 8－9

中国某企业与德国某公司洽谈某种产品的出口业务，按照礼节，中方提前 10 分钟到达会议室。德国客人到达后，中方人员全体起立，鼓掌欢迎。德方谈判人员男士个个西装革履，女士个个都身穿职业装。反观中方人员，只有经理和翻译身穿西装，其他人员有穿夹克衫，有穿牛仔服，更有甚者穿着工作服。现场没有见到德方人员脸上出现期待的笑容，反而显示出一丝不快。更令人不解的是预定一上午的谈判日程，在半个小时内就草草结束，德方人员匆匆离去。

在商务谈判中，女性人员的表现往往对谈判结果起着意想不到的效果。因此，女性在商务谈判中应注意树立适宜的礼仪形象，主要在着装、首饰、化妆等方面需要有所讲究。

2. 社会交往礼仪

(1)日常交往中的礼节。人们在日常生活中，特别是在交际场合，相互问候、致意、祝愿、慰问以及给予必要的协助与照料是惯用礼节，主要要求守时守约、尊妇敬老、尊重风俗习惯、在公共场所不要吸烟等。

(2)见面时的礼节。见面是双方联系的开端，对商务谈判来说，涉及彼此的第一印象。要重视见面，如果给对方良好的印象，就成功地迈出了合作的第一步。因此，交易活动中见面时的礼节主要有：

①介绍。在交际场合可由第三者介绍，亦可自我介绍。介绍时要自然，要有礼貌地以手示意，而不要用手指点人。要讲清楚姓名、身份、单位、国别等，在商务谈判中，一般由双方主谈人或主要负责人互相介绍各自的组成人员；在双方主谈人或负责人互不相识或不太了解时，一般请中间人介绍双方的情况。介绍的顺序是先由客方介绍其成员，再由主方介绍其成员。介绍成员时，先从主要助手介绍起，若有年长且名望高的，宜先介绍年长者。被介绍人要微笑、点头，以作表示。

②握手。在一般交际场合，握手更是司空见惯的事情。握手虽然简单，但是其中很多方面必须注意：一是握手要掌握时间，一般来说时间要短。二是握手力量要适度，过轻过重都不好。在商务谈判中，年轻者对年长者，身份低者对身份高者，应稍稍欠身，双手握住对方的手，以示尊敬。三是握手时，必须笑容可掬，注视对方，切忌目光左顾右盼。四是与人握手时应先摘去手套。五是握手要注意先后顺序。在上下级之间，上级伸手后，下级才能伸手相握；在男女之间，女人伸手后，男人才能伸手相握；在主人与客人之间，主人应先伸手，客人再伸手相握；好多人同时握手应注意不能交叉，待别人握毕后再伸手；在与某人握手时，不要看着第三者。

③致意。有时，谈判的双方或多方之间相距较远，一般可举右手打招呼并点头致意；有时与相识者侧身而过时，也应说声“你好!”；与相识者在同一场合多次会面时，只点头致意即可；对一面之交或不大相识的人在谈判场合会面时，均可点头或微笑致意；如果遇到身份高的熟人，一般不要径直去问候，而是在对方应酬活动告一段落后，再前去问候致意。

(3)举止和谈吐。一个人的行为举止和谈吐能反映和表现其修养、能力和影响力。在谈判中对谈判人员要求举止得体，注意谈话的分寸。

①举止。谈判者的举止是指谈判者在谈判过程中的坐姿、站姿与行姿等给人的感觉和对谈判所产生的效果。在商务谈判中，对举止总的要求是举止适度，既充满了自信，又不显得孤傲；既热情友好，又不低三下四；既不要对有利于自己的事物和时机喜形于色，也不要对不利于自己的事物和时机垂头丧气；举止动作既落落大方，又不粗野放肆。适度主要要求谈判者的举止要符合自己的地位、身份、教养，符合当时的环境气氛。

小贴士 8－2

谈判场合的举止要求

1. 站姿

站立是人们日常生活、交往、工作中最基本的举止，正确优美的站姿会给人以精力充沛、气质高雅、礼貌亲切的印象。正确的站姿应该是身体重心自然垂直，腰背挺直，抬头挺胸，颈脖伸直，收下颌，两臂自然下垂。双手不可叉在腰间，也不可抱在胸前，这是威胁性或拒绝的体态；不可驼背、弓着腰，不可眼睛左右斜视，这样显得猥琐；不可一肩高一肩低，不可双臂随意摆动；不可双腿不停地抖动；不宜将手插在衣裤袋里，也不要下意识地做小动作，如摆弄打火机、香烟盒等，这些动作显得人拘谨，给人缺乏自信和经验的感觉，也有失庄重。

2. 坐姿

坐是一种静态姿势，端庄优美的坐姿会给人以文雅、自然大方的美感。正确的坐姿是端坐于椅子中央，占据椅子 2/3 的面积，不可全部坐满。上身挺直更能体现出形体的挺直与修长。双腿并拢，双肩放松，头端正，下颌微敛。女士右手虎口在上交握双手置放胸前或面前桌沿，男士双手分开如肩宽，半握拳轻搭于前方桌沿。作为来宾，女士可正坐，或双腿并拢侧向一边侧坐。脚踝可以交叉，双手交握搭于腿根。男士可双手搭于扶手。在正式场合，入座讲究动作的轻、缓、紧，即入座时要轻稳，走到座位前自然转身后退，轻稳地坐下，落座声音要轻，动作要协调柔和，腰部、腿部肌肉需有紧张感。女士穿裙装落座时，应将裙向前收拢一下再坐下，起立时，右脚抽后收半步，而后站起。起坐要端庄稳重，不可猛起猛坐，弄得桌椅乱响，造成尴尬气氛。与人交谈时，忌双腿不停地抖动，甚至鞋跟离开脚跟在晃动。

在谈判中，不能出现坐姿与环境要求不符的情况。入座后，跷起二郎腿，或前俯后仰，将双腿搭在椅子、沙发和桌子上等均为不良的坐姿。女士叠腿要慎重、规范，不可呈“4”字形，男士也不能出现这种坐姿。坐下后，双腿不可张开成八字形，也不可把腿伸得很远。

3. 走姿

男性走路时应昂首、闭口、两眼平视前方，挺胸收腹、直腰，行走时上身不动，两肩不摇，步态稳健，显示出男性刚强、雄健、豪迈的风度；女性走路时，头部应端正，但不宜抬得过高，目光平和、目视前方。行走时上身自然挺直、收腹，两手前后摆动幅度要小，步态自如、轻柔，表现出女性的端庄、文静、典雅的气质。行走时，最忌内八字、外八字，也不可弯腰驼背、摇头晃肩、扭腰摆臀；重心交替要协调，不可双手插在裤兜、左顾右盼、没精打采、身体松松垮垮。不可摆手过快，幅度过大或过小。

4. 递物和接物

递物的一方要使物品的正面对着接物的一方；递笔、刀剪之类尖利的物品，需将尖头朝向自己；握在手中，而不要指向对方；接物时除用双手外，应同时点头示意或道谢。

②谈吐。一个人的谈吐更能反映和表现出他的教养、能力和力量。在谈判中，谈判者要注意谈话的分寸，这种分寸就体现在双方谈话时的距离、手势、音调、用语等方面。

一是距离，就谈判时双方的距离而言，空间的距离大小会直接影响谈判双方心理上的距离，在一般情况下，人们在谈判时或坐着，或站着，都应保持一定的角度。而实质性的谈判则基本上都是面对面进行，谈判双方的距离一般都在 1～1.5 米，如距离过远，会使双方交谈不方便而难以接近，有相互之间谈不拢的感觉；如距离过近，又似乎过于亲昵，有时甚至感到拘束、不舒服，不利于表达自己的意见，特别是不同的意见。

二是手势，做手势或利用手势说明问题时，要注意自然得当。既不要故意去做某一手势，这样会给人演戏的感觉；也不要每句话都做手势，特别是做手势时的幅度纵向不超过与对方相距的中界线，超过了中界线就侵入了对方的势力范围，有挑衅、咄咄逼人的感觉。横向不要超过自己的肩，否则就会是乱挥乱舞，显得浮躁、不沉稳。手势的幅度太小也不好，会给对方缩手缩脚，缺乏自信的感觉。

三是眼光，谈话时的眼光应注视对方何处，这是一个应该重视的问题，各国在这个问题上的习惯也不一样，应根据各国习惯而定。如英国人谈话时很少对视，日本人在谈话时喜欢看着对方的脖子等。

四是投眼，各国举目投眼的习俗各异！通常在谈判桌上，比较好的做法是以平静的目光注视对方的脸与眼，一方面表示在认真倾听对方的发言和意见，或者在认真地回答对方的问题，提出自己的意见；另一方面通过注视对方的脸部表情和眼神来观察对方的心理活动，捕捉对方的思想。不过，最好在谈判前对谈判对手这方面的习惯有一定的了解。

五是速度，谈判中说话的速度要平稳中速，如说话的频率不宜太快，说得太多，影响说的效果。反之，如果说话速度太慢，给人以吞吞吐吐、欲言又止的感觉，常常容易被人疑为有欺诈之举。因此，在陈述己方的意见时应平稳中速地进行。当然，在有些情况下，为了强调或让对方注意你的谈话，可在话语之间加入几秒钟的停顿，同时，目光与对方对视交流一下，观察一下对方的反应，效果会更佳。

六是音调和音量，谈话的音调和音量的高低、大小也是影响谈吐的重要因素。不同的音调赋予同一句话不同的含义，同时音调音量的高低反映了说话者当时的用意、感情与心理活动。如升调一般表示惊讶与不满的感情与情绪，而降调则表示遗憾与灰心的心理变化。对一般问题的阐述可以用正常的语调和中等的音量，而在表示自己的立场、观点，特别是与对方有分歧的立场与观点时，就可以通过改变音调和音量来增强说话的力量。总之，音调与音量要随着谈判的气氛、谈话的具体内容的改变而不断变化。

七是用语，影响谈吐最重要的因素是用语，即选择什么样的词语、语句来表述自己的意思。用词不当往往不能正确地表达，甚至会使对方曲解自己的意思。而句子结构安排如何，则会影响到谈话能否充分地、恰到好处地表达自己的意思。用语按照谈判的阶段可分为寒暄、开场、交谈、结束等用语。寒暄用语是双方交往中以相互问候为内容的应酬语；开场用语的目的是使人们注意力集中，要求开场议题明确，如"贵方有何意见，我们可以先听听"等，开场用语可用陈述式也可用感叹式语言；交谈是贯穿谈判始终的重要内容，如在前面谈到的礼节性交际语言、专业性的交易语言等；结束语是谈吐的压轴语，即在结束语中既要说出自己对所讲过的问题的评价，同时又要对讲过的议题予以归纳。可见，结束语在谈判的策略上占有特殊的地位。因此，对结束语的要求是稳健、中肯、切题，既有肯定，又有否定，且有回旋。不是最后的时刻，不作绝对结论。

3. 馈赠及收受礼品礼仪

在商务交往中，相互赠送礼物是常有的事。向客商赠送小小的礼物可以增进双方的友谊和情感，有利于巩固彼此的交易关系。

(1)馈赠礼品应注意的问题。一是礼物价值不宜过高，但要有特色。二是在具体选择礼物时，应根据对方的喜好与习惯，选择富有感情、有民族特色、有一定纪念意义的物品，一般偏重于有艺术价值和纪念意义的。三是要注重对方的习俗和文化修养，如在阿拉伯国家，伊斯兰教禁酒，不能以酒作为馈赠礼品等。四是要注意数字上的讲究，中国一向以偶数为吉祥，而日本却以奇数表示吉利等。五是要注意包装，包装是礼物的外套，不可马虎、草率，否则影响送礼的效果。在包装图案和颜色上，更要考虑不同国家、不同民族的习俗、爱好。六是要注意时机和场合，一般情况下，在首次见面时送礼。此外，英国人多在晚餐或看完戏之后乘兴赠送，法国人喜欢在告别时赠送礼品等。七是注意礼品的寓意，礼品往往有一定的暗示作用，必须小心谨慎，不要因赠送礼品造成误解，如男性对一般关系的女子，不可送贴身内衣、腰带和化妆品，更不宜送项链、戒指等首饰物品，否则极易引起误解。

(2)收受礼品的礼仪。在商务谈判中，谈判人员也常常会遇到受礼问题，对于赠送的礼品是否能接受，要心中有数。因为如果接受了一件礼物，就容易失去对某些事物的一些控制。在国际商务洽谈中，接受礼物须符合国家和企业的有关规定、纪律。当不能接受所送礼物时，应说明情况并致谢。除中、日两国外，对欧美人一定要当面亲自拆开礼品包装，并表示欣赏、真诚接受和道谢。受礼后还有还礼的问题，还礼可以是实物，一般为对方礼物价值的一半，也可以在适当时候提及，表示“不忘”和再次感谢对方。

(3)日常交往的礼仪。在日常生活中，即正式谈判以外的场合也要注意礼貌，基本原则是不要打扰别人，注意与周围环境协调。具体来说，日常行为举止要注意不要放声大笑、在酒席上不谈生意、赴约准时等。

(二)商务谈判进行阶段的礼仪

出席商务谈判的人员，文明的语言和得体的举止不但能展示自己良好的教养和风度，而且能赢得对方的尊重、信任和敬意。

1. 入场

主方人员应准确掌握谈判的日程安排，先于客方到达谈判地点。当客方人员到达时，主方人员应在大楼门口迎候，亦可指定专人在大楼门口接引客人，主方人员只在谈判室门口迎候。客方先行进入谈判室或宾主双方同时进入谈判室，在既定的位置同时入座，主方人员待客方人员落座后再坐下。双方由主谈人介绍各自成员、互相握手、问候、致意。

双方人员入座后谈判正式开始，这时非谈判人员应全部离开谈判室。在谈判进行中，双方要关闭所有的通信工具或调到静音，人员不要随便进出。主方工作人员如要续茶水最好在谈判中间休息时进行。重要的谈判在正式开始前，会举行简单的仪式，双方作简短致辞，互赠纪念品，安排合影后再入座。合影位置排列通常主方主谈人居中，其右侧是客方主谈人，客方其余代表依次排列。主方其余代表一般站在两端。

2. 握手

握手礼仪已在前文叙述，这里就不再赘述。

3. 言谈

商务谈判人员的言谈要以尊重理解对方为前提，这样才能赢得对方感情上的接近，从而获得对方的尊重和信任。因此，在谈判之前，应当调查研究对方的心理状态，慎重地选择令对方容易接受的方法和态度。商务谈判人员要求语言表达准确、口齿清晰、言辞有礼，要多用敬语和谦语，尽量采用委婉的表达方式。

商务谈判虽说是利益之争，但说话的态度要友好和善，面带微笑，以助于消除对方的反感、抵触情绪，赢得他们的尊重和好感，促使问题的解决。相反，态度粗暴、言词粗鲁，则会伤害或得罪对方，给谈判带来阻力和障碍。商务谈判时，还要注意谈判沟通原则，如善于倾听对方的意见等，切忌中途打断对方的陈述和乱插话。双方发言时都要掌握各自所占有的时间，不能出现一方独霸的局面。

4. 表情

表情是人的面部表情的简称，在商务谈判场合，要努力使个人的表情做到热情、友好、轻松、自然。

(1)注视。从注视的时间上来说，人的眼神注视他人的时间占全部相处时间的1/3左右表示友好；注视对方的时间占到全部相处时间的2/3左右则表示重视；如果时间不到1/3传递的信息则是轻视。

从注视的部位上来说，注视他人的部位不同，不仅说明自己的态度不同，也说明双方关系有所不同。注视对方双眼，表示自己聚精会神，重视对方，但时间不宜过久；注视对方额头，表示严肃认真、公事公办；注视对方眼部到唇部这一区间，是社交场合面对交往对象所用的常规方法；注视对方的双眼到胸部经常用在亲人、恋人及家庭成员之间。

(2)笑容。真诚的笑容能够有效缩短双方的心理距离，为进一步深入沟通与交往创造良好条件。商务谈判人员应当努力训练，让个人的笑容做到自然、热情、真诚、友善；反之，冷笑、窃笑等则是谈判场上的禁忌。

小思考8-1

凡是重大谈判，通常气氛比较紧张，双方代表的表情会比较严肃，甚至会有剑拔弩张之势，在这种情况下，有必要露出热情、友好、善意的表情吗？

理解要点

谈判场合的紧张气氛源于双方对能否达成共识的忧虑，或一方欲将其意志强加于另一方。无论是哪种情况，露出热情、友好、善意的表情都是必要的，其一方面可以化解紧张的气氛，有利于谈判能够理性、友好地进行；另一方面可以显示己方谈判人员对达成共识的意愿。

5. 站、行、坐姿

站姿、行姿和坐姿在前文已叙述过，在这里就不再赘述。

(三)商务谈判签约阶段的礼仪

谈判双方经过始谈、摸底、僵持、让步等阶段，最终进入促成阶段也就是签约阶段。签约，即合同的签署。双方或多方经过充分的洽谈磋商，就谈判项目达成书面协议。为使有关各方重视合同，遵守合同，在合同签署时，应举行郑重其事的签约仪式。

1. 签约仪式的准备

(1)签字人及参加人的确定。签字人通常由谈判各方商议确定，但各方签字人的身份应大体对等，所以有时主谈人不一定就是签字人。参加签约仪式的人员一般都是各方参加谈判的人员，一方如要增加其他人员，应征得对方同意，但各方参加人数应基本相等。

(2)签字场地的选择。举行签字仪式的场地，要视参加签字的人员规格、人数多少以及协议中的商务内容来确定。多数谈判选择客人所住的宾馆、饭店或东道主的会客厅、洽谈室举行签字仪式。

(3)签字厅的布置。布置签字厅的总体原则是要庄重、整洁。一间标准的签字厅，应当在室内铺上地毯，放置必要的签字用的桌椅及文具用品。

家具陈设：将长方形签字桌或会议桌，横放在签字厅内，桌面最好铺设深绿色台布；座椅应根据签字方的情况来摆放；签署双边合同，在正面对门的一边摆两张座椅；签署多边合同，则可在中间放一张座椅，供各方签字人签字时轮流就座，或者为每位签字人各配备一张椅子。签字人签字时必须正面对门就座，除桌椅外，其他家具陈设则可全部免除。

文具用品：签字桌上，应放置好待签合同文本、签字笔、吸墨器等，涉外合同签字还应在有关各方签字人座位的正前方插放该国国旗，国内企业之间的签字也可在签字桌的两端摆上写有企业名称的席位牌。

(4)待签合同文本的准备。按商界惯例应该由主方负责准备待签合同的正式文本,但为了避免合同产生歧义,引起纠纷,主方最好能会同签约各方一起指定专人共同负责合同的定稿、校对、印刷和装订,以确保合同内容的准确无误。依照国际惯例,涉外合同应同时使用签约各方法定的官方语言撰写,或者采用国际通行的英文、法文撰写。待签合同文本要用A4规格的白纸印刷并装订成册,再配以真皮或金属封面,除供各方正式签字的合同正本外,最好还能各备一份副本。

(5)签约座次的安排。签字仪式的座次礼遇是各方最为在意的,所以主方在安排时要认真对待。双边合同的座次,一般由主方代为安排,主方安排时应以国际礼宾序列,注意以右为尊为上,即将客方主签人安排在签字桌右侧就座,主方主签人在左侧就座,各自的助签人在其外侧助签,其余参加人在各自主签人的身后列队站立。站立时,各方人员按职位高低由中间向两边依次排列。多边合同的座次安排,只设一张签字椅时,各方按事先商定的先后顺序,主签人及其助签人依次上前签字。

(6)出席人员服饰的要求。对于商界来说,合同签约仪式是一件意义重大、场合庄重的事情,因此,按规定要求出席签约仪式的人员服饰要整齐规范,具体是签字人、助签人和其他参加人应穿有礼服性质的深色西服套装、中山装套装,同时配白色衬衣、单色领带、黑色皮鞋和深色袜子;女性则应穿套裙、长筒丝袜和黑皮鞋;服务接待人员和礼仪人员则可穿工作制服或旗袍等礼服。

2. 签约仪式的步骤

(1)仪式正式开始。各方人员进入签字厅,按既定的位次各就各位。双边合同的双方签字人同时入座,各方陪同人员分主客两方排列站立于各签字者之后,或坐在己方签字者的对面;双方助签人员分别站在签字者的外侧,协助翻揭文本,指明签字处,并为业已签字的文件吸墨防渍。

(2)正式签署。各方主签人再次确认合同内容,若无异议,在规定的位置上签名,之后由各自助签人相互交换合同文本,再在第二份合同上签名。按惯例,各方签字人先签的是己方保存的合同文本,交换后再签的是对方保存的合同文本。

(3)交换各方已签好的合同文本。各方主签人起身离座至桌子中间,正式交换各自签好的合同文本,同时,热烈握手、拥抱、互致祝贺,还可以交换刚刚签字用过的笔作为纪念。其他成员则鼓掌祝贺。

(4)饮香槟酒庆祝。交换合同文本后,全体成员可合影留念,服务接待人员及时送上倒好的香槟酒,各方签字人和成员相互碰杯祝贺,当场干杯,将喜庆气氛推向高潮。

(5)退场。签约仪式结束,双方可共同接受媒体的采访。首先,请双方最高领导人退场,然后请客方退场,东道主最后退场。整个仪式以半个小时为宜。当谈判结束后,主方人员应将客方人员送至电梯口或送到大楼门口上车,握手告别,目送客人,汽车开动后再离开。如果安排了与谈判内容密切相关的参观考察活动,主方则应在参观点安排专门的接待人员,在适当的地方悬挂欢迎性的标语横幅,准备详细的文字说明材料。涉外时,应中外文对照。实地参观时安排专业技术人员讲解,同时也应注意一些技术保密问题。商务合同正式签署后,还要提交有关方面进行公证后,才能正式生效。

小 结

国际商务谈判的特点之一是多国性、多民族性，来自不同国家、不同地区、不同民族的谈判人员不可能在谈判中具有完全一致的立场、观点、习惯和价值观念，因此，他们具有不同的谈判风格是很正常的，而谈判风格的差异，必然会影响谈判者的行为方式，以至影响谈判的进行及最终结果。

谈判风格是指谈判人员在谈判过程中通过言行举止表现出来的建立在其文化积淀基础上的与对方谈判人员明显不同的关于谈判的思想、策略和行为方式等的特点。从地理分布及不同国家的商人表现的大体特点来介绍，世界主要国家和地区商人的谈判风格各不相同。从中西方文化划分的角度，比较中西方的商务谈判风格，主要表现在先谈原则与先谈细节，重集体与重个体，重立场与重利益，先人后事与就事论事等方面存在的不同。

商务谈判礼仪对整个谈判的成功至关重要，礼仪贯穿于商务谈判的始终，体现在每一个细节中。由于商务谈判的商业性、涉外性和正规性，对礼仪方面有着一些特殊的要求。商务送礼不要送过分贵重的礼物，要非常小心各国商人的喜好与忌讳，礼品一定要有包装，接受礼物时应当面打开，并表示赞美和喜欢。来而不往非礼也，收到礼物后要回赠对方。商务人士的个人礼仪是指谈判者的个人仪表礼仪、举止礼仪、言谈礼仪等诸多方面，其中有很多繁杂的细节需要谈判者加以注意。现代交往中应有距离意识，对不同的交往对象，个体空间的限定范围也有所不同。一般来说，关系越密切，个体空间的范围划得越小，人与人之间的距离越近。对于签约的组织礼仪，国际社会有一些约定俗成的做法，需要大家牢记和遵守。

练 习

一、名词解释

1. 谈判风格
2. 举止
3. 谈判风格的独特性
4. 成因的一致性

二、选择题

1. 美国人的谈判风格是(　　)。

A. 自信心强　　B. 干脆利落　　C. 注重时间效率　　D. 法律观念强

2. 谈判风格的特点有(　　)。

A. 对内的共同性　　B. 对外的独特性　　C. 成因的一致性　　D. 以上都不是

3. 德国人的民族特点是(　　)。

A. 倔强　　B. 自信　　C. 集体　　D. 散漫

4. (　　)有“契约之民”的雅称，非常重视和尊重契约。

A. 德国人　　B. 法国人　　C. 日本人　　D. 中国人

5. 女性在商务谈判中应注意树立适宜的礼仪形象，主要在(　　)等方面需要有所讲究。

A. 着装　　B. 首饰　　C. 化妆　　D. 声色

三、判断题

1. 在国际商务谈判中，由于各国历史传统、政治制度、文化背景、风俗习惯以及价值观念

存在明显差别，谈判活动常常会表现出显著的文化差异。（　　）

2. 日本人将遵守时间看成是商业活动及日常生活中的基本准则之一，比预定时间更早到达则经常被视为急于成交的表示。（　　）

3. 成因的独特性是指无论哪种谈判风格，其形成原因都大体一致，即它主要受文化背景、人的性格以及文化素养等的影响。（　　）

4. 日本文化所塑造的日本人的价值观念与精神取向都是个人主义。（　　）

5. 意大利人对于合同条款的注重明显不同于法国人，而接近于德国人。（　　）

四、简答题

1. 文化差异对谈判的影响表现在哪些方面？

2. 在商务谈判中，如何应对文化差异？

3. 请比较中西方谈判风格。

4. 简述俄罗斯商人的谈判风格。

案例分析

美阿石油谈判

美国有家石油公司的经理曾经与石油输出国组织的一位阿拉伯代表谈判石油进口协议。谈判中，阿拉伯代表谈兴渐浓时，身体也逐渐靠拢过来，直到与美方经理只有约 15 厘米的距离才停下来。美方经理稍感不舒服，就向后退了一退，使二人之间保持约 60 厘米的距离。只见阿拉伯代表的眉头皱了一下，略为迟疑以后又边谈边靠了过来。美方经理并没有意识到什么，因为他对中东地区的风俗习惯不太熟悉，所以他随即又向后退了一退。这时，他突然发现他的助手正在焦急地向他摇头示意，用眼神阻止他这样做，美方经理虽然并不完全明白助手的意思，但他终于停止了后退。于是，在阿拉伯代表感到十分自然，美方经理感到十分别扭的状态下达成了使双方满意的协议，交易成功了。

事后，美方经理在了解了阿拉伯人谈判习惯以后，感慨地说："好险！差一点断送了一笔如此重要的石油买卖。"

问题：

1. 美国人和阿拉伯人在谈判中，最主要的差异是什么？造成这种差异的原因是什么？

2. 从这个案例中你得到了哪些启示？

实训操作

制定谈判计划

1. 实训目的

通过本次实训，掌握谈判中的文化礼仪技巧。

2. 实训要求

掌握跨专业综合实训软件购买谈判中的文化礼仪技巧。

3. 实训材料

纸张、笔、学院及学校有关软件购买申报书、商务谈判室、礼仪材料等资料。

4. 实训步骤

(1)分组,仍以原先分组为单位。

(2)根据正式谈判需要做好谈判会场布置。

(3)根据正式谈判需要做好礼仪准备与模拟训练。

(4)根据签约需要,做好签约准备与模拟训练。

5. 成果与检验

每位学生的成绩由两部分组成:学生实际操作情况(50%)和分析报告(50%)。

实际操作主要考查学生商务谈判中的文化礼仪技巧;分析报告主要考查学生根据资料分析,分析谈判文化礼仪运用的合理性,分析报告建议制成PPT。

任务九　商务谈判中的其他策略

【任务目标】

1. 了解商务谈判策略的选用；
2. 掌握应对威胁的技巧；
3. 掌握对付进攻技巧的运用。

【任务导入】

耿院长通过跨专业综合实训软件购买商务谈判，深深认识到，作为一名谈判人员，除了要掌握一定的攻心策略、语言沟通策略、文化礼仪策略外，其实在谈判中，还需掌握其他的一些谈判技巧。比如，由于双方是利益之争，总会在谈判过程中遇到一些争论的问题，如果己方处在不利位置上，就可能受到对方的威胁，受到对方的进攻；如果己方处在有利的位置上，就会发起进攻，获取更多的利益。不论怎么样，在谈判过程中，离不开对相关谈判策略的施展运用。

【任务分析】

在商务谈判中，谈判人员就需要根据谈判双方所具有的条件，充分利用自己已有的优势，调动一切有利于自己的因素，选择和制定相应的计划、方案、办法和措施来克服谈判中存在的不足，为实现既定的谈判目标服务，达成圆满的交易谈判。

【知识精讲】

一、商务谈判策略的选用

在商务谈判实践中，是可以利用一些策略为实现谈判目标服务的。对于众多的谈判策略，不能生搬硬套，而应融会贯通，并根据实际情况灵活运用，尤其是在对策略进行组合运用时，更要注意各项策略之间的特性与关联性。一切以实战的具体情况为依据做出判断，并要有针对性地选取合适的策略。

（一）选择商务谈判策略

商务谈判策略的运用过程离不开商务谈判策略的选择，从商务谈判实践经验上看，选择策略的决定因素主要有谈判人员、谈判内容、谈判过程和谈判组织等。

1. 谈判人员

谈判人员主要是指负责谈判的个人或群体。影响策略选择的因素有个人地位、社会经验、谈判态度和性格特点等方面。个人地位主要是对谈判人员社会和企业地位的考虑，一般而言，对于社会地位较高的人，应依据其在社会中的地位选择有针对性的策略，以稳重为宜，留下退路。社会经验主要是出于对双方谈判能力的考虑，若对手经验丰富，自己也擅长谈判，选择的策略应灵活多变；如果己方经验不丰富，则运用的策略以简单为宜，易于控制；若对手也无经验，则策略越简单越好。谈判态度主要是对谈判心理的考虑，对于态度友好、渴望成功的谈判对象，既可以柔对柔，又可以刚对柔；对于一般态度偏冷、对成败态度漠然的对象，在以柔克刚的同时，应辅之以刚克刚的方针策略，迫其配合谈判，并向己方预期的方向靠近。性格特点主要是出于对谈判人员个性的考虑，对于急躁直率的谈判对象，应多考虑运用从容不迫、稳扎稳打的策略；对温文尔雅的对象，则应多采用你来我往、细水长流以及有备无患等策略。

2. 谈判内容

对于谈判内容，这里从交易规模和谈判的具体事项两方面加以阐述。就交易规模而言，如果是成套项目谈判，由于内容较为复杂，交易价值与规模较大，为谈判策略的选用提供了较大的空间，故选择策略要讲究变化、灵活生动；如果是单项交易谈判，因为涉及内容比较单一，谈判信息较少，因而运用策略的范围较为有限，往往需要有针对性地选取相应策略，或退或进，有取有予，在大局范围内争取更大的收获。在进行合同条文谈判时，尤其应注重律师的作用，力求做到谈判条文严谨、审慎、缜密、滴水不漏，经得起反复推敲。在进行技术附件谈判时，要充分发挥技术专家的作用，运用策略既要有灵活性，又要有原则性，在技术原则上坚定不让，在策略技巧上灵动多变。价格谈判是所有参与人员的首要工作，为达到谈判预期目标，策略的选择应该不拘一格，效果多样。

3. 谈判过程

这里对谈判过程的论述分为谈判开局、磋商交锋和协议签署三个阶段。

谈判开局阶段在时间上包括从交易双方的初次会晤到对于交易条件的解释和评论；在交易谈判中，卖方进行价格解释和买方做出价格评论结束之前的谈判阶段；在合作项目谈判中双方对项目方案介绍结束之前的阶段等。在这一阶段，选择策略的目的在于铺垫，为下面的谈判进程打下牢固基础。因此，以含蓄为宜。当然，如果己方明显处于优势地位，也可以采取开门见山、直接相告的策略。

磋商交锋阶段指交易双方就合同条款、技术附件的内容进行全面的谈判，并对交易价格进行讨价还价和对各种条件进行协商的阶段。该阶段谈判涉及的内容广泛，争论议题较多，由于谈判范围宽，策略空间大，此阶段是运用商务谈判策略最为集中的时间段，需要因地制宜、因时制宜、因人而异，相互配合、多方协调，全面运用谈判策略。

协议签署阶段大致包括从第一次还价到交易的价格条件和文字条件谈判结束的时间。该阶段选用策略应注重果断决策和攻心为上。如果遇到谈判僵局，在谈判时出现谈判破裂的可能，但双方都有合作的诚意时，应及时考虑补救策略，以求调动对方各层次人员的积极性，共同挽救谈判危机。如果该阶段变成不战不和的拖延局面，则应考虑一揽子计划相互补充策略和长远合作策略，有进有退，以促成合作协议的顺利签署。

4. 谈判组织

进行谈判组织，要考虑是单方还是多方的谈判。前者通常是指对方均为一个人或一个组织，后者则常指多人或多个组织相互进行谈判。单方谈判时，个体特性较强，常用到相互呼应、缓兵之计、黑脸白脸、夸大错误，甚至私下会晤等策略。当然，这些策略的运用也要因时而异。多方谈判属于集体谈判，一般是复杂的或交易规模较大的交易谈判。此时，谈判范围大，延展时间长，策略空间宽，可以选用的策略也多。上述在谈判人员、谈判内容和谈判过程中论及的各种策略均适用于这类谈判。运用策略强调灵活多变，针对性强，策略种类则可以不拘一格，视情况发挥。

（二）商务谈判策略的选用模式

在商务谈判中，谈判人员可选用的商务谈判策略大致可以分为单一策略模式和多项策略模式。

1. 单一策略模式

单一策略是指选用一项谈判策略。在商务谈判中，由于谈判人员自身条件或谈判议题的需要，存在大量仅使用单一策略的情况。此时，单一策略的运作过程基本上包括开始、交锋和完成三步。

（1）开始，是指策略从选择到投入谈判的过程。该步骤可分为选择目标、分析对策、进行接触三步。选择目标，即选择策略欲实现的目标，如价格等；分析对策，即在对双方情况进行尽可能详尽了解的基础上，提出策略应用的方式和方法以及备用方案；进行接触，即依照谈判的进程和态势实施策略。

（2）交锋，是指坚持策略理由，迎战对手反击，追讨对手说法的过程。简单说就是追求结果的过程。在谈判态势上，表现为相持、推进或退让状态；在谈判态度上，反映出谈判双方的能力和决心；在谈判手法上，把评论、解释、讨价还价等策略灵活使用。该阶段是策略运用成败的关键。

（3）完成，是指策略运用的时间长短和终结策略的手法。原则上，谈判策略结束的方式以其运作结果而定。当策略目标全部实现时，策略运作自然完成。可以以沉默结束，可以以明示小结的形式结束。当然，最好以微笑或拥抱结束。当因谈判时间有限，或因对手谈判态度而导致策略流产，或无法依步骤进行而被迫完成谈判时，原则上应郑重声明策略依据的理由，强烈表明“此事未了”的态度，制造心理效果和下次再叙的机会。

2. 多项策略模式

多项策略是指同时选用多项谈判策略。无论是单项交易、成套项目交易还是其他类型的交易，也不管是单方谈判还是多方谈判，由于谈判人员的不同、谈判内容的复杂和谈判环境的变化，仅运用某一个策略往往难以奏效，这就需要综合运用多项策略，打出组合拳，进行多项策略的配合交叉使用。我们常说的谈判人员“软硬兼施”等策略就是单一策略交叉使用后的结果。多项策略表现为某个谈判时段的多种行为或多种理由的相互支持、响应，以实现同一个谈判目标。除了复合策略外，也有将单一策略组合使用的情况，如“货比三家”与“反间计”的组合使用。此时，多项策略的运作过程如同单一策略运用过程一样，也分为开始、交锋和完成三步。

（1）开始，与运用单一策略不同，运用多项策略时应充分考虑时间因素。具体讲，多项策略针对的目标应是一致的，否则就不属于多项策略的应用范畴。在分析问题时，要同时考虑每个策略的支撑理由。而在实施策略时，却不是同时启动，常常会有时间差，需要进行各项策略之间的时序安排。在进行多项策略运用中对单一策略的时序安排，原则上取决于各项策略之间的逻辑关系、谈判的逻辑顺序以及谈判时的实际情形，如双方谈判的态度与立场、对方所持的理由、双方需要重点解决或马上解决的问题。这些因素决定了每项策略运用的先后顺序。

(2)交锋,多项策略运用的概念与单一策略运用的概念相同,谈判的态势、态度和手法的选择也相同。此外,还应考虑策略的变化与清理。策略的变化,即在多项策略运用的情况下,每一项策略都会有不同的作用和特点,运用时应针对谈判对手的情况,改变策略的次序和运作状态。策略清理,即在策略实施过程中及时进行总结,做到心中有数。

(3)完成,多项策略运用的完成较为复杂,要根据多项策略在运用中的地位或作用判定,通常包括所有单一策略均已完成,如签署协议时,此时,即签订协议或举行酒会、宴会等;也包括预期目标部分实现,而其他策略却并未见效,此时可以选择结束策略,但对未奏效的策略理由提出保留,也可选择不结束,要根据谈判时间和对方态度而定;还包括任何单一策略均未见效,此时的处理方法有转移话题和明确提出己方主张,并进行备忘。

(三)不同情景下的谈判策略选用

1. 谈判经验丰富人员的策略选用

买方人员谈判经验越丰富,越不会主动解决问题,也常常采取不合作的谈判态度。对于卖方人员来说,当他所面临的谈判对手谈判经验非常丰富时,卖方的合作态度会增强,会采取有解决问题倾向的谈判策略。这说明,对于经验丰富的我国商务谈判人员而言,丰富的谈判经验使他们在谈判过程中处于相对强势的地位,他们不会轻易地对谈判对手采取合作的态度,他们倾向于采用令对手眼花缭乱的谈判技巧,从而在谈判中取胜。

2. 持不信任态度人员的策略选用

持不信任态度的买方的合作态度更积极,在谈判中采用有解决问题倾向的策略的概率更高。一般来说,在谈判初期,即使具有一般意义上的信任特征的买方和卖方也不会轻易相信谈判对手。作为一个理性的谈判者,他们都会抱着非常谨慎的态度,不断探测对方,了解对方,可能双方都会提出过高的要求,出现"漫天要价、坐地起价"的现象。经过反复协商,双方也不断地了解了对方,最终会在一个平衡点上达成共识,在双方认可的基础上签订合同。可以说,谈判过程也是建立信任的过程。一场谈判从开始到最终签订合同的过程,也是谈判双方由不信任到信任、由不合作到合作的过程。

3. 面对喜好风险的对手的策略选用

在我国商务谈判过程中,买方喜好风险的个人特征对卖方采取具有解决双方问题倾向的策略有消极作用,这种情况部分说明了在我国商务谈判过程中,谈判者喜好风险的个人特征并不受谈判对手的欢迎,会带来谈判对手的抵触和不合作。谈判中,喜好风险的人不受欢迎,这一特征与我国的商务文化有关。我国商务文化是属于风险回避型的文化。一般而言,我们会对不确定性采取回避的态度。在商务活动中,我国人不喜欢冒大的风险,倾向于在平稳中求发展。在谈判过程中。如果一方感觉到另一方非常喜好风险,人们一般会认为这类型的人会带来较大的不确定性,这些风险回避者在谈判过程中会本能地抵触风险偏好者,对他们一般不会采取合作的态度进行谈判。因此,商务谈判者在实施商务谈判策略时应该给谈判对手留下踏实、稳重的印象,这样会促使谈判对手采取合作的态度,他们在谈判中采取解决问题策略的倾向性会更强。

4. 个人魅力影响下的策略选用

如果买方的个人魅力非常强,卖方会采取积极的合作态度,使用有解决问题倾向的谈判策略,积极促使双方保持良好的谈判气氛,从而使买方对谈判结果满意度有所提高。所以,现实中,谈判人员应该从各个方面提升自身的修养和个人魅力,为谈判对手留下良好的印象非常有利于双方的合作,更容易达成令人满意的谈判结果。

5. 谈判者间相似情况下的策略选用

这里需要特别说明的是，买方与卖方的相似性越强，卖方愿意与买方在今后继续保持商务合作的倾向性越低。对于我国商务谈判者而言，在短期内与跟自己相似的谈判者合作会带来积极的效果，但谈判者并没有继续与同自己性格相似的人合作下去的意愿，或许对于我国人而言，长期与自己相似的人打交道并不是一件令人舒服的事情。

6. 合作双赢情况下的策略选用

有数据分析表明，当买方采取合作的态度，本着解决双方问题的原则进行谈判时，会提高卖方的利润和对谈判结果的满意程度。同时，在谈判中，谈判双方之间的互动机制非常明显，买方采取有利于解决问题倾向的策略会促使卖方也采取合作的态度，也使用有利于解决双方问题倾向的策略。一方面，当然要考虑自己的谈判目标和利益所在；另一方面也要从对方的角度考虑某些问题，本着互利互惠的原则、相互合作的态度，采取有利于解决双方问题倾向的策略更容易达成令人满意的谈判结果。

7. 谈判气氛情景下的策略选用

数据分析的结果显示，良好的谈判气氛会促使谈判双方谈判结果满意度的提高，会促使谈判双方愿意在今后继续与对方保持长期的商务合作关系。所以，现实中商务谈判人员在谈判过程中应该努力营造一种积极谈判的气氛，使谈判在友好的气氛中进行，这样有利于达成双方都比较满意的谈判结果，有利于双方在今后继续保持长期的商务合作关系。

二、应对威胁的策略

谈判是智者的舞台，是勇者的天地，亦有介于两者之间的“边缘人”吆喝。威胁攻略便是足够掀起谈判轩然大波的一种方式。一方面，威胁之中往往附带着某种杀手锏，在一定程度上使得受威胁的一方噤若寒蝉，从而弃甲曳兵、俯首称臣；另一方面，威胁又往往由于后劲不足使得杀伤力锐减，也使受威胁者无动于衷，反倒嗤之以鼻，甚至后发制人。那么，如何在不放弃自我根本利益的同时打造谈判的双赢之局，成为谈判者必须集中心力深层思考并付诸实践的谈判难题之一。

1. 面对威胁，进退有度

气势汹汹、恶语相加是明目张胆式的威胁；含威不露、引而不发是不动声色的威胁。殊途同归，在于左右我方的行动，施展压力攻势击垮我方谈判力量。此时，我方要努力调适自我心态，平衡内心的郁闷之气与不安，冷静、理智地分析对方运用威胁方式的真实原因和内在动机，分析对方的谈判思路和行为方式，捕捉对方的真实心理动向。如果通过分析判断，确定对方的威胁是建立在有理有据的基础之上，是对方捍卫正理的一种更为激进的行为方式，为此，我方应当全面审视自我，躬身自省在谈判中的种种行为，客观地分析自己的缺点和不足之处，同时，要全面分析和预测总体谈判情势，掌握对方的心理和本质要求。在调整自我心态的同时更要真诚地抚平对方的愤怒之火，并与之进行开诚布公的沟通，要放低姿态，以温和融化对方的怒气，以诚意争取对方的信任。必要的时候，当让则让，顾全大局，不以一己之私而持一己之见，使对方得以认可，从而使谈判避免半途而废，并在双方重新构建的互信友善关系中再一次激荡起生机和活力，以达到最终的和谐。

在自我理屈之时，面对对方的威胁攻略，如果我方不能调整自我，顺应正理的要求，服从理性的召唤，而是以牙还牙、逞口舌之快，必将加剧事态的恶化，进一步点燃对方的熊熊怒火。当对方的威胁变成确确实实的行动，我方将在理屈词穷中无力招架或一筹莫展，以致造成谈判不可收拾之势。

小案例 9－1

中方某公司向韩国某公司出口丁苯橡胶已一年，第二年中方又向韩方报价，以继续供货。中方公司根据国际市场行情，将价从前一年的成交价每吨下调了 120 美元(前一年 1 200 美元/吨)，韩方感到可以接受，建议中方到韩国签约。中方人员一行二人到了首尔该公司总部，双方谈了不到 20 分钟，韩方说："贵方价格仍太高，请贵方看看韩国市场的价，三天以后再谈。"中方人员回到饭店感到被戏弄，很生气，但人已来首尔，谈判必须进行。中方人员通过有关协会收集到韩国海关丁苯橡胶进口统计，发现从哥伦比亚、比利时、南非等国进口量较大，中国进口也不少，中方公司是占份额较大的一家。价格水平南非最低但高于中国产品价。哥伦比亚、比利时价格均高于南非。在韩国市场的调查中，批发和零售价均高出中方公司的现报价 30%～40%，市场价虽呈降势，但中方公司的给价是目前世界市场最低的价。为什么韩国人员还这么说？中方人员分析，对手以为中方人员既然来了首尔，肯定急于拿合同回国，可以借此机会再压中方一手。那么韩方会不会不急于订货而找理由呢？中方人员分析，若不急于订货，为什么邀请中方人员来首尔？再说韩方人员过去与中方人员打过交道，有过合同，且执行顺利，对中方工作很满意，这些人会突然变得不信任中方人员了吗？从态度看不像，他们来机场接中方人员，且晚上一起喝酒，保持下良好气氛。从上述分析，中方人员共同认为：韩方意在利用中方人员出国心理，再压价。根据这个分析，经过商量中方人员决定在价格条件上做文章。总的讲，态度应强硬(因为来前对方已表示同意中方报价)，不怕空手而归。其次，价格条件还要涨回市场水平(即 1 200 美元/吨左右)。再者不必用二天给韩方通知，仅一天半就将新的价格条件通知韩方。

在一天半后的中午前，中方人员电话告诉韩方人员："调查已结束，得到的结论是：我方来首尔前的报价低了，应涨回去年成交的价位，但为了老朋友的交情，可以下调 20 美元，而不再是 120 美元。请贵方研究，有结果请通知我们；若我们不在饭店，则请留言。"韩方人员接到电话后一个小时，即回电话约中方人员到其公司会谈。韩方认为：中方不应把过去的价再往上调。中方认为：这是韩方给的权利。我们按韩方要求进行了市场调查，结果应该涨价。韩方希望中方多少降些价，中方认为报价已降到底。经过几回合的讨论，双方同意按中方来首尔前的报价成交。这样，中方成功地使韩力放弃了压价的要求，按计划拿回合同。

2. 抗击霸权主义式威胁的方略

奥维德有言：我们不喜欢鹰，因为它总是靠武力生存。谈判之中，如果我方通过分析掌握，确定对方的威胁纯属无理取闹、胡搅蛮缠，并确定我方在谈判中光明磊落、行正坐端，此时，我方仍需调整心态，平心静气且义正词严地向对方表明立场，郑重其事地说明对方的威胁不可能动摇我方的信念，更不会成为使我方因为畏惧威胁而做出妥协的制约因素。同时，将对方的鲁莽行为即将导致的不良后果用恰当的方式方法一五一十地摆到桌面上，使对方心里有数，进而能够自动鸣金收兵，实现平稳过渡。如果我方以理服人的方略波澜不惊、悄然失效，对方在我方义正词严地表明立场之后依旧肆无忌惮，信奉其固有的霸权主义或铁血政策，甚至组织力量掌控我方，以达成其一己之私，这时，我方就要积极行动起来，分析评估自我力量，掌握对方的运作思路和心理，抓住对方的弱点，并审时度势，在权衡各种利弊关系的基础之上，组织卓有成效的方案，一针见血地出击对方，抵制对方的粗暴和蛮横之举，瓦解对方的威胁攻略，使对方的霸权主义遭遇重创，从而使得我方得以占据谈判的制高点。当对方的威胁攻略全面告败之时，谈判局势势必回归其应有的理性与平和之态。对方气焰也会由嚣张转入收敛，这对于谈判的顺利进行具有特别重要的意义。

概而论之，在谈判中遭遇对方威胁之时，我方要迅速调整心态，分析威胁产生的真实原因。面对有理有据的威胁，我方要躬身自省、调整自我，顺应理性召唤，做一个进退有度的聪明人。面对无理取闹的威胁，首先仍在于以理服人、表明立场，争取平稳过渡。迫不得已之时，便要针锋相对、审时度势，在理性的思索判断和利弊关系的权衡中找准对方的弱点，组织我方力量，全力以赴地实现对霸权主义威胁方略的全面出击。

三、对付进攻技巧的运用

在真正成功的谈判里，了解对手是一种必需的准备。只有在这种准备的基础上，才能选择具体而有效的谈判方式，反击对手，使自己立于不败之地。要真正地了解对手，必须明确谈判对手属于哪种类型和采用哪种进攻手段，这样便能在谈判桌上采用行之有效的手段和方法，既可节省精力，又可一击而中。

（一）进攻者的类型和进攻手段

1. 进攻者的类型

（1）强硬型的谈判对手。他们往往情绪表现得十分激烈，态度强硬，在谈判中趾高气扬，不习惯也没耐心听对方的解释，总是按着自己的思路，认为自己的条件已经够好的了。他们在谈判中爱虚张声势，动不动就对对手进行威胁恐吓，这种谈判对手总是咄咄逼人，不肯示弱。

（2）攻击型的谈判对手。他们往往有目的、有针对性地向对方发起进攻，迫使对方屈服，甚至会不给对方反抗的余地。

（3）搭档型的谈判对手。他们在谈判的过程中若隐若现，虚实相间，最令人防不胜防。他们通常的表现是当谈判开始时，对方只派一些低层人员作为主谈手，等到谈判快要达成协议时，真正的主谈手突然插进来，表示以前的己方人员无权做出这样的决定，或是以前所谈的价格过低，或是时间难以保证。当你表示失望或觉得一切都完了的时候，对方会说："如果你确实急需，我也可以与你成交，但至少在价格上要做些调整。"你此时往往无可奈何，因为谈判进行到这个时候，你已完全摊开了底牌，对方掌握了你谈判的一切秘密；如果你想达成协议，除了做出让步外别无他法。

（4）逼迫型的谈判对手。这也是很难对付的一种谈判对手，他们通常会采取各种方式来威胁对方，使对方就范，如利用期限进行逼迫，利用对方的竞争对手进行逼迫，利用拖延战术进行逼迫，甚至还会用无中生有的方法进行逼迫等。这些逼迫方式只要运用巧妙，其效果往往是不错的，有时甚至比正面的强迫威逼效果还要好。

（5）圈套型的谈判对手。这类谈判者往往比较喜欢使用自己的聪明机智，在谈判中设下各种各样的圈套。他们有的通过语言来设置圈套，有的通过一些动作或事实来设置圈套，有的就干脆将整个谈判设置成一个大圈套，稍不注意，就会陷入对方设置的圈套。

2. 进攻者常用的进攻手段

（1）高压与怀柔政策并举。适当的高压是怀柔政策的助推力，常常能起到锦上添花的谈判效应。

（2）时间性通牒。期限在谈判中是一种时间性通牒，它可以使对方感到如不迅速做出决定，就会失去这个机会。因此，在对手走投无路的前提下，想抽身但又为时已晚的时候，进攻者往往发出最后通牒，因为这时对手已耗费了许多的时间、金钱和精力，他已经没有了选择的余地。

小案例 9－2

艾柯卡临危受命，出任克莱斯勒汽车公司总经理。此时的克莱斯勒四面楚歌，业务陷于瘫痪，债主讨债，工人罢工。棘手的是，工人觉得待遇过低，要求增加薪资。而艾柯卡为了渡过难关，希望降低工人工资以减缩开支。他把自己的年薪从 36 万美元减为 10 万美元，公司高级职员的工资则降低 10%。随后他找到工会会长要求削减工资，由原来的每小时 20 美元减为每小时 17 美元。人心不稳的工会一下子激起轩然大波，工会会长拒绝答应。双方僵持不下。一天晚上，艾柯卡找到工会谈判委员会，发出了最后命令："我再给诸位 8 小时的时间考虑，如果明天早上你们仍然坚持不变的话，那就对不起，我只好宣布公司破产！何去何从，悉听君便。"说完，头也不回地走了。工会答应了艾柯卡的要求，并未出现有人估计的骚乱现象。

（3）出其不意的进攻。采用一些防御者意想不到的手段，迫使谈判者就范，如兵贵神速、突然加快节奏等技巧。

小案例 9－3

朱总理入世谈判的出其不意

出其不意招数使用非常奏效的是中国与美国的入世谈判，朱总理亲自出马参与谈判，使几近破裂的谈判最终达成协议。龙永图副部长对此有生动的回忆。他回忆说："1999 年 11 月 15 日，当中美入世谈判几乎再次面临破裂之时，朱总理把最棘手的 7 个问题找了出来，要亲自出面与美方进行谈判。当时，石部长担心朱总理出面谈判，一旦谈不好将没有回旋余地，因此石部长不赞成朱总理出面。朱总理最终说服了我们。最后，我方决定，朱总理、钱其琛副总理、吴仪国务委员、石广生部长和龙永图共五位代表，与美方三位代表谈判。"

"谈判刚开始，朱总理就对 7 个问题的第一个问题作了让步。当时，我有些担心，悄悄地给总理写条子。朱总理没有看条子，又把第二个问题拿出来，又作了让步。我又担心了，又给朱总理写了条子。朱总理回过头来对我说：'不要再写条子了！'然后，朱总理对美方谈判代表说：'涉及的 7 个问题，我们已经对两个问题作了让步，这是我们最大的让步。'美国代表对朱总理亲自出面参与感到愕然，他们经过商量，终于同意与中方达成入世谈判协议。"

1999 年 11 月 15 日，中美双方就中国加入世界贸易组织的谈判达成了一致，中国谈判代表与美国贸易谈判首席代表巴尔舍夫斯基签署协议并交换文本。中国与美国谈判成功，为中国入世扫除了重大壁垒。2001 年 11 月 10 日，世界贸易组织第四届部长级会议在卡塔尔首都多哈以全体协商一致的方式，审议并通过了中国加入世界贸易组织的决定。

（二）对付进攻的技巧

1. 对付强硬型的谈判对手的技巧

世界上的任何事物都是相互矛盾、相克相生、互相转化的，有时也可以化不利为有利。既然双方能坐到一起进行谈判，就必然是能互利互用，他对你有用，你对他也有用，这种相互关系就提供了一种可能使我们可以充分地利用这种可能对强硬型的谈判对手进行有目的、有计划的反击。在进行反击之前，最好先了解一下对手的情况：他如此强硬的原因是什么？是否根据上级的指示，或许这只是他的一种谈判技巧？是否是由谈判者个人的性格和作风造成的？只有摸清了这些情况，才能从容地进行有效的反击。如果对方是根据上级的指示而这样做的，那你最好放弃与对手争论的机会，直接去找他的上级；如果这不是对手使用的谈判技巧，那么你大可沉着应战，不为其强硬所动；如果这是对手的一贯作风，那么就应当从打掉他的气焰着手。

小案例 9－4

11 张赞成票和 1 张反对票

在美国某乡镇有一个由 12 名农夫组成的陪审团。有一次，在审理了一项案件之后，陪审团中的 11 个人认为被告有罪，另一个人则认为被告不应该判罪。由于陪审团的判决只有在其所有成员一致通过的情况下才能成立，于是，这 11 名农夫花了一整天的时间，想说服那位与众不同的农夫改变初衷。此时，天空中忽然乌云密布，眼看一场大雨就要来临，那 11 名农夫都急着要在大雨之前赶回去，好把放在屋外的干草收回家去。可是，这时候另外那个农夫却仍旧不为所动，坚持己见，11 名农夫个个都急得像热锅上的蚂蚁。他们的立场开始动摇了，最后，随着轰隆一声雷鸣，这 11 名农夫再也无法等下去了，他们转而一致投票赞成另一个农夫的意见，宣告被告无罪。

2. 对付攻击型的谈判对手的技巧

这类攻击型的对手往往气势汹汹，以掩盖其理由的不足。他们往往是想用气势压倒你。对付这类人，当事人首先必须注意的一点就是切莫惊慌，因为惊慌往往会自乱阵脚。同时，也不要过于愤怒，过于愤怒则会使自己失去分寸。无论是自乱阵脚还是失去分寸，都会给对方一些可乘之机，并使自己受到一定程度的损害。攻击型的对手表面上看有点吓人，击败他的关键之处是要找到要害，也就是其理由不足之处，掌握了这一点，你也可以套用对付强硬型对手的手法来对付他。

3. 对付搭档型的谈判对手的技巧

和搭档型谈判对手进行谈判，一定得小心翼翼。谈判桌上处处是陷阱，稍有不慎就有掉下去的危险。在谈判之初，你必须了解对手是否有权在协议书上签字？如果他表示决定权在他的上级那里，那你应坚决拒绝谈判。但是，也有另外的办法来应付这种情况。那就是，既然对手派的是下层人员与你谈判，你也不妨派下属人员去谈判或由别人代替你去谈判。待草签协议之后，你再直接与对方掌权之人谈判，这样，你将获得较大的转换空间，不至于到关键时刻被别人牵着鼻子走。

4. 对付逼迫型的谈判对手的技巧

对于竞争式逼迫型谈判者，首先应了解自己的优劣，并与竞争对手进行比较。如果确信自己具有优势，就应坚持自己的原则立场，不为压力所迫，这样也可尽量多地获利，同时尽量少地受损失。对于拖延式逼迫与期限式逼迫，前者是不给定时间，后者是给定时间，共同的是都用时间来给对方造成压力。对付这种谈判对手，通常应当根据两个方面的情况进行衡量和确定，一是己方如果超过这个期限或无限期拖下去是否会有损失和损失有多大;二是己方对这份协议的重视程度如何。一般来说,应当认真研究一下对方设定期限或拖延的动机,并仔细比较达不成协议对双方各自的损失,由此判断对方设立期限或拖延是在制造压力,还是真的不想谈了。

5. 对付圈套型的谈判对手的技巧

由于圈套型谈判者可以设置各种各样的圈套,他们有的通过语言来设置圈套,有的通过一些动作或事实来设置圈套,有的就干脆将整个谈判设置成一个大圈,稍不注意,就会陷入对方设置的圈套,因此,在谈判中一定要以求稳为原则,急于求成往往能够给对方造成一定的空档,使对方以圈套取胜的阴谋得逞。

四、综合性策略

在商务谈判中,有时也可能出现谈判双方势均力敌的状态,谈判者的地位平等,双方均企图以势压人,往往收效甚微。因此,采取综合性策略,就成为明智的选择。综合性策略主要包括软硬兼施、权力有限和货比三家等。

1. 软硬兼施策略

软硬兼施策略是指在商务谈判过程中原则性问题毫不退却,细节问题适当让步的一种策略。谈判时,面对态度强硬的对手,可在坚持原则的条件下做一些顺水推舟的工作。等到对方锐气减退时,己方再发动反攻,力争反败为胜。软硬兼施策略通俗地讲,又叫作红白脸策略,它的具体做法有两种:以两个人分别扮演红白脸和一个人同时扮演红白脸。使用该策略时应注意:一是扮红脸的人,既要凶又要出言在理,保持良好的形象,比如态度强硬、寸步不让,但又处处讲理,绝不蛮横。外表上,不要高声大嗓,唾沫横飞,显出俗相,也不一定老是虎着脸,反倒可以有笑容,只是立场要强硬,条件要得狠。二是扮白脸的人应该为主谈人或负责人,要善于把握火候,让红脸好下台,及时请对方表态。三是若是一个人同时扮演红白脸,要机动灵活。如发动强攻时,声色俱厉的时间不宜过长,同时说出的话要给自己留有余地,否则会把自己逼到背水一战的境地。若由于过于冲动而被动时,最好的解决方法就是暂停、休会或散会,通过改变时间,以争取请示、汇报,研究被动局面的化解方法。

小案例 9-5

星期天,一对年轻的夫妇带着他们可爱的小宝宝逛商场。小宝宝看着琳琅满目的商品,用小手指指点点,显出兴致勃勃的神态。当来到儿童玩具专柜前,售货员笑脸相迎,热情地向孩子的父母打招呼:"您二位想买点什么,想给孩子买个玩具吧?"夫妻俩看看商品的标价,歉意地摇摇头,抱着孩子就想离开。突然,小宝宝哭闹起来:"我要玩具!我要玩具!"夫妻俩只好赔着笑脸又劝又哄,却无济于事。售货员好像悟出了什么,立即挑出了几件高级电动玩具,打开开关让玩具动起来给孩子看,并亲切地问道:"小宝宝,你想要哪件玩具呀?阿姨给你拿。"孩子立即停止了哭闹,语气干脆地说:"机器狗!"这时售货员看了一眼年轻夫妇,见他们犹豫了一下,交换着眼神,终于拿了钱买了机器狗。

2. 权力有限策略

权力有限策略是指谈判者为了达到降低对方条件、迫使对方让步或修改承诺条件的目的,采取转移矛盾,假借自己不能做主、上级没有授权等理由,故意将谈判工作搁浅,让对方心中无数地等待，再趁机反攻的一种策略。从某种意义上说，受了限制的权力才会成为真正的力量。一个受了限制的谈判者要比大权独揽的谈判者处于更有利的状态，如可以优雅地向对方说"不"，因为未经授权，这往往使对方大伤脑筋，迫使对方只能根据他们所拥有的权限来考虑问题。如果对方急于求成，虽然明知会有某种损
失，也不得不妥协拍板。否则，就会冒谈判失败的风险。

成功地运用权力有限策略，对谈判者有很好的作用。一是权力有限策略可以起到有效地保护自己的作用。谈判者的权力受到限制，也就是给谈判者规定了一个由有限权力制约的最低限度的目标，如买方成交价格超过每件 200 元，必须请示上级，这种权力限制实际上是给对方的谈判者规定了一个最低限度目标：成交价格最多不能超过每件 200 元。所以，这种由有限权力制约的最低限度目标，可以对己方谈判者起到一定的保护作用。二是权力有限可以使谈判者的立场更加坚定。三是权力有限可以作为对抗对方的盾牌。

权力有限作为一种策略，有些是真正的权力有限，有些则不完全属实。有时谈判者本来有做出让步的权力，反而宣称没有被授予做出这种让步的权力，这实际上是一种对抗对方的盾牌。在一般情况下，对付这一盾牌时难以辨别真伪，对方只好凭自己的底牌来决定是否改变要求，做出让步。有限制才有权力，谈判者欢迎这些限制，因为受到限制的权力往往能够出乎意料地获得成功。精心选择权力限制对于谈判结果无可置疑地产生着极大的影响。

3. 货比三家策略

货比三家策略是指在谈判某笔交易时，同时与几个供应商或采购商进行谈判，以选出其中最优一家的策略。具体做法是邀请同类产品的卖方或所需同类产品的买方，同时展开几个谈判，将各方的条件进行对比，择优授予合同。这种货比三家策略在使用时应注意如下几个问题：第一，选的对象要势均力敌，才有可比性。若对比对象力量不均，就应制造可比之处，使各家均有信心去争取交易，如有专长的中小企业可与综合性的大企业集团比专业特点。第二，时间安排要便于分组穿插谈判，且可及时将各组谈判结果汇总，包括日程、方式和人员的安排。第三，对比的内容要科学。货比三家策略客观上会造成工作量大，评比工作复杂，因此，应有快捷统一的评比方法和内容，以减少重复、不准确的工作，避免个人感情的影响。第四，平等对待参加竞争的各对手，但在谈判的组织上应该重点突出。平等与各参加竞争的对手谈判是信誉的需要，重点突出是谈判全局的需要，两者缺一不可，相辅相成。第五，慎守承诺，对于评选出的结果应慎守承诺，对明文选中的对象应承担一定的信誉上的义务。如遇落选竞争对手卷土重来，虽然其结果会带来好处，但应慎用该机会，且应充分了解其原因，才能重新审议。即便决定再谈判，也应把出新价的任务赋予卷土重来者。当该方新的条件有明显的优势时，再约被选中一方谈；若不太有优势，则不必重谈。约已被选中的一方再谈时，也可以要求其重审成交条件。不过，两者均非强制，只是从说服鼓励的角度来坚持重审的必要性。如果被选中的一方在响应后其条件仍优于要求重谈者，就可以结束谈判，如劣于重谈者，可再给被选中一方一次机会。在这次努力之后，若差距不大，则仍选原成交者；若重新要求谈判者的条件十分明显地优于原成交者，则不得不改变选择的决定。不过，善后工作要做细。第六，在多家采购者联合向多家卖者谈判时，应由有权威的单位统一起来，形成联合对外的机构，如同对特殊谈判主持人的要求一样，做到统一对外、统一技术要求、统一对外谈判策略。同时，还应有严格的纪律，以保守机密，各尽其职。

五、索赔谈判策略

（一）索赔谈判概述

索赔是指在履约中受损害方向违约方提出赔偿要求，包括怎么赔偿、赔偿多少等问题。总之，索赔谈判是指合同义务不能被履行或不能被完全履行时，合同当事人双方进行的谈判。

（二）索赔谈判的目标

1. 利益目标

索赔谈判的利益目标主要有三种可能：第一种是让违约责任方多赔点，从而让损失方多赚些。第二种是让违约责任方如实补偿，让损失方不亏。第三种是让违约方尽力赔偿，这样损失方有可能亏。但从实际的索赔谈判来看，欲通过索赔获利，有可能增加谈判的难度，难以使谈判迅速达成一致意见。当然，赔偿最好量力而为。一般来说，在恪守信誉、诚恳处事的前提下，量力而赔偿的做法能被对方接受。

2. 关系目标

关系目标是指当事人之间的关系状况，一般可分为以下三种情况：当索赔与今后双方的业务合作有关时，应该权衡索赔获利与今后业务合作获利对己方的重要性；当索赔与谈判的自然人有关时，与索赔有关的人曾对双方的业务发展有促进作用，在索赔的力度与偿付时间上可适当放松，但不可以放弃索赔或不认真索赔；当索赔与第三者有关时，第三者一般与索赔事项有连带责任或利益关系，所以，索赔谈判也应考虑第三者利益。

3. 商誉目标

商誉是企业长期积累起来的无形资产，对企业的生存和发展具有战略意义。当事人在索赔谈判中从重视商誉的角度出发，不仅关注眼前利益，更重视长远利益，希望通过索赔谈判促使对方重视并恪守信誉，而将物质赔付放在次要地位。特别是索赔所涉及的金额不大时，当事人可能更偏重于维护信誉。

（三）索赔类型

索赔谈判主要分为两类，第一类是以协商索赔为主的直接索赔，第二类是包含调解、仲裁、诉讼为主的间接索赔。

1. 协商索赔

协商索赔是指签约人之间直接交涉违约造成的损失的补救办法而举行的谈判。这种索赔有利用和维系关系的特点，所以被多数谈判者使用。使用这一方式要求当事人信誉高，有能力寻找解决问题的办法，具有互谅互让的精神。

2. 调解索赔

调解索赔是由第三者出面协助当事方解决合同违约造成的损害赔偿问题。第三者可以是与索赔无直接利益关系的自然人，也可以是机构。采用该方式要求调解人是由双方当事人指定，调解人具有较高的判定问题、评价方案的能力，熟悉索赔缘由和事项，拥有一定的权限，当事人需要付出一定的报酬给调解人。

3. 仲裁索赔

仲裁索赔是指由常设的或临时的仲裁庭为各方裁定由于合同违约所造成的损害赔偿的方案。仲裁庭根据当事人达成的仲裁协议，以及当事人的仲裁申请，按其制定的仲裁规则进行仲裁。仲裁具有用时短、保密性强、费用低、能较大程度地保证裁决的公正等特点。作为当事人，要争取仲裁庭采纳己方的立场，这也是仲裁成功的标志。仲裁后，要注意执行仲裁，若是对方自愿执行，则双方可以商量执行的时间和方式；若是对方不自愿执行，则可以凭裁决书到当地法院申请强制执行。

4. 诉讼索赔

诉讼索赔是由当地法院对当事人的违约责任进行审理并对损害赔偿进行判决的索赔形式。诉讼索赔的优点是法庭诉讼经过一审、二审甚至三审才能定案，给当事人提供说理的机会；解决索赔的权力归法庭，执行的力度大。诉讼方式的缺点是诉讼成本高，有时诉讼时间长。

（四）索赔谈判类型选择的依据

1. 合同约定

看双方当事人确定的合同中有无对违约索赔的处理规定，若有明确规定，则依规定执行即可；若无明确规定，则按照协商—调解—仲裁—诉讼的程序，从谈判成本较低的索赔谈判形式逐步上升到复杂索赔谈判形式。

2. 索赔金额

若索赔金额较小，宜采用较简单的索赔谈判形式；若索赔金额较大，可以采用较为复杂的谈判形式。当然双方关系良好，涉及金额不大，也可以采取较为简单的索赔谈判形式。

3. 执行方式

当索赔结果比较容易执行时，可以采用较简单的索赔方式；当执行难度较大时，可以执行较为复杂的索赔方式。

（五）索赔谈判的策略和技巧

1. 索赔谈判的策略

(1)注意把握索赔谈判的时机。在一方不能顺利履约时，必然导致另一方利益受损，因此有必要进行索赔谈判。在进行索赔谈判时要注意把握索赔谈判的时机，通常是在货物到达后的 30～45 天内提出索赔，间隔时间过长，对方会以时间为借口进行推诿和逃避责任，不利于利益受损方。

(2)分清责任。在索赔谈判中，买方一定要搞清楚出现卖方违约的原因，责任到底该由谁负，然后再向卖方提出赔偿要求。

(3)注意索赔谈判程序从简单到复杂。受损方应该寻找比较合适的解决问题的方案，首先，若索赔金额不大，或对方信誉良好，双方可以协商解决；其次，按照索赔的难度和复杂性可以逐步采用调解和仲裁，尽量避免诉诸法庭，影响企业的形象。

2. 索赔谈判的技巧

在索赔谈判中应坚持原则性与灵活性相结合的原则。首先，即使己方有充足的理由向对方索赔，也不要盛气凌人，伤害对方的自尊心。要在尊重对方人格的前提下，有理有据地争取己方的权利。其次，应准备两套及以上的谈判方案，在谈判中该争的要争，该让的要让，寻找双方都能接受的折中方案。第三，对于索赔谈判要有一种坚韧性，有经受挫折的思想准备。当然，在谈判陷入僵局时，也要能设法找出对策来予以化解。

小　结

商务谈判策略的运用过程离不开商务谈判策略的选择，从商务谈判实践经验上看，选择策略的决定因素主要有谈判人员、谈判内容、谈判过程和谈判组织等。

在商务谈判中，谈判人员可选用的商务谈判策略大致分为单一策略模式和多项策略模式。

每种模式策略的运作过程基本上包括开始、交锋和完成三步。

在商务谈判中，谈判人员的特征是有差异的，从而会导致谈判人员选择的谈判策略是不同的。谈判人员主要有丰富谈判经验、持不信任态度、面对喜好风险的对手、个人魅力影响、合作双赢情况等特征类型，因此，这些谈判人员根据自己的特征在出其不意等多种谈判策略中进行选用，以达到自己的谈判目标。

应对威胁的策略主要有面对威胁，进退有度和抗击霸权主义式威胁的方略；对付进攻技巧的运用要根据不同类型进行选择，进攻者的类型主要强硬型、攻击型、搭档型、逼迫型和圈套型的谈判对手，不同类型的谈判对手的应对策略也是不一样的；综合性策略主要包括软硬兼施、权力有限和货比三家等。

索赔是指在履约中受损害方向违约方提出赔偿要求，要根据索赔谈判目标、索赔类型、索赔谈判类型选择的依据等来制定索赔谈判的策略和技巧。索赔谈判目标主要有利益目标、关系目标、商誉目标；索赔谈判主要分为两类，第一类是以协商索赔为主的直接索赔，第二类是包含调解、仲裁、诉讼为主的间接索赔。索赔谈判类型选择的依据主要有合同约定、索赔金额、执行方式。

练　习

一、名词解释

1. 交锋
2. 权力有限策略
3. 货比三家策略
4. 索赔
5. 协商索赔

二、选择题

1. 选择策略的决定因素主要有(　　)等。

A. 谈判人员　　B. 谈判内容　　C. 谈判过程　　D. 谈判组织

2. 综合性策略主要包括(　　)等。

A. 软硬兼施　　B. 权力有限　　C. 货比三家　　D. 以上都不是

3. 强硬型的谈判对手的特点是(　　)。

A. 情绪激烈　　B. 态度强硬

C. 集体趾高气扬　　D. 散漫不习惯也没耐心听对方的解释

4. 由于(　　)，仅运用某一个策略往往难以奏效，这就需要综合运用多项策略。

A. 谈判人员的不同　B. 谈判内容的复杂　C. 谈判环境的变化　D. 谈判目标

5. 商务谈判策略的运作过程基本上包括(　　)三步。

A. 开始　　B. 交锋　　C. 完成　　D. 签署

三、判断题

1. 对于众多的谈判策略，不能生搬硬套，而应融会贯通，并根据实际情况灵活运用，尤其是在对策略进行组合运用时，更要注意各项策略之间的特性与关联性。(　　)

2. 单一策略和多项策略的运作过程基本上都包括开始、交锋和完成三步。(　　)

3. 运用单项策略时应充分考虑时间因素。(　　)

4. 受了限制的权力才会成为真正的力量。（　　）

5. 适当的高压是怀柔政策的助推力，常常能起到锦上添花的谈判效应。（　　）

四、简答题

1. 简述谈判经验丰富人员如何选用谈判策略。

2. 论述对付圈套型的谈判对手的技巧。

3. 论述面对强硬型谈判对手的谈判技巧。

4. 论述对付搭档型的谈判对手的谈判技巧。

5. 简述索赔谈判的技巧。

案例分析

障眼法的妙用

金豆公司以销售黄豆酱油为主要业务，因近一年竞争激烈，业务量不大，效益也不好，这让公司的王经理十分头疼。正在他一筹莫展的时候，一位日本的商人小泉田一慕名前来，说是要购进一大批黄豆酱油。王经理了解情况后，为了能够达成合作意向，不仅对小泉田一热情接待，还表示愿意提供最优惠的价格给他。

在合作谈判中，王经理开出酱油以每千克 2 元的价格批发给小泉田一，没想到小泉田一流露出非常吃惊和生气的表情，对王经理说："我不远万里前来，是实心实意要和贵公司合作的，没想到你出这么高的价钱，太没有诚意了，我们还是不要谈了。"说完，就从谈判桌上拂袖而去。之后的一段日子里，王经理多次和小泉田一联系，但都遭到了对方的拒绝会面。就在王经理不知该如何是好时，听到了同类公司要和小泉田一合作，并且打听金豆公司酱油报价的消息。这时，王经理明白了小泉田一有可能要从其他公司购买酱油。于是赶紧联系小泉田一，表示本公司为了今后的再次合作，愿意以每千克，1.8 元的价格出售酱油，但小泉田一依旧不满意王经理的出价。

之后的几天里，王经理又陆续接到其他几家粮油公司关于询问金豆公司给小泉田一酱油出口报价的电话，这让王经理实在坐不住了。这到手的生意要是让别人抢了去可如何是好？小泉田一可是一个大客户，如果这次生意谈妥了，以后可能还会继续有合作的吧！于是，王经理再次联系到小泉田一，表示愿意让对方出价，只要价格合理。于是，小泉田一又重新回到了谈判桌上。但处处表现出一副极不情愿，却又为了通过这次合作交到一个朋友，继续长期合作的样子。最终以每千克 1.5 元的低廉价格成功顺利地完成了此次的收购。

问题：

1. 小泉田一和王经理谈判时采取了什么策略？

2. 王经理在谈判过程中犯了哪些错误？应该如何应对小泉田一采取的策略？

实训操作

制定谈判计划

1. 实训目的

通过本次实训，掌握谈判中的策略运用。

2. 实训要求

掌握跨专业综合实训软件购买谈判中的谈判策略运用技巧。

3. 实训材料

纸张、笔、学院及学校有关软件购买申报书、商务谈判室等资料。

4. 实训步骤

(1)分组,仍以原先分组为单位。

(2)分析院方与F软件公司的目标。

(3)分析双方存在的差异的原因。

(4)根据原因寻求谈判应对的策略。

(5)实施对策,分析谈判结果。

5. 成果与检验

每位学生的成绩由两部分组成:学生实际操作情况(50%)和分析报告(50%)。实际操作主要考查学生商务谈判中的谈判策略运用技巧;分析报告主要考查学生根据资料分析,分析谈判技巧选择与运用的合理性,分析报告建议制成PPT。

参考文献

[1]陈鹏．商务谈判与沟通实战指南[M]．北京：化学工业出版社，2019.

[2]王建明．商务谈判实战经验和技巧[M]．北京：机械工业出版社，2015.

[3]乐国林，等．商务谈判：实务技巧与国际适应[M]．北京：经济管理出版社，2019.

[4]饶雪玲．国际商务与操作[M]．北京：北京交通大学出版社，2018.

[5]夏美英，徐姗姗．商务谈判实训[M]．北京：北京大学出版社，2013.

[6]白远．国际商务谈判：理论与实务[M]．北京：机械工业出版社，2013.

[7]肖文萍．国际商务谈判(第二版)[M]．北京：对外贸易大学出版社，2015.

[8]付强，施海霞．商务谈判(第二版)[M]．上海：上海财经大学出版社，2015.

[9]代桂勇．商务谈判[M]．北京：北京理工大学出版社，2016.

[10]郑志慧，陈宏．商务谈判与推销[M]．北京：中国建筑工业出版社，2019.

[11]彭庆武，等．商务谈判[M]．北京：北京交通大学出版社，2014.

[12]赵益华，等．国际市场开拓与商务谈判[M]．杭州：浙江大学出版社，2014.

[13](美)Erica Ariel Fox. 哈佛谈判心理学[M]．美同译．北京：中国友谊出版社，2019.

[14]潘肖珏，谢承志．商务谈判与沟通技巧(第二版)[M]．上海：复旦大学出版社，2019.

[15]车红莉．商务谈判实务[M]．北京：化学工业出版社，2019.

[16](美)罗伊·列维奇，等．商务谈判[M]．北京：中国人民大学出版社，2015.

[17](美)杰勒德．哈佛谈判学[M]．成都：西南财经大学出版社，1998.

[18](美)盖文·肯尼迪．谈判人[M]．北京：外文出版社，1997.

[19](英)吉思·希尔特伯，希拉·尤德尔．谈判[M]．北京：中国人民大学出版社，1997.